媒介融合视阈下的跨文化传播研究

MEIJIE RONGHE SHIYUXIA DE
KUAWENHUA CHUANBO YANJIU

沈毅玲◎著

中国广播影视出版社

图书在版编目（CIP）数据

媒介融合视阈下的跨文化传播研究 / 沈毅玲著 . -- 北京：中国广播影视出版社，2023.11
　　ISBN 978-7-5043-9133-9

　　Ⅰ.①媒… Ⅱ.①沈… Ⅲ.①文化传播—研究 Ⅳ.①G0

中国国家版本馆 CIP 数据核字（2023）第 218817 号

媒介融合视阈下的跨文化传播研究
沈毅玲　著

责任编辑	王　波
责任校对	张　哲
装帧设计	中北传媒

出版发行	中国广播影视出版社
电　　话	010-86093580　010-86093583
社　　址	北京市西城区真武庙二条9号
邮政编码	100045
网　　址	www.crtp.com.cn
电子邮箱	crtp8@sina.com

| 经　　销 | 全国各地新华书店 |
| 印　　刷 | 三河市龙大印装有限公司 |

开　　本	710毫米×1000毫米　　1/16
字　　数	285（千）字
印　　张	20.75
版　　次	2024年1月第1版　2024年1月第1次印刷

| 书　　号 | 978-7-5043-9133-9 |
| 定　　价 | 98.00元 |

（版权所有　翻印必究·印装有误　负责调换）

前　言

随着媒介科技的进步和媒介产业的不断发展，全球文化交流和跨文化传播的范围和深度得到了空前拓展。新兴媒介技术不仅带来了传播时间与空间维度上的融合，也带来了叙事要素的融合。媒介技术带来的话语空间的嵌套与链接不仅提升了人类文化生产的能力，在很大程度上也改变了人类的思考逻辑方式与文化表达逻辑方式。可以说，媒介融合已经全面改变了文化产品的生产流程与叙事逻辑。

跨文化传播是多元文化和全球化交流的重要载体。跨文化传播研究指的是不同文化背景和经验的人们之间的交流和互动过程，是一种重要的、复杂的人类活动。研究不同文化背景下人们之间的相互理解和相互影响过程，可以更加深入地了解各个文化之间的区别和相通之处，从而增加文化多元性，促进文化交流。

在新媒体技术的加持下，跨文化传播出现了多层次的转向，叙事主体、叙事方法、传播渠道等均出现了有别于传统传播环境的新变化，这也给跨文化传播研究提出了新问题与新的思考方向，同时对跨文化传播的策略提出了新要求。

提高跨文化传播能力是提升我国国际传播能力的基本要求。党的十八大以来，习近平总书记就提升国际传播能力提出了一系列新理念、新思想、新战略，为我们增强和改进国际传播工作提供了理论指导和行动指南。近年来，国际传播工作从中央媒体过渡到基层媒体并借力民间自媒体的传播举措，对提升我国海外影响力发挥了重要作用，特别是一些地方事件的报道也成为国际对中国形成认知的依据。

在中国式现代化发展路径下，做好对外话语体系建设在当前的网络传播语境中尤为重要。推动构建人类命运共同体，塑造人类文明新形态，是中国式现代化的本质要求。因此改进和加强国际传播，建设起全方位、多层次、高质量的国际传播话语体系，是中国式现代化发展的一项重要任务。

如何借助新媒体的力量，以媒介融合的视角审视跨文化内容的生产与传播，以提升其传播效果，推进全球文化的交流和发展，具有重要的现实意义和学术价值。

跨文化传播研究可以探讨不同文化之间的交流和影响，尝试挖掘各个文化背景下的相同价值观和文化符号，以及相互之间的互补和交融，从而促进不同文化背景的人们之间互相理解，增进彼此之间的信任和尊重。

跨文化传播研究可以帮助人们增进对全球文化的认知。随着全球化的发展，越来越多的文化元素被引入不同的国家和地区，跨文化传播研究可以帮助人们更好地理解和接受不同文化背景下的生活方式和价值观念。

跨文化传播研究对于跨国公司和跨国组织进行经营活动也很重要。它有助于企业对不同文化背景下的消费者进行准确的市场定位和推广，帮助企业了解不同国家客户的文化背景、价值观念和生活方式，从而更好地开展全球经营活动。

本书从媒介融合的视角切入，对当前跨文化传播的研究现状进行总结，重点探讨媒介融合视阈下跨文化传播中的相关问题和现实挑战，论述跨文化传播研究的意义和价值，展望未来研究的方向和前景。

文章通过对媒介融合视阈下的跨文化传播研究进行系统分析，为深入理解跨文化传播的机制和规律，推动全球文化的交流和发展做出贡献。对相关问题的深入探讨和研究，可以有效地推动跨文化传播与媒介的深度融合，促进文化交流和创新，构建更加和谐、多元、平等、互相尊重的全球文化环境。

本书按照以下框架来阐述。

第一章，介绍跨文化传播理论。重点分析文化社会学、媒介符号对跨文化传播的影响，并探讨跨文化传播的新特点和新趋势。

第二章，介绍媒介融合及其背景下的跨文化传播。通过阐述对媒介融合理念与实践的发展，分析媒介融合的文化属性与全球化趋势，并对国际传播背景下的媒介融合特征及其对跨文化传播的影响进行分析。

第三章，介绍媒介文化与跨文化传播研究。通过解析媒介融合视阈下的媒介文化特征，阐明媒介文化在跨文化传播中的作用与影响，从而分析当前国际社交媒体在跨文化传播中的重要作用。

第四章，分析媒介融合中的跨文化传播与社会认知之间的关系。分析文化差异、文化障碍、文化认知、心理学等因素对跨文化传播的影响，并阐明媒介融合思维对跨文化传播方法的影响。

第五章，介绍媒介融合语境下跨文化传播的规划与实践策略，分析媒介融合对城市文化建设的影响，并尝试为媒介融合语境下跨文化传播设计一套可实施、可借鉴的方案。

第六章，以案例分析的方式探讨媒介融合视阈下跨文化传播中的问题和现实挑战。对当前国内媒体的跨文化传播的典型案例进行分析，总结当前我国在国际传播与对外报道方面的得失，并尝试建构中国在国际互联网治理领域的策略，对外讲好中国故事，并展望未来研究的方向和前景。

总之，媒介融合视阈下的跨文化传播研究在推动全球文化交流和促进社会和谐统一方面具有重要的价值。能够完成本书的撰写，需要感谢所有帮助过本人的朋友和同人们，如果没有他们的鼓励与支持，本书的研究不能够进展顺利，再次在此表达感激之情。由于研究内容丰富，涉及面广，加之本人知识与经验的局限，书中难免有不足之处，敬请广大读者批评指正。

目 录

第一章 跨文化传播理论 ······ **001**
  第一节 跨文化传播的定义 ······ 001
  第二节 文化社会学与跨文化传播 ······ 026
  第三节 媒介符号与文化阐释 ······ 042
  第四节 媒介融合语境下跨文化传播的新趋势 ······ 072

第二章 媒介融合及其背景下的跨文化传播 ······ **078**
  第一节 媒介融合的内涵和发展 ······ 078
  第二节 媒介融合的文化属性和全球化趋势 ······ 092
  第三节 国际传播背景下的媒介融合及其对跨文化传播的影响 ······ 102

第三章 媒介文化与跨文化传播 ······ **116**
  第一节 媒介融合视野下的媒介文化 ······ 116
  第二节 媒介文化在跨文化传播中的作用和影响 ······ 132
  第三节 国际社交媒体在跨文化传播中的作用 ······ 139

第四章 媒介融合中的跨文化传播与社会认知 ······ **154**
  第一节 文化差异的影响和跨越文化的障碍 ······ 154
  第二节 跨文化传播视角下的文化认知要素 ······ 167
  第三节 跨文化传播的信息传播和心理学因素 ······ 197
  第四节 媒介融合思维与跨文化传播的方法 ······ 209

第五章　媒介融合语境下跨文化传播的规划与实践……214
第一节　跨文化传播的媒介融合战略规划……214
第二节　媒介融合与城市文化建设……227
第三节　媒介融合语境下跨文化传播的设计和实现……236

第六章　跨文化传播案例：国际传播与对外报道分析……244
第一节　新时代，如何向世界讲好中国故事……244
第二节　2022 年北京冬季奥运会：发掘传统文化中强大的国际传播力……257
第三节　《闽南二十四节气文化》：基层媒体讲好外宣故事的创新尝试……267
第四节　社交媒体：讲好中国城市故事的利器……286
第五节　中国在国际互联网治理领域的话语权建构策略……297

参考文献……313

后　记……320

第一章 跨文化传播理论

第一节 跨文化传播的定义

人们对跨文化传播的研究，可追溯至20世纪40年代后期。一部分原因是美国"和平队"的出现和各种新兴学科的诞生，激起不少美国人去国外旅行的兴趣，从而接触到异域文化。另一部分原因是20世纪50年代末出版的两本书：其一是《丑陋的美国人》(*The Ugly American*)（1958）由美国作家威廉·莱德勒和尤金·伯迪克（William Lederer, Eugene Burdick）合作完成。这本书的影响很大，以至这个书名成了一句俗语；其二是《无声的语言》(*The Silent Language*)（1959），该书由人类学家爱德华·霍尔（Edward T. Hall）所著，他首次提出了"跨文化传播"一词，《无声的语言》被学界认为是跨文化传播学的奠基之作。

到了20世纪70年代，许多专门从事跨文化传播的组织、期刊和课程开始兴起，并且出版了大量相关教材。在美国文化学者的推动下，"跨文化传播学"逐渐成为传播学领域中一门独立的学科。

在我国传播事业长足发展的背景下，学界对传播中的跨文化特点也越来越关注。段连城于1988年出版了《对外传播学初探》，该书是我国第一部具有开创意义的跨文化传播之作。其他诸如沈苏儒于2004年出版了《对外传播的理论与实践》，单波于 2010 年出版了《跨文化传播的问题与可能性》，孙英春于 2015 年出版了《跨文化传播学》，等等。我国学界对跨文化交流与传播的交叉性认识日益明晰，并注重将两个学科在理论与实践中进行融合，促进了跨文化传播的发展和成熟。

当前，随着经济一体化和经济全球化趋势的增强，跨文化传播活动也日趋频繁，范围也越来越广泛，涉及音乐、电影、广告、体育、旅游、教育等各个领域，成为现代传媒发展最重要的途径之一。

学界对跨文化传播的定义较多，各自侧重的角度也有所不同。西方学界主要有 Intercultural Communication、Cross-cultural Communication、Trans-cultural Communication，这三种表述略有差异却又彼此相通，其中第一种表述适用范围最广泛。其中文译法主要包括："跨文化传播""跨文化交流""跨文化交际"，其中"跨文化传播"的应用范围最为广泛。

从一般意义上说，跨文化传播是指诸多文化信息在空间和时间内的流动、互动及共享的过程。它主要涉及各种文化要素在全球社会中的扩散、变动和迁移，以及来自不同文化背景的人们之间产生的信息传播与交往活动。

在跨文化传播的研究中，我们必须对外来词汇、术语和话语仔细辨析、认真思考，弄清楚其不同的交流语境与文化历史，避免发生误判乃至产生误解。

一、跨文化传播的性质

20 世纪 50 年代，学界对于跨文化传播学研究产生了大量的应用性理论，也取得了诸多成果，如威廉姆·古迪孔斯特（William B. Gudykunst）的焦虑/不确定性管理理论、爱德华·霍尔的高语境/低语境理论、约翰·费斯克（John Fiske）的大众文化传播理论以及丁允珠（Stella Ting-Toomey）的面子协商理论等。随着传播技术与跨地域传播的发展，跨文化传播的内涵也在不断丰富，但其本质特征大体呈现在以下三个方面。

（一）异文化群体的信息传播

人们通常把跨文化传播解释为"不同文化之间的传播"，很多学者都有大致相同的表述，比如中国学者关世杰先生说："跨文化交流是一个涵盖面比较广的通用术语。它通常是指一种文化背景的人、群体与另一种文化背景的人、群体所进行的交流。"[1] 美国学者拉里·A.萨默瓦（Larry A. Samovar）、理查德·E.波特（Richard E. Porter）及埃德温·R.麦克（Edwin R. McDaniel）说："跨文化交流指的是拥有不同文化感知和符号系统的人们之间进行的交流，他们的这些不同足以改变交流事件。"[2]

跨文化传播指不同文化之间的信息传递。在大众传播和人际传播中，我们可以观察到不同文化之间传播的特点。从传播者和接受者的关系来看，大众传播中的传播者和接受者既可能存在异文化关系，也可能存在同文化关系。从文化差异的普遍性来说，严格地讲，任何一种大众传播活动都会在某个层面、某个领域形成传播者和接受者之间的异文化关系。也就是说，大众传播活动经常涉及"不同文化之间的传播"。因此，跨文化传播的本质特征并不是不同文化之间的传播，而是传播过程中传播者和接受者之间的特殊指向性，换句话说它是发生在特定异文化群体之间进行的传播。

在许多跨文化传播活动中，参与者通常来自不同的文化群体，并对彼此的文化身份有清晰的认知。传播者和接受者分别属于不同的文化群体，这意味着跨文化传播是在不同文化之间进行的传播；而他们对彼此文化身份的明确认知则表明跨文化传播必然发生在两个特定文化群体之间。

特定文化群体之间的传播构成了具有特殊接受者和传播者文化关系的跨文化传播活动。换句话说，只有当接受者明确了传播者所属的特定文化群体，才能形成跨文化传播活动。双方对彼此文化身份的确认是跨文化传播的要素

---

[1] 关世杰：《跨文化交流学：提高涉外交流能力的学问》，北京大学出版社，1995，第10页。
[2] 拉里·A.萨默瓦、理查德·E.波特、埃德温·R.麦克：《跨文化传播：Communication between cultures（第六版）》，徐培喜、王纬、闵惠泉等译，中国人民大学出版社，2004，第23页。

之一，如果双方无法确定彼此属于哪个文化群体，无法确认对方的文化身份，就无法构成跨文化传播活动。

因此，我们可以说，跨文化传播的本质特征之一是发生在特定异文化群体之间的传播。例如，在2015年，刘慈欣的小说《三体》（第一部）荣获第73届雨果奖最佳长篇故事奖，这是中国科幻文学走向世界的重大突破，同时也展现了该作品跨文化传播的重要影响。从传者（作者或出版方）的角度来看，《三体》获得国际广泛认可并不是一种跨文化传播活动，而是一种大众传播活动，换言之，在该小说创作和出版时，并没有针对某个特定文化群体。然而，当一些受者（即读者）确定了传播者所属的文化群体，并同时明确了自己所属的文化群体时，当他们将《三体》视为一部中国小说时，便可以开始在跨文化传播的范畴内讨论该小说了。

（二）跨越特定维度的文化差异

从受者和传者的文化关系来看，跨文化传播确实属于特定异文化之间的传播。这个特性意味着某种特定的文化差异是影响跨文化传播活动的核心要素。虽然人们通常将文化视为影响跨文化传播的核心要素，但这种观点并不准确。跨文化传播之所以称为跨文化传播，并不是因为文化影响了传播过程，而是因为文化差异对传播过程产生了影响。自哈罗德·拉斯韦尔（Harold Lasswell）开始，学者在研究传播时已经发现了文化对传播的影响，例如威尔伯·施拉姆（Wilbur Schramm）提出的经验范围模式。"所有参与者都带了一个装得满满的生活空间——固定的和储存起来的经验——进入了这种传播关系，他们根据这些经验来解释他们得到的信号和决定怎样来回答这些信号"。[①] 施拉姆提出的经验范围模式清晰地揭示了文化对传播过程的影响。

跨文化传播的奠基人爱德华·霍尔指出："不同文化的成员在感知现实方

[①] 威尔伯·施拉姆、威廉·波特：《传播学概论》，陈亮、周立方、李启译，新华出版社，1984，第9页。

面的基本差异是最根本性的传播失效的原因。"可以说，如果没有文化差异，就不会存在跨文化传播。在跨文化传播的范畴中，文化差异并非两种文化整体的差异，也不是某一类文化要素的程度差异，而是维度差异。只有从不同维度上比较不同的文化，才能发现它们之间的差异。文化差异存在于价值判断中，或者按照吉尔特·霍夫斯泰德（Geert Hofstede）的说法，是心灵程序（mental programs）上的分歧和对立。举例来说，对于两个特定的不同文化群体，如大众文化群体和精英文化群体，它们在某个维度上可能没有差异，比如集体主义与个人主义维度。然而，在另一个维度上，它们可能存在差异，比如权力距离维度。因此，在传播过程中，当传递者和接受者在某个维度上存在差异，并且这个差异对传播过程产生影响时，我们可以将这种传播活动视为跨文化传播。跨文化传播的文化维度差异指的是特定信息将传递者和接受者带入特定文化背景中，引发出某个特定维度的文化差异，而不是独立于传播过程之外的抽象文化维度差异。

因此，跨文化传播需要研究特定维度的文化差异对传播过程的具体影响，对特定维度文化差异的研究是实现有效跨文化传播的方法之一。

（三）实现意义共享的传播效果

从传播活动的过程上看，传播是一个信息编码、信息交换和信息解码的互动过程。[1] 从这个角度来看，跨文化传播和其他人类传播活动并没有太大区别。然而，就传播效果和传播过程的有效性而言，跨文化传播仍然具有其特殊性。

传播过程的有效性与意义解读和信息接收的一致性密切相关。意义解读的一致性指传者对信息意义的理解与受者对同一信息意义的理解相一致；信息接收的一致性指发送的信息和接收的信息相一致。意义解读和信息接收的

---

[1] 詹宁斯·布赖恩特、苏姗·汤普森：《传媒效果概论》，陆剑南译，中国传媒大学出版社，2006，第8页。

一致性越高，传播的有效性也就越高。虽然在实际传播中，所谓的"相同"只是一个程度上的问题，但无论如何，传播的有效性都需要在传播信息（文本）或传播符号上达到某种程度的意义共享。如果没有一定程度上的意义共享，传播的有效性就无从谈起。

中国人见面常用"你吃了吗"打招呼，在基本的意义共享前提下，中国人很容易获得它所传达的内容（打招呼），也能轻松理解其中所表达的意义（友好）。不过，在跨文化传播活动之中，这句话就很难构成意义共享，传播的有效性也不能得到很好的发挥。

在跨文化传播过程中，不同的符号系统，以及不同的行为方式、世界观、价值观等，使得跨文化传播过程存在两种情况：一是讯息（文本）意义的丧失；二是对讯息（文本）含义的误解。讯息意义的缺失是指受者接收到了讯息（文本）中的信息，却没有发现该信息包含什么意义，即接收到没有任何意义的消息。我们常说的"对牛弹琴""鸡同鸭讲"，都可以看作是意义缺失的极端表达。讯息（文本）含义的误解指的是受者对传达的讯息（文本）的理解与传者意图之间缺乏一致性，通常会出现对抗式解读和协商式解读。以上这两种情况影响了传播效果。传播效果是指特定信息对受者产生的影响。如果产生了影响，则认为是有效果；如果没有任何影响，则认为是没有效果。这里所说的影响是建立在因果关系的基础上，即信息作为因素导致了知识、态度或行为的改变。这种因果关系的建立需要基于受者理解信息含义的假设。只有受者理解了信息的含义，传播效果才能产生。实际上，将这种逻辑应用于跨文化传播活动时，会发现很难适用。

跨文化传播的目的不是追求认知和态度的改变，也并非是影响或支配个人行为，而是确保信息的准确传递，并使用恰当的方式使受者理解和认同信息的意义。换句话说，对于其他人类传播活动而言，意义共享是传播活动的前提条件，而对于跨文化传播而言，意义共享则是传播活动的目标。跨文化传播需要在传播过程中建构共享的意义，这是跨文化传播活动与其他人类传播活动在本质上的区别。因此，美国著名传播学者丁允珠将跨文化传播定义为"分享意义的象征符号的交换过程"。在跨文化传播中，意义共享并非指文化认同，而是一个从了解到理解，再从理解到认同的动态建构过程。"了解"意味着能够有效解码接收到的信息，"理解"表示解码后的信息能够与传达者的意图大致相同，"认同"则是对解码后的意义持有接受的态度。然而，需要明确的是，在跨文化传播领域中，文化差异是绝对存在的，编码和解码的误解或误读也是常见现象，因此实现意义的共享在某种程度上是相对的。

此外，跨文化传播的意义共享是一个动态构建的过程。这一过程通过传播建立了一个逐步实现意义共享的意义链。英国文化研究学者保罗·杜盖伊（Paul du Gay）、斯图亚特·霍尔（Stuart Hall）等人在谈到意义的作用时说："我们好像沿着一条无尽头的意义链条从一个意义到另一个意义不断地走下去。因此，我们用我们已经知道的意义来'描绘'新的东西；或者我们通过将旧的意义加以转变的办法建立新的意义；或者我们通过用新的意义取代旧的意义的办法来变更意义。"[1]

二、跨文化传播的研究对象

关于跨文化传播的研究对象，国内外的学者有不同方式和层面的表达，具有代表性的一般有以下几种。

有学者认为，"跨文化传播研究的特殊视角，要解除的是人们成长于其中的文化所带给他们的观念的绝对边界。它的中心课题是要研究那些来自不同的文化背景、有不同的观念信仰的人们在互动的过程中如何说明和理解意义。这一研究的目标有三个：描述特定文化之间传播的性质，揭示文化的异同；基于对文化异同的理解，研究消除人们由于文化屏障造成的传播差异的途径；

---

[1] 保罗·杜盖伊、斯图尔特·霍尔、琳达·简斯等：《做文化研究：索尼随身听的故事》，霍炜译，北京：商务印书馆，2003，第15页。

更好地理解自己的文化，理解文化的创造和分野的进程"。①

也有学者指出，跨文化传播研究的是具有不同文化背景的个人、组织、国家进行信息交流的社会现象。具体地讲，跨文化传播的研究对象是文化与交流的关系，特别是文化对交流所产生的影响。从事跨文化传播研究的学者基本上有三个共识：跨文化传播是传播学的一个扩展；跨文化传播作为一个研究领域，其特点在于注重不同文化的个人、群体之间阻碍彼此交流的文化因素；关于人类传播学的主要理论可以为跨文化传播的研究和实践提供有益的指导或借鉴。②

还有学者认为，具有不同文化背景的人从事交际的过程就是跨文化交流。在作文化比较时似乎大到东西方对比，小到两个人之间的对比，中间还有民族、国家、地区、种族、阶层、职业、性别、年龄等层次。至于研究跨文化传播该从何入手，其认为应该首先把眼光集中于国别研究，集中于一个国家中的主流文化的研究。在跨文化交际研究中采取的顺序是：主流文化、亚文化、地区文化、小群体文化。③

也有学者提出，当一种文化的成员制造出一条信息供另外一种文化的成员消费时，跨文化传播就产生了。更明确地说，跨文化传播包括人们之间的交互作用，他们彼此对文化的理解以及各自的文化符号都非常独特并最终能促成这种传播的发生。④

尽管观点各不相同，但表述中都存在对"文化群体"或者"文化圈"的描述。总的来说，跨越群体或者跨越圈层的文化传播都可以反映出文化使用者的文化属性。跨文化传播研究对象的差异是关注核心的差异，从关注不同

---

① 吴予敏：《跨文化传播的研究领域与现实关切》，《深圳大学学报（人文社会科学版）》2000年第1期。

② 关世杰：《跨文化交流学：提高涉外交流能力的学问》，北京大学出版社，1995，第10页。

③ 胡文仲：《跨文化交际学概论》，外语教学与研究出版社，2012，第17页。

④ Samovar L A, Porter R E, Mcdaniel E R, et al. *Communication between Cultures* (Boston: Cengage Learning, 2016), p.17.

文化的比较，到关注文化与传播的关系，再到关注解决不同文化之间意义阐释和理解等问题。当然，在解决这些问题的时候，它们之间也存在着交互作用的情况。从关注的角度上看，跨文化传播的研究对象既可以是交际过程，也可以是文化同交际的关系，抑或传播背后的意义边界，还可以是一种文化消费行为。

由此可见，跨文化传播研究的对象十分广泛，大体可以分成以下四个类别。

（一）跨语言传播

由于不同语言的表达方式和语言习惯的差异，很多跨文化传播需要翻译或改编，以适应不同语言背景下的文化需求和口味。如何恰当转译，即将一种语言的信息转化为另一种语言，是实现信息能够在不同文化之间传递和理解的关键。在跨语言传播中，研究者还关注不同语言和文化之间的意义转移。

跨语言传播也涉及多种语言交流的策略。这包括在跨文化沟通中使用多种语言的技巧，以促进有效的信息传递和相互理解。研究者研究如何适应不同语言背景，选择合适的交流方式，避免误解和歧视，最终提高跨文化交流的能力。

在全球化时代，跨语言媒体和传播渠道同样起着重要作用。研究者关注多语种媒体内容的生成、传播和接受，以及全球媒体的多语种和多文化特征。语言在媒体中的表达、翻译和本地化也是跨语言传播的重要内容。

（二）跨地域传播

跨地域传播研究中一个重要的内容是对地域文化的比较与分析。研究者会探究不同地域的文化特征、价值观、信仰和行为模式，从而理解不同文化间的差异和相似之处。跨地域传播还关注地域间的信息流动和传播方式。研究者研究信息在不同地域间的传递路径，媒体渠道的使用习惯和偏好，以及地域间的网络、电视、广播和出版等媒介的传播特点。跨地域传播研究中另一个重要内容是多样性和文化冲突。不同地域的文化差异可能导致误解和冲突，研究者致力于理解并解决跨地域交流中可能出现的文化冲突，促进对文化多样性的尊重，增强对跨文化的有效互动。跨地域传播研究还涉及地域间的媒体和流行文化的影响。研究者关注不同地域媒体内容的相互影响和流动，以及流行文化在跨地域传播中的角色和影响。

在研究跨地域传播中，人们能够深入了解地域和地理因素对于信息传递、文化交流和跨文化互动的影响，这有助于推动全球化背景下的多元文化发展，加强地域间的合作与理解，促进地域间和谐发展。

（三）跨文化的传统文化传播

传统文化的传播跨越该文化出产地的语言、文化、历史和地域限制，其路径、对象和结果均受到文化领域内的预期、受众和利益方的力量关系、本土文化政策等政治文化背景和社会文化现实等复杂因素的影响。传统文化的传播需要考虑到语言和文字的翻译和适应性。在翻译过程中，研究者探究如何在不同文化背景下有效传递信息、解释符号和象征的差异，以及语言和文化的相互关系对信息传播的影响，即如何在跨文化环境下准确地传达传统文化的语言和文字表达，包括口头和书面形式的传播。

传统文化中的节庆活动和仪式是重要的文化传播形式。节庆活动与民间仪式的形成往往与宗教相关，因此，在跨文化传播中如何传递和解释这些活动和仪式的意义，以及如何促进跨文化间的理解和参与就成为学者要解决的重要问题。包括音乐、舞蹈、戏曲、文学、传统工艺等方面在内的非物质遗产往往因为其形式灵活，并且具有可体验性，因此在跨文化传播中显得比较讨喜。研究者关注的重点是如何将这些非物质遗产传递给不同文化背景的人群，并引起他们的兴趣和认同。

跨文化的传统文化传播的目的是增进对传统文化的了解、尊重和保护，并促进不同文化之间的交流与合作。通过研究和实践，推动传统文化在跨文化环境中的传承、创新和发展，有助于促进文化多样性的繁荣和对文化遗产的保护。

（四）跨媒介传播

跨文化传播中的跨媒介传播是指在不同媒体平台之间进行信息传递和交流的过程。它强调了媒体形式和媒体渠道对跨文化传播的影响，涉及不同媒体平台之间的内容传递、媒介选择和信息处理等方面。由于媒介形式的多样化，现在的文化传播已经不再依赖于传统的媒介手段，而是借助于互联网、移动通信和数字化通信等技术来实现跨文化的传播。因此，媒介因素和信息形式的多样化也是跨文化传播的重要领域之一。

跨媒介传播研究者关注不同媒体平台间的内容传递，研究信息在不同媒体形式（如电视媒体、广播媒体、印刷媒体、互联网媒体、移动互联网媒体等）中的传播特点，以及内容在不同媒体间的转化和适应方式。在传递信息的过程中，选择合适的媒介渠道对于有效地触达目标受众非常重要。因此，研究者也关注媒介渠道的选择和多元化，研究不同媒介渠道对于不同文化背景下受众的接受程度和影响力，以及如何利用多渠道传播来促进跨文化交流。跨媒介传播还关注平行媒介和集成传播的现象。平行媒介指的是在不同媒体平台上同时进行的信息传递，而集成传播是将多种媒体平台融合在一起进行信息传递。研究者研究不同媒介之间的互动和协同效应，以及如何在跨文化传播中利用平行媒介和集成传播来扩大信息的覆盖范围和增强传播效果。

随着数字媒体和社交媒体的兴起，跨媒介传播也越来越依赖于这些平台。研究者也把数字媒体和虚拟社交平台在跨文化传播中的作用和影响，以及如何利用这些平台来促进跨文化的交流、加深文化理解和减少文化隔阂等议题纳入研究范围。总之，跨文化传播的定义和范畴是非常广泛和具有包容性的，其范围涉及语言、文化、地理、性别、民族、生活和政治等各个领域，而且受到各种因素的影响。为了更好地把握跨文化传播的复杂性和多样性,我们需要拓宽文化视野和增强文化理解,推动文化的多元发展和交流,从而促进不同文化之间的相互理解,实现文化的互惠共赢。

三、跨文化传播的路径

对跨文化传播路径的研究属于跨文化传播理论研究的核心问题。从古至今,人们选择了各种不同的路径进行跨文化传播。目前,学术界对这一研究课题的学术观点有很多,对跨文化传播的路径和方式进行了很多归纳分析。从总体上说,大体呈现以下八种"常规"路径。

(一)政治交流

跨文化传播路径中的政治交流是指在文化传播过程中,政治因素对跨文化传播路径的影响。它涉及国家、政府在跨文化传播中扮演的角色,以及它们对文化交流和文化传播的影响。政治交流在跨文化传播中发挥着重要作用。政治因素可以影响国家间文化交流的规模和方式。政府间的外交关系和政治合作可以为跨文化传播提供平台和机会,促进文化交流和文化合作。政府间的文化协议和交流项目可以引导和支持文化领域的合作和交流活动。政治交流还可以在一定程度上塑造和影响跨文化传播中的信息选择、传播方式和文化诠释,从而影响跨文化传播的结果和效果。

然而,在跨文化传播路径中,政治交流打破了文化壁垒,促进文化的融合和对话。他们可以引入新的文化元素和观念,推动文化的交流和创新。而在国际上,一些西方发达国家尽一切可能利用他们的政治和军事影响力,大力传播其语言文化、意识形态和价值观,这使得西方文化成为强势文化。从这个意义上讲,政治交流甚至可以加强对文化的保护和增强文化的认同感,帮助本国文化在跨文化环境中得以延续和发展。

（二）经贸往来

经济是一个国家和地区的发展基础，而文化则是一个国家和地区的发展灵魂，一定的经济发展环境必然会培育出相应的文化环境。跨文化传播中的经贸往来强调了经济、商业和贸易因素对跨文化传播的影响，以及经济联系在文化传播和文化影响方面的作用。

首先，经贸往来为不同文化间的人们提供了共同参与经济活动的机会，并通过商业交流促进了文化交流和文化合作。不同文化之间的互利共赢，为文化产品和创意产业的传播提供了市场和机会。各种文化元素通过经济和贸易活动跨越国界，寻求商业合作，促进了文化的多样性。

其次，在经贸往来中，商业交流和贸易活动可以促进文化内容和产品的传播。传统文化产品、文化创意产品和国际化的文化娱乐产品可以通过贸易和市场渠道进入不同文化市场，为不同文化的消费者提供更多选择，推动文化内容的交流和影响。这种交流可以促进文化多样性的保护和传播，并为文化创意产业的发展和文化经济的繁荣做出贡献。

再次，经贸往来同样可以在一定程度上促进文化理解和互相尊重。在商业合作和经济往来中，出于商业利益的考量，人们往往会克服自身文化的牵制，更开放地理解并接受新的文化，在互相接触中，增进对彼此的理解和认知。商务会议、商贸展览和经济合作项目等活动为不同文化的代表提供了交流平台，人们可以在商业场景中建立人际关系，共同探讨解决方案、分享知识和经验。这种经贸往来也有助于克服文化隔阂和误解，推动文化交流意识和文化融合。

最后，经贸往来往往是文化产业的发展和文化影响力的直接促进力。经济实力和贸易合作的增强，为不同的文化产业提供了更多的机会和资源，有利于激励地方文化产业的创新和发展，进而提高自身的竞争力，扩大文化影响力，并在跨文化传播中发挥积极作用。

从历史上看,"丝绸之路"就是一个典型的跨文化传播案例,"丝绸之路"上的经贸往来加强了中国与西域各国之间的经济文化交流。如今,在经济全球化的背景下,各种商品都承载着特定的文化价值观和意识形态,各国之间正在经历着与外来文化意识的相互交流和碰撞。以当前中国为例,可口可乐、麦当劳、特斯拉、苹果、微软等世界知名品牌进入中国市场,西方文化和价值观在物质层面上加速传播,西方文化的影响无处不在。同时,联想、华为等中国知名企业也走出国门,向世界传播中国文化和价值观。特别是近年来,随着中国经济的全面快速崛起,国际社会开始追逐中国经济背后的文化价值,中国文化的影响力日益扩大。我们有理由相信,随着中外经济交流在深度和广度上的不断发展,中外文化的传播与交流也将取得新的突破。

(三)教育活动

教育是文化的一部分,承担着传播、选择和创造文化的重要功能。跨文化传播中的教育活动是指通过教育机构、学术交流和学习活动等形式,促进不同文化之间的教育交流、知识传递和文化认知。它强调了教育因素在跨文化传播中的重要性,以及教育活动在促进文化理解和跨文化交流方面的作用。

第一,跨文化教育有助于培养学生的跨文化交流意识和跨文化沟通能力,增进文化的融合和相互理解。跨文化教育可以增强学生对自己文化的认知和理解,也有助于了解和体验其他文化的价值观、习俗和传统。

第二,教育资源的开放共享可以促进文化传播的普及和公平化。开放教育资源、在线学习平台和远程教育等方式可以在全球范围内推广和分享各种文化知识和教育资源。这种开放性和共享性的教育活动有助于打破地理和文化障碍,促进全球各地的学习者和教育者共同参与和分享文化教育资源。

第三,国际学生的交流、学术会议和文化交流项目等活动同样可以为学生和教师提供跨文化交流和共同学习的机会。学生在不同文化背景下的学习和互动,可以增进学生对不同文化的理解、认知和尊重,培养跨文化交流的意识和提高跨文化交流的能力。尤其是学术会议、期刊出版、学术讲座等活动为学者和研究者提供了分享和交流研究成果的平台。这种知识传递和学术交流促进了不同文化之间的学术合作和知识创新,并为文化产业和创意产业的发展提供了动力。

近代以来,我国致力于发展现代教育,开始引入其他国家在政治、经济、军事、文化、科技等领域的信息,促进了西方先进文化和科学技术在我国的传播。自改革开放以来,越来越多的中国人开始学习各种外语,了解和学习其他国家的文化。我国政府还推出了"汉语水平考试"和"汉语桥工程",并在海外建立了"孔子学院",派遣汉语教学人员直接执教或培训当地的汉语教师,这些举措都有助于传播中华传统文化的精髓。此外,留学教育也在促进跨文化传播方面起到了积极作用,留学生就像"文化大使"一样,在学习不同国家的优秀文化的同时,也将本民族的文化传播到世界各个角落。

(四)大众传媒

大众传媒指的是通过大规模媒介渠道向广大受众传播信息和文化内容。它在跨文化传播中扮演着重要的角色,通过传媒平台和传播技术,增强不同文化之间的理解,促进不同文化之间的交流,扩大文化影响力。大众传媒是文化信息的载体,在跨文化传播中起沟通桥梁的作用,有助于促进文化理解和交流。区域文化通过电视、广播、报纸、杂志、互联网和社交媒体等渠道,将各种形式的信息和文化内容,迅速传播给全球范围内的受众。

随着网络技术的发展,社交媒体也成为个人分享和交流自己文化经验和分享观点的重要渠道。受众在跨文化交流中获得更多的参与权和发言权。这种来自民间个体的网络互动与信息发布,具有更强的可感性与真实性,可有效地提高对话可能和加强文化理解,进一步减少文化隔阂和误解。

大众传媒的跨文化传播也有可能引发文化冲突和文化侵蚀等问题。在文化差异较大的情况下,大众传媒的文化产品很可能会传递出对其他文化不准确或刻板化的描述，导致在文化认知上产生偏见和误解。此外，大众传媒的商业化和传播规律也可能导致一些文化内容扭曲和存在被标准化的风险，从而削弱文化的多样性和独特性。

近代以来，中国先进的知识分子与许多来华的外国人著书立说，介绍中华文明，传播中华文化。中国现代报刊自诞生之日起，就肩负着跨文化传播的重任。从第一批国人创办报刊到维新派报纸，再从资产阶级改良派报刊到资产阶级革命报刊，再到机关报和共产党机关报，都广泛运用大量篇幅传播了外国文化。如今，我国通过《人民日报（海外版）》《中国日报》、中央电视台、人民网、新华网等传媒机构的作用，积极报道国内外的发展与变化，让中国走向世界，也让世界更加了解中国。同时，我国还积极保护和发展民族电影，制作了《霸王别姬》《十面埋伏》等优秀作品，更好地传播了中华文化的纯朴浑厚之美。

（五）宗教传教

古今中外，宗教在文化的生成与传播中一直扮演着重要角色。在文化输出中，宗教传教往往成为有力的传播途径，宗教信仰的接受是一种精神力量，甚至是精神控制武器。在历史上，宗教传教多次成为文化侵略的先导。传教士借助宗教教义和仪式，将宗教信仰和文化传统做生动的描述，做可感化的信息处理，有效增进他人对该宗教的认知和理解，这样的文化交流有助于人们更好地了解并尊重其他文化的宗教信仰和价值观，甚至可以从根本上形成新的文化认同。

宗教传教还可以影响并塑造不同文化的社会和文化形态。当宗教传教在某个文化中被接受时，它可能会对该文化的价值观、道德观和行为方式产生深远的影响。宗教信仰和实践可以影响人们的日常生活、社会组织和法律制度，这种影响存在着文化转变和融合的可能性，可以改变和塑造社会和文化的方方面面。

公元1世纪，佛教正式传入中国，通过达摩和其他高僧的努力，佛教在"中土"广泛传播开来。唐朝时期，高僧玄奘西行求法，往返17年，旅程5万里，亲身游历了110个（又说138个）国家，吸收了外国文化，传播了中华文明。回到长安后，他致力于佛经的翻译工作，耗时约20年直至去世，留下了1335卷佛经译著。这些翻译作品广泛传播至中国、韩国、日本和东南亚等地，为佛教的跨文化传播做出了巨大贡献。同时，这些作品也孕育了亚洲文明，尤其在东亚文明中一些重要文化特质均有体现。另外，公元635年，即唐太宗贞观九年，基督教开始传入中国。从16世纪初开始，天主教耶稣会派遣了利玛窦等成员组成的"东方传教团"到中国进行传教活动，最终促进了明末时期天主教在中国的广泛传播。佛教和天主教在中国的传播，成为跨文化交流和传播的典范。

然而，宗教传教在跨文化传播中也可能引发文化冲突和文化对立。当宗教传教被视为对其他文化的干涉和侵略时，可能引起文化间的紧张和冲突。不同宗教的信仰体系和宗教仪式可能与其他文化的传统和习俗相冲突。因此，为了实现更和谐和平等的跨文化传播路径中的宗教传教，需要遵循一些原则，避免产生文化冲突和对抗：宗教传教者应该尊重其他文化的信仰和价值观，乐于倾听和理解他人的观点，避免对他人进行强制的信仰传播。同时，接受宗教传教的人也应保持开放的心态，对不同文化的宗教信仰保持尊重和包容，保持对多样性的接纳。

（六）体育运动交流

体育运动是全人类所共有的技能，作为一种通用的"身体语言"，它突破种族和语言的障碍，促进多元文化的共生和共同繁荣。人们参与和观看体育赛事，了解和体验不同文化的体育传统、价值观和风俗习惯。体育运动超越了语言和文化的障碍，传达出情感和意愿，加深了人们对其他文化的认知和理解。

跨文化的体育合作和交锋需要团队合作、公平竞争和尊重规则。在体育运动中，人们学会尊重对手，承认和欣赏他人的不同文化背景。同时，体育活动也提供了平等的竞争环境，在比赛中，人们在接触和交流中学会平等和公平对待他人。参与体育运动交流的人们有机会结交来自不同文化背景的运动员和球迷，竞技合作也能够建立跨文化的友谊和合作关系。

全球性的体育项目和比赛通过媒体的传播，可以得到广泛地观看和关注，不同文化间的体育元素得以传递和交流。全球性体育赛事给世界各国提供了平等参与的机会，也提供了各种文化在赛场中表达本土特色文化的机会，从这个意义上讲，体育运动也有助于保护和弘扬各自的文化，促进全球化与本土化之间的平衡。

然而，体育运动交流在跨文化传播中也面临一些挑战。例如，体育产业化和商业化可能导致区域性体育文化在传播中失真甚至失去本质，从而影响文化的多样性。此外，文化差异可能导致赛场内外产生冲突和误解。因此，体育交流需要重视文化的多样性和对跨文化的理解，尊重和保护不同文化的体育传统和价值观。

现代奥林匹克运动以西方文化为主导，以体育运动为媒介，经过100多年的发展，其独特形式具有全球跨文化传播的优势。我国成功举办了2008年北京奥运会，弘扬了奥林匹克精神，传播了奥林匹克理念，延续了奥林匹克文化，并传播了中华优秀传统文化。自改革开放以来，我国积极发展体育事业，一些体育明星成为弘扬中华文化的代表形象，进一步推动了中华文化的传播。此外，我国不仅积极发展武术、气功、舞狮等民族体育项目，以传播中华优秀传统文化，而且积极参与世界范围内的跨文化传播。

（七）旅游活动

旅游活动是一种综合性的文化交流与传播活动，把文化场景与个体生命情感交融在一起，旅游者可以深度体验代表当地文化的生活方式、人文历史、艺术和自然风景，极大地凸显了文化的体验性。人们参观和体验其他文化的历史古迹、博物馆、艺术展览和传统节日，深入地了解其他文化的价值观、习俗和传统，进而认识到不同文化之间的差异和共同点，增强对其他文化的认知和理解，加深对世界多样性的体验和感受。

在旅游中，人们可以交流经验、分享观点，欣赏和了解彼此的文化差异。在与当地人的接触中，旅行者可以感受其他文化的语言、音乐、舞蹈和美食，并体验当地的生活方式和态度，增进人与人之间的彼此了解。同时，旅行者也会将自己的文化元素和经验分享给其他人。这样的交流不仅可以相互影响，还可以互相启迪，进而产生新的文化形式和独特的表达方式。

在元朝时期，意大利著名旅行家马可·波罗（Marco Polo）来到中国，并在中国游历了17年。回国后，他创作完成了《马可·波罗游记》(*The Travels of Marco Polo*)一书，首次向欧洲人全面介绍了中国发达的物质文明和精神文明。明朝时期，郑和七次率领船队下西洋，为中外文化的交流和传播谱写了辉煌篇章。

然而，跨文化传播路径中的旅游活动也面临一些挑战和问题。例如，旅游业的商业化和大规模发展可能导致在旅游活动中产生文化剥削和失去本土特色。此外，旅游者的偏见和刻板印象可能导致他们对其他文化产生误解和歧视。因此，在旅游活动中需要重视文化的保护和尊重，求同存异，避免对其他文化进行侵犯和损害。保护文化的多样性和对跨文化的尊重，有利于实现更加和谐和有意义的跨文化传播。

如今，旅游已经成为人们日常生活中最为常见的活动之一。近年来，中国的旅游业获得了持续快速的发展，但具备寻根、考察、探索、了解风土人情等一定文化内涵的旅游项目相对较少。因此，我们需要挖掘、提炼和弘扬优秀文化，通过旅游向世界传播中华文化，并学习、借鉴和吸收人类创造的一切优秀文化成果，在增进各国之间的了解与促进友谊的基础上，为推动全球文化的共同繁荣做出中国贡献。

（八）文化艺术活动

组织各类文化艺术活动可以促进各国和各地区之间在文化艺术中互学互鉴、交流和传播，从而推动文化艺术的发展。因此，文化艺术活动也成为跨文化传播的重要途径之一。中国拥有5000年的文明史，其中建筑、雕塑、书法、绘画、音乐、戏曲、文学等艺术形式以及饮食文化、酒文化、休闲文化等都散发着独特的中华文化魅力，因此利用我国的文化特色进行跨文化传播变得尤为重要。"黄帝故里拜祖大典""中国（曲阜）国际孔子文化节"等文化活动是对中华民族祖先和哲人的崇拜，是对民族灵魂和根源的追求。这些活动传承了中华民族优秀的传统文化，增强了民族自豪感，并扩大了国际文化交流和传播的范围。

近年来，我国与一些国家创造性地组织并互办了"文化年"和"民族年"等活动。这不仅为中国人民提供了一个近距离了解外国文化的机会，同时也为外国人了解中国文化提供了有效途径。这样的活动促进了不同文化之间的对话和理解，加深了国际的友谊与合作。比如，"中法文化年"业已覆盖两个国家的全境，成功举办了700多场活动，总计有几百万中国人和法国人参加，展示了两个东西方大国深厚的文化底蕴，被誉为"中欧文化交流史上的创举"。

四、我国跨文化传播研究存在的问题

跨文化传播自进入我国以来，我国的相关研究取得了丰硕成果，但是在问题意识的生成、培养和反思等方面，还处在中外学术对话性质的本土化过程之中。它秉承多学科对话和开放思维的精神，在传播学研究的基础上，整合人类学、社会心理学、国际关系学等认知资源，对不同层次的跨文化传播问题进行实践探索和学术贡献。在这样一个跨文化交流的时代，我国的跨文化传播研究要想走得更远、更实用，就一定要关注和反思其存在的问题。

我国的跨文化传播研究呈现一股较浓厚的理论角度而非实践角度的问题意识，也就是说，国内的问题意识是从理论研究的需要出发引发的问题，不同于跨文化传播研究最初产生时的起源于实践需要的问题。[①] 在我国，跨文化传播学研究存在的问题主要体现在以下六个方面。

（一）不加批判和分析的理论落地

跨文化传播自引进中国之初，在理论落地的工作上，理论和分析模式就各异。从形式上来看，有通过引用的方式，有通过译介的方式，有通过翻译的方式，还有的通过原版引进而不经翻译的方式。其中，不经翻译的直接落地形式看上去好像为国内学界提供了原汁原味的理论文本，从而避免了不当的翻译可能带来的误读，但恰恰最有问题的也是这种形式。这就像是一个懒惰的厨师把土豆从地里挖出来，不经清洗加工便放到了饭桌上面，委实不值得提倡。这些理论几乎不加批评、分析甚至都没有进行翻译，便在国内作为所谓的学科前沿进行发表和教授，其忽视了理论框架的翻译和本土话语的引入，违背了跨文化传播的宗旨与精神。

（二）脱离中国实际和理论产生的背景

作为传播学的重要分支之一，我国的跨文化传播研究存在两个"脱离"。这两种"脱离"使得跨文化传播成为"四不像"，在中国成了空中楼阁。第一个"脱离"是跨文化传播理论的应用脱离了中国的实际。这意味着一些跨文化传播学理论在应用到我国的时候，可能不适用或无法完全解释我国的具体情况。这可能是因为这些理论主要是基于西方文化背景下的研究，而忽视了我国的独特文化特点和历史背景。因此，在将跨文化传播理论应用于我国时，需要进行相应的修正和调整，以使其更贴近我国的实际情况。第二个"脱离"是跨文化传播学理论的引入脱离了它在美国诞生的人类学背景。跨文化传播

---

① 姜飞：《中国跨文化传播研究三十年探讨（1978—2008）》，《新闻与传播研究》2008年第5期。

学最早起源于美国的人类学领域，其主要关注不同文化之间的交流和互动。然而，在我国的跨文化传播研究中，有时可能忽视了这一学科的起源和基础，并未充分考虑到文化背景对跨文化传播的影响。因此，在引入跨文化传播理论时，需要更加重视其在人类学背景下的基础，并结合我国的文化背景进行研究。

（三）整体理论的建构比较乏力

当前，我国对跨文化传播的相关论述有许多，也有很多提高涉外能力的指南。除此之外，有关对外宣传、翻译等跨文化问题的研究，也有不少重要的理论观点，但是可以称之为"跨文化传播学"的不多。在一些跨文化传播学的著作里，文化被当作首要的主题词，传播被置于文化的背景之下，以语境化思考、理论化分析、系统化思维、中观化建构为研究目标的则少之又少，出现这种情况的原因有三。

首先，学科发展起步较晚。相比于西方国家，在中国，跨文化传播的研究起步较晚。虽然近年来该领域有了快速发展，越来越多的学者开始关注并从事相关研究，但整体上仍需要时间来积累经验、建立完善的理论框架和方法体系。

其次，理论借鉴不足。中国的跨文化传播研究在理论建构方面缺乏充分的借鉴。尽管可以参考国际上的跨文化传播理论和研究成果，但在中国未能得到广泛应用和发展，没有形成本土化的理论体系，这可能与语言、文化以及研究传统等方面的差异有关。因此，为了弥补这一不足，中国的跨文化传播研究需要更加积极地吸收和借鉴国际上已有的理论成果，并结合中国的实际情况进行本土化的理论建构。

最后，缺乏系统性研究。目前中国的跨文化传播研究主要以个案研究或局部现象为主，缺乏整体性和系统性地研究和理论探索，这也限制了学者对跨文化传播领域的深入理解和理论构建的完善。因此，中国学者可以进行更多的综述研究、横向比较研究以及纵向追踪研究，以推动跨文化传播领域的理论发展。

（四）理论研究的角度有偏差

在我国，对于跨文化传播的研究，同西方走的是不同路线。西方是从问题着手，进行理论研究，并在理论的基石之上从基础性和应用性的角度提出对策。反观我们，却是从理论出发，并且还是从他人的理论出发进行研究，导致现在的状况是相关理论愈加虚拟化。

首先，由于我国积极推行文化自信战略并倡导文化输出，一些研究者可能更关注我国文化在国际传播中的地位和影响力。这种角度下的研究往往聚焦于我国形象塑造、文化产品输出以及文化冲突与融合等问题。然而，这种偏重中国视角的研究可能忽视了其他国家和文化的参与和影响，造成了研究角度的局限性。

其次，媒体和技术的发展也会对我国的跨文化传播研究角度产生影响。随着互联网和社交媒体的普及，信息传播更加方便快捷，人们对跨文化交流的需求也在不断增长。这可能导致研究者更加关注新媒体环境下的跨文化传播现象，如网络文化、虚拟社群等，并从技术驱动的角度探讨其影响。然而，这种以新媒体为主导的研究角度可能忽视了传统媒体和非数字化交流方式在跨文化传播中的重要性。

最后，我国的跨文化传播研究角度可能还受到学科背景和方法论的影响。例如，心理学、社会学、语言学等不同学科对于跨文化传播的关注点和理论框架有所差异。学者们可能依据自身学科视角选择研究对象和问题，从而形成特定的研究角度。然而，这种单一学科视角的研究可能忽视了其他学科的综合性和多样性，缺乏跨学科的交流与整合。

（五）忽略了传播的文化语境

我国的跨文化传播更多关注在传播学领域的发展，被传播学领域的人所熟悉和认可。过分强调"传播"，而忽略了传播的文化语境，特别是研究者自身的文化背景，可以说是"自毁长城"，从而导致了许多似是而非的跨文化传播学的出现。传播的成功与否往往取决于目标文化的特点、价值观和习俗，并且这些元素在不同文化间存在差异。因此，在进行跨文化传播研究时，理解和考虑传播的文化语境是至关重要的。

首先，文化语境对于信息的接收和解读起着重要作用。每个文化都有其独特的符号系统、象征意义以及对话语和行为方式的规范。因此，同一条信息在不同文化背景中可能会引发不同的理解和反应。研究者需要深入了解目标文化的语境，包括宗教信仰、历史背景、社会结构和价值观等，以准确把握信息传播的含义和效果。

其次，文化语境影响着传播策略的选择和执行。在跨文化传播中，广告、营销和公共关系等策略需要根据不同文化的特点进行调整和制订。例如，某种广告手法在一个文化中可能取得成功，但在另一个文化中可能会触犯道德或引发争议。因此，研究者需要了解目标文化的文化价值观、审美偏好和心理特点，以制订更有效的传播策略。

最后，文化语境还与跨文化沟通中的障碍和误解密切相关。不同文化的沟通方式、言辞习惯和非语言表达方式都有差异，这可能导致信息的失真和误解。在跨文化传播研究中，应该关注语言、符号和非语言交流等方面，深入探讨不同文化间的交际模式和沟通障碍，以提高跨文化交流的效果和准确度。

（六）忽视了文化差异

在跨文化传播研究中，中国学者过于关注不同文化之间的差异，并且对不同文化的民族、地理知识了解得十分详细。这一现象一方面反映了新学科在引进和建设初期的特点，另一方面也揭示了中国文化对于求同存异内涵的忽视。过度强调跨文化传播的个体性，过多研究不同文化、不同民族的思维方式和行为习惯上的差异，将跨文化传播学转向了知识化和技术化。这不仅没有突出跨文化传播学本身的学科特色，还忽视了其人文背景以及实施文化建构的意义。

随着全球化和信息化的加速发展，与跨文化传播相关的活动得到了越来越广泛的应用和推广。然而，尽管跨文化传播带来了很多优势和机遇，但其暴露出来的这些问题可能导致跨文化传播的失败和冲突。因此，探讨跨文化传播的困境和出路具有重要的学术和实践意义，对此，具体表现在以下四个方面。

1. 建立信任和尊重

跨文化传播需要建立良好的信任和尊重，这包括尊重对方的文化差异、文化习惯和个人信仰。只有这样才能使双方建立足够的信任和尊重，从而促进沟通和合作。

2. 学习其他文化

了解并学习其他文化知识，是促进跨文化传播的关键。学习其他文化知识，不仅可以让我们了解不同文化的特点，还可以帮助我们建立对其他文化的理解和尊重，从而减少因为文化差异而带来的诸多问题。

3. 发现彼此的共同点

尽管不同的文化在很多方面存在着差异，但其也存在很多共同点。我们研究并发现其中的共同点，可以帮助双方减少文化障碍和沟通障碍，同时也可以相互促进交流和学习。

4. 避免刻板印象

避免刻板印象是跨文化传播的关键。跨文化传播中存在许多刻板印象，往往会影响信息的传播和相互理解。因此，通过彼此的合作与沟通，发现对方理论中存在的优点和不足，了解对方的文化特点，是减少或避免刻板印象的重要手段。

综上所述,跨文化传播的问题和出路是互相交织的,且具有多样性和复杂性的特点。因此,为了提高跨文化传播的效果,我们需要尽可能地克服这些问题和挑战,并继续寻求新的发展机会和出路。

第二节　文化社会学与跨文化传播

一、文化社会学的发展

文化社会学(Cultural Sociology)的发展历史久远,当时社会学家曾将文化作为他们研究的核心概念,强调文化与结构的相互作用以及文化与社会制度之间的关系。在此基础上,学者对文化的研究日益深入,逐渐形成了文化社会学这一学术方向,并高度关注文化现象如何在人们的社会生活中产生影响和意义。1928年,美国社会学家威廉·I.托马斯(William I.Thomas)首次提出"情境定义现实假说"以后,美国社会学家开始走上文化探索的道路。如何借助文化成分去解释这个假说,社会学家开始从刚开始的文化研究,重心发生了转移,转向了如何解释文化的生产、消费和分配等问题。

在这个背景下,学者们成立了美国社会学协会,协会迅速获得了广泛的认可和支持,随之而来的是涌现了许多文化社会学研究。与此同时,英国文化研究的兴起也逐渐扩大了文化社会学领域的研究,从对文化作出一些分析性的评价,到认为文化在本质上是一种实践活动,再到重视行动者的角色以及文化的本土性和社会地位的差异,这些研究理念都深受美国文化社会学研究的影响。

自20世纪60年代以来,文化社会学受到了许多不同学科的影响,包括社会学、人类学、文化研究等,逐渐演变为一种跨学科的研究领域。其研究领域已经从文化的结构和内容,转向对文化的生产和社会实践等方向发展。学者们开始关注主观文化现象,重视文化生产者、观众和消费者的角色,同时也将地方、区域、族裔的文化考虑在内。

尤其是在经济全球化的背景下,文化社会学逐渐从以西方文化为中心的视野转向非西方文化,着重研究文化在全球范围内的流动与转变、文化间的联系与影响等问题。例如,文化社会学家罗兰德·罗伯逊(Roland Robertson)便提出了"全球化模型",指出现代化过程中,全球的文化在越来越多的领域相互渗透,形成了一个以非西方文化为主导的全球文化体系,进一步强调文化的流动、融合和互动的本质。

二、文化社会学的主要观点

(一)文化结构论

文化结构论是文化研究的一个理论框架,用于解释不同文化中的特定价值观和文化形式背后的共同结构,主要关注文化现象的结构和内容,将文化视为表达社会结构的非物质形式,强调文化在传递价值观和符号体系方面的作用。它认为,所有文化都有一些基本结构,这些基本结构不同文化之间可能存在差异,但它们都表现为一些共同的基本原则和特征。

文化结构论所关注的是文化较为抽象的维度,例如文化价值观、信仰和思维模式等。文化结构论的核心观点是:文化是由诸多基本结构构成的,这些基本结构共同决定了一定文化具有长期的、内在的、较为稳定的文化面貌。

文化结构论强调文化结构是高度协同的,彼此相关的原则,它们互相交织构成文化的基本框架。文化结构通常由表面结构和深层结构两部分构成。表面结构是文化中可见的物质和非物质元素,例如风俗、习惯、礼仪、技艺、艺术、文学等。这些因素可以反映出一定社会文化的特点,但也只是文化结构中的一部分。深层结构是文化中的核心价值和信仰，例如道德规范、信仰体系、思维模式、文化观念等。这些因素往往更为抽象且不易理解，但正是它们决定了社会中不同文化之间的基本共性和差异。

文化结构论提出了文化中存在的基本结构，认为文化中诸多文化表现形式，都可以被解释和理解为其深层结构和表层结构的共同运作结果。研究文化结构，可以更深入地认识不同文化之间的异同，并提出解决方案来促进跨文化理解和交流。

（二）文化生产、消费论

20世纪60—70年代中期，随着社会变革和政治运动的兴起，学者们开始将焦点转向文化生产和消费，强调文化产业的重要性以及文化产品如何被制作、包装和销售，以及文化对社会生活的影响。

文化生产、消费论是一种文化研究范式，主要探讨社会中不同社会阶层和群体对文化产品的生产与消费如何影响文化现象和意识形态的形成。具体来说，文化生产、消费论关注文化产品的制作过程，以及不同社会群体和阶层对文化产品的接受和使用，特别是在商品化和全球化之下，这种研究方式更加广泛和深入。首先，文化生产方面，文化生产、消费论认为，文化产品的生产主要由文化产业和文化创作人员完成，而文化产业则由媒体、出版、广告、传媒等大型经济实体组成。在文化生产的过程中，媒体实体通过策划和制作文化产品来引导和塑造大众文化。文化创作者则通过创作，传递自己的价值观和世界观。其次，文化消费方面，文化生产、消费论指出，消费者在接受文化产品后，会受所处的社会经济、文化阶层、教育背景、政治思想和个人经验等不同因素的影响，对文化产品进行解读和使用。文化产品的消费和使用会反映出消费者的价值观和文化品位。

文化生产、消费论正是从生产和消费的角度，来研究和理解现代社会文化现象的形成和演变，特别是在商品化和全球化的背景下，文化产品生产商和消费者之间的关系及其相互影响显得十分重要。这种研究方式扩展了我们对文化的认知，使我们更多地从社会阶层和群体的视角来审视文化现象和了解文化生产的过程，来掌握现代社会文化面貌的多样性。

（三）文化实践论

文化实践包括文化活动和行为，具体来说，文化实践是指人们在日常生活中，参与文化创作、传播、表达和消费的活动和行为。文化实践的范围包括文化场所、文化组织和文化作品等。文化实践论是一种关注社会中文化实践的文化研究范式，其核心观点是：文化的创造、传播和形态转变取决于社会中人们的日常生活实际和实践活动。它将文化视为被实践和具有动态的现象，重视文化生产和消费过程中行动者的角色以及文化的本土性和社会地位的差异。文化实践论主要强调社会实践是文化的源头、动力和转化的中心。

文化实践论认为，文化实践不仅是文化形态和文化意识形态的源头所在，也是文化主体、文化创意和文化存在的场所。具体来说，通过体验文化，参与文化交流和互动等文化实践活动，可以加深对文化的理解和认识，扩充文化的意义和内涵。

在文化创作方面，文化实践论主张让文化的创作和生产回归到本身所处的现实场域去，在真实的文化实践中寻找文化创意和创作灵感；在文化传播方面，文化实践论强调民间文化活动、群体文化意识和社会生活实践对文化形态转变和传播影响的重要性；在文化消费方面，文化实践论认为，消费者的文化实践和消费需求决定了文化的商品化方向和行为导向。

总之，文化实践论强调文化的社会性、日常性和实践性，提醒人们注意文化活动和行为的重要性，并强调人们的文化创作、传播和消费活动要密切关注社会现实和文化实践的每一个方面，才能真正实现文化的丰富多彩。

（四）文化全球化论

文化全球化论，强调全球范围内的文化流动、融合和互动，将文化视为全球化和跨国主义的重要因素。该理论主要关注全球化背景下的文化现象和文化变迁，其核心观点是全球化已经改变了当今世界的文化环境，产生了全球范围内文化的影响和交流，同时使得当代文化逐渐形成全球化的特质和形态。文化全球化论认为，全球化加速了不同文化之间的融合以及文化传播和交流的速度和效率。文化在全球化的背景下，不仅在空间上和时间上释放出更大的能量，而且具有更强的普遍性和影响力。

在文化全球化的进程中，文化产品和文化符号的消费和流通具有极大影响力。流行文化、电影、音乐、艺术等文化产品，以及变异的宗教、民族化的文化表现都可以在全球范围内被消费与讨论，不断地影响和改变着当代社会的生活方式和文化形式。在这种情况下，文化的全球化既有正面影响，也存在一些风险和挑战。一方面，在全球范围内进行文化交流可以促进不同文化之间的了解和相互尊重，同时也使文化更加多样化和丰富。另一方面，文化的全球化也可能导致文化同质化及文化洗涤等负面效应，造成个体或社群等文化群体的混乱和异化。

文化全球化论是在全球化发展下，对多种文化尤其是人类文化的当代状况进行更深层次的探究。这对跨文化传播和跨文化理解具有重要意义，也对人们的文化认知、文化现象和文化信仰等多方面提出了新的问题与挑战。除了这些主要的观点外，文化社会学还延伸出不同领域的研究，例如文化认同、文化重构、社会记忆、文化政治等。同时，还涉及不同文化形式的研究，例如文学、电影、音乐、流行文化等。

三、文化社会学的研究对象与内容

对文化现象的研究并不属于某一特定学科的专属领域。哲学、语言学、经济学、艺术等学科在各自领域内都对文化现象进行了富有成效的研究。文化社会学借助社会学的理论和方法来研究文化现象,其特殊性主要体现在研究对象、内容、方法和理论等基本属性上,其中研究对象和研究内容是最为根本的方面。这是因为这两者直接关系到学科的意义,也是区分文化社会学与其他学科的重要标志。

我们先来了解一下文化意涵的变化,在此基础之上再进一步讨论文化社会学的研究对象及内容。"文化"的概念纷繁众多,因为概念运用者所处的时代、社会环境、民族传统等的不同,这一术语所表达的含义也各有差异,至今尚无被所有人接受的确切定义。或许正如霍尔等人所说,"社会学定义文化……应当摒弃将文化具体化的那种方式。"[1] 总的来说,随着西方社会科学的"文化转向",人们对于"文化"的理解和认识产生了两个变化。

(一)由精英走向大众

传统社会学对文化的理解蕴含了两个准则:一是各种文化习惯上被看作是同质的,即它们的内部成分始终是相互统一的;二是"一种文化"的成员被看作在思想观念上有着统一的信仰、意识形态、核心价值、生活形式等。[2] 这两个准则实际上蕴含了精英立场。因为一般在传统上,往往由社会中的精英阶层决定一个社会的制度、规范、精神等文化内容,处于统领和支配地位。[3]

---

[1] 约翰·R. 霍尔、玛丽·乔·尼兹:《文化:社会学的视野》,周晓红、徐彬译,商务印书馆,2002,第416页。

[2] 玛格丽特·阿彻:《结构、文化与能动性》,转引自马克·D. 雅各布斯、南希·韦斯·汉拉恩《文化社会学指南》,刘佳林译,南京大学出版社,2012,第15页。

[3] 周怡:《文化社会学的转向:分层世界的另一种语境》,《社会学研究》2003年第4期。

自从工业革命以来,随着政治和经济的发展,文化生产和文化消费得到了前所未有的发展。越来越多的群体参与到文化创造活动中,文化不再仅仅是精英阶层的专属领域。这场"文化转向"具有重要的特征,即传统文化权威逐渐衰落。原先一直由精英阶层主导的传统文化观念逐渐失去了其唯一性和绝对性。现在,人们更加注重个人的文化选择和表达,而非单纯接受传统文化的约束。这种转变使得文化的创造和消费变得更加多元化和开放,反映了社会的进步和变迁。

(二)由整体一致性向分散差异性转变

实质上,文化是分散、充满差异的散乱体,并因性别、阶层、种族等方面的差异而显示出"不一致"的特征,即使在同一种文化类型的内部,也充斥着矛盾、冲突和斗争,阶级、性别等身份差异形塑了个体的文化态度,每个身份位置可能与一套或多套文化态度相关联。[1]作为一个有机的、和谐的整体,文化在工业资本主义和现代性的冲击下日益碎片化。

对于文化社会学的表述,国内比较具有的代表性的是司马云杰的观点:文化社会学是用社会学的理论和方法研究文化产生、发展规律及其社会作用的一门科学。[2]在此定义的基础之上,司马云杰将文化社会学的研究内容具化为十几个研究子领域,包括文化社会学应该从它的生态学系统开始,研究文化在一定的时间、空间中积累和发展及其不同的民族、历史、时代的文化模式与类型的形成及特征;研究文化的社会学性质以及意识价值观的阶级性、民族性、时代性等,是文化社会学尤其需要注意的问题;研究文化传播和控制是文化社会学的重要任务;研究风俗、习惯、道德、法律、宗教、哲学、

---

[1] 戴维·哈利、弗兰克·韦耶:《阶级与文化的新发展》,转引自马克·D.雅各布斯、南希·韦斯·汉拉恩《文化社会学指南》,刘佳林译,南京大学出版社,2012,第23页。
[2] 司马云杰:《人·社会·文化——论文化社会学的研究对象和理论》,《阜阳师范学院学报(社会科学版)》1986年第1期。

文学、艺术以及科学、技术等文化现象对人们价值观的影响和作用等。[①]

我们可以发现，文化是文化社会学的研究对象，而自身的发展、变化、功能和作用等，是该学科的重要研究内容。然而，如果我们只关注文化，就会忽视社会学的核心要素——行动者、行动和意义。文化归根到底是一种"人性化"，文化社会学的研究必须关注文化主体，而文化主体应该具有丰富的外延，既包括个人，也包括群体，还包括人所创造的各种组织，如国家、单位等。

关注文化主体及其行为和意义已经成为当今西方文化社会学研究的共识。上述中西方社会科学对文化理解的变化表明，文化固有的分散性和差异性凸显了文化主体的重要性，不同文化主体具有不同的文化实践，并赋予主体以社会学色彩的行为和意义。然而，根据司马云杰对文化社会学的定义，似乎文化主体被文化本身削弱了。总之，他所界定的文化社会学研究的内涵忽略了文化主体及其意义，因而不可避免地有化约主义之嫌，未能充分认识到西方文化理论本身在知识和现实背景下的自我修正和调整。

为了把握和理解文化、文化主体、行动和其意义的关系，对于一门以文化为研究对象的社会学分支学科，我们可以从以下两个方面来思考。第一，文化是人的文化，也就是文化主体的文化，它是特定社会结构中主体社会实践的产物。文化是由人创造和传承的，是一种符号系统，反映了主体社会实践的价值观、信仰、行为规范等。第二，主体社会实践最终要付诸行动与意义之上。文化主体以行动来表达自己的文化实践，并赋予这些行动以特定的意义。行动和意义是主体、文化、结构三者之间互动的产物，它们相互影响、相互塑造。

随着文化社会学的发展，我们既要借鉴社会学学科内外的资源和传统，也要积极引进西方文化社会学的最新研究成果。但是不能简单照搬西方的研

[①] 司马云杰：《人·社会·文化——论文化社会学的研究对象和理论》，《阜阳师范学院学报（社会科学版）》1986年第1期。

究成果，而是应该基于中国转型期的特殊语境，围绕文化社会学"文化主体及其作用与意义"的内涵，在以下三个领域拓展发展空间。

1. 以"传统文化——现代文化"为维度

在中国社会由传统向现代转型的过程中，传统文化与现代文化自然会发生碰撞和融合，形成各自不同的姿态。在传统文化方面，受到现代性的冲击，一些方面如农村的孝道伦理正在逐渐式微，而人情、面子、关系等方面则仍然深入人心，在个体日常生活行为的意义建构中发挥着重要作用。对于现代文化来说，它对中国社会的影响是全方位且多层次的。同时，现代文化对中国社会的渗透也呈现出地域、民族和社会差异。技术文化先行，制度文化和精神文化相对滞后。

在这样的背景下，我们需要认识传统文化和现代文化对社会发展产生影响的具体机制，并展示它们之间的关系，这是文化社会学的重要任务之一。其研究的思考方向大体有以下四个方面。第一，传统文化与现代文化的相互作用。主要研究传统文化在现代化进程中的传承、变迁和转化，以及现代文化对传统文化的接纳、改造和影响。探讨两者之间的共生、冲突和融合关系。第二，文化价值观念的变化。研究传统文化价值观念在现代社会中的演变和调整，以及现代文化对社会价值观念的形塑和转变。探讨传统文化和现代文化对人们行为和意义建构的影响。第三，社会结构和制度的调整。研究传统文化与现代社会结构和制度之间的互动关系，包括政治、经济、教育等方面的变革。考察文化对社会结构和制度的塑造和改变过程。第四，地域和民族差异的影响。研究传统文化与现代文化在不同地域和民族间的差异性，探讨地域文化和民族文化对现代发展的条件和影响。通过深入研究传统文化与现代文化的相互作用和影响机制，我们可以更好地理解中国社会发展的文化动力和变革过程，为实现社会稳定和可持续发展提供有益的参考和指导。

2. 以"官方文化——民间文化"为维度

文化社会学中的文化主体呈现出多元化的特征。在当前社会中，不同的文化主体都参与到文化生活中，并拥有各自相对独立的话语空间。其中，官方文化和民间文化之间的互动尤其生动和激烈。

改革开放以来，随着全能社会的解体，以及意识形态的淡化，以官方为主导、高度同质化的文化形态逐渐分散、异质化，进入到官民互动的阶段。在这个背景下，大众文化盛行，作为整个社会的遗产，当代官方文化仍然具有一定的自主性，但对民间文化的控制已经有所减弱。与此同时，民间文化展现出开放性的特点，尤其以大众文化为代表。它直接冲击了官方文化的垄断性，形成了两者之间不可忽视的张力，创造了不同于以往的"国家—社会"的关系格局。

在国家治理现代化的共识和背景下，我们需要认识和化解官方文化与民间文化之间的张力，促进多元文化主体的和谐共处。首先，重新审视官方文化与民间文化的关系。深入研究官方文化与民间文化之间的互动和影响机制，探讨两者在当代社会中的相互作用方式，超越简单的对立和抵触。其次，强化多元文化主体的参与。鼓励各种文化主体平等参与和表达，包括官方、民间以及其他边缘群体的文化表达权利，促进多元文化的发展和交流。再次，建立对话与协商机制。建立官方文化与民间文化之间的对话与协商机制，促进彼此的理解和合作，寻求共识和解决方案。最后，创建开放性和包容性的文化氛围。倡导开放性和包容性的价值观念，创造一个能够容纳多元文化的社会环境，减少文化冲突和张力。因此，我们可以更好地应对官方文化与民间文化之间的张力，促进多元文化主体和谐共处，实现社会的稳定和可持续性发展，这也是文化社会学所面临的一个重要课题。

3. 以人们的日常生活为焦点

正如戴维·英格利斯（David Inglis）所说："社会学从根本上来说就和日常生活实践与道德利害关系密不可分……日常生活包含的内容比我们想象的

多。"① 作为一种生活方式，文化提示我们不应该忽视日常生活的观照。对群体而言，每一个群体的生活世界都是由这个群体的文化所塑造；对个体而言，行动及意义在日常生活情境中发生和生成。透过日常生活这面棱镜，我们既可以透视社会结构的特征，亦能审视个体和群体的特殊性和自反性。日常生活所表现出的经验主义倾向、自然主义色彩，决定了人的行为以重复性的实践为特征，直接被那些世代自发地继承下来的传统、风俗习惯、经验、常识、规则以及血缘和天然情感等左右。② 这些又通过各种文化传承的方式自然地渗入几代人的生活中，成为一个经久不衰的主题。文化社会学作为一门研究文化主体及其行为和意义的学科，自然应该关注文化主体的日常生活。

当然，文化社会学涉及的领域非常广泛，远远超出了上述篇幅所涵盖的范围。然而，与西方文化社会学的各种经验对象相比，这些问题在今天的中国显得更为重要。总体而言，中国文化社会学的发展需要依托学科的内、外部基础，积极借鉴西方的研究成果，最终立足中国社会的实际，创造出符合中国现实语境、与国际接轨的文化社会学研究形态。

四、文化社会学与跨文化传播

文化社会学是研究文化与社会关系的学科，它对跨文化传播有着深远的影响。在跨文化传播过程中，尽管语言障碍扮演了一个重要角色，但文化差异同样是不可忽视的因素。文化社会学为研究跨文化传播提供了一个框架和理论基础，并对跨文化传播产生重要影响。具体要重点关注以下四个方面。

---

① 戴维·英格利斯：《文化与日常生活》，张秋月、周雷亚译，中央编译出版社，2010，第9页。
② 衣俊卿：《日常生活批判和深层文化启蒙》，《求是学刊》1996年第5期。

（一）理解文化差异

在进行跨文化传播时，不同的文化背景会对信息的传递和接收产生影响。文化社会学为人们提供了理解文化差异的工具和方法。文化社会学认为，文化是社会生活的重要组成部分，社会与文化紧密相连，文化是人们行为和认知的一种模式和风格，在融入文化的环境中经历社会化和文化化。可以说，文化社会学为人们提供了许多理解文化差异的工具和方法。社会建构主义认为文化是社会建构的结果，即人们在社会互动和交流中共同创造并赋予意义和价值，文化和社会环境之间互相影响和塑形。社会建构主义为理解文化差异提供了一个以社会互动、意义和符号为中心的视角。依托这些工具和方法，我们可以更深入地了解不同文化之间的差异和相似点，理解不同文化的背景以及文化中的符号、语言、习俗和价值观等元素，以此来促进文化之间相互了解和实现跨文化交流。同时，这些工具和方法也可以启发我们去思考和探究文化的本质和内涵，推动文化学科的发展和加强理论创新。

（二）解释文化转化

跨文化传播是一种文化转化的过程，即其中一种文化元素被传递到另一种文化中。文化社会学通过分析文化的转化过程和原因，帮助人们更好地理解跨文化传播的内在动力和机制。文化转化指的是在跨文化传播中，不同文化之间的影响和交流导致了文化的变迁和演化。例如，一些全球化流行文化现象的涌现，背后可能是文化变革、文化杂交和权力传递等多重因素的作用。具体转化方式有以下四种。

1. 文化交流和互动

跨文化传播促进了广泛的文化交流和互动，这种交流不仅是观念、知识和经验的传递，更是一种相互影响和碰撞的过程。通过与其他文化的接触和对话，人们开始共享彼此的文化资源，并从中获得新的理解和体验。在文交流和互动中，不同文化之间的观念和价值观得以碰撞和对比。这种碰撞激发了思想的冲突和交流，在此过程中，人们开始重新审视自己所持有的观念和信念。这种互动推动着文化创新和变革的内在动力的释放，鼓励人们超越自身的文化边界，开拓视野，接纳和借鉴其他文化的优点和智慧。文化交流和互动还促进了文化形态的转化和发展。当不同文化相互交流并吸收对方的元素时，进行融合、演变和重塑，这种转化使文化得以活跃起来，焕发出新的能量和创造力。同时，文化形态的转化也为人们提供了更多选择和可能性，让每个人都能在交流中找到与自身价值观相符合的文化表达方式。通过跨文化的交流和互动，人们还能够更好地理解其他文化，并培养跨文化的沟通技巧和敏感度。这种互动有助于消除误解和偏见，建立起跨文化的信任和共同体验。它不仅促进了文化间的相互理解，还为构建一个更加包容和和谐的社会提供了基础。

2. 文化渗透和融合

跨文化传播为不同的文化提供了相互渗透和融合的机会，这使得文化可以相互影响、借鉴并创造出新的形式和特征。在这种交流中，文化之间的互动促进了文化的转化和创新。文化渗透是指在跨文化传播中，不同文化之间的思想、价值观和习俗逐渐融入到彼此的文化中。当不同文化接触时，人们开始交流并分享彼此的文化元素。这种渗透能够激发创造力和想象力，促使文化之间相互启发，获得新的视野和体验。文化融合是指在跨文化传播过程中，不同文化之间的元素和特征融合在一起，形成全新的文化形式。通过相互影响和学习，文化可以相互补充和完善，产生独特而丰富的文化表达方式。这种融合不仅丰富了文化的多样性，还促进了文化的进步和发展。

文化的转化和创新是跨文化交流中的重要结果。当不同文化相互渗透和融合时，它们会激发出新的思考方式和艺术形式。通过借鉴其他文化的元素和创意，人们能够以全新的角度来重新诠释自己的文化，并开创出独特的文化表达方式。这种转化和创新使得文化得以不断更新和适应不同时代的需求。

此外，文化渗透和融合还能促进文化间的相互理解和共存。当文化之间发生渗透和融合时，人们更加理解并尊重其他文化的差异。这种相互理解和共存为构建一个更加包容和和谐的社会提供了基础。

3. 文化认知和重构

跨文化传播不仅促进了文化交流和融合，同时也深化了人们对文化的认知和意识。当人们接触到不同的文化时，他们会逐渐认识到各种文化之间的差异和相似之处，并开始思考自己文化的特点和局限性。通过跨文化传播，人们可以了解其他文化中的价值观念、信仰体系、社会习俗以及艺术创作等方面的内容。这种跨文化的认知过程帮助人们超越自身文化的狭隘观点，开拓视野，增加对多元文化的理解和尊重。另外，跨文化传播还使人们开始重新思考和重构自己的文化认知。当人们暴露于不同文化的影响下时，他们会反思自己所持有的文化观念和价值观，并重新评估其合理性和适应性。这种反思和重构过程有助于人们更好地理解自己所处的文化背景，并能够更灵活地应对跨文化交流中的挑战。文化认知的提高也推动了文化的进一步发展和创新。人们在认识到其他文化的独特之处后，可能会尝试将不同文化元素进行融合和创新，以创造出新的文化形式或表达方式。这种跨文化的创新不仅丰富了个体和社会的文化经验，也为文化的多样性和进步做出了贡献。

4. 反弹效应和文化抗争

在跨文化传播中，不同文化之间的冲突和抗争是一种常见现象。当不同文化相互接触并进行交流时，可能会产生一些冲击和威胁，尤其是对于较小或较弱的文化来说。这种外部文化的冲击作用可以引发反弹效应，即受到冲击的文化会做出回应，并试图保护、重塑自身的文化意识形态。反弹效应通常涉及一系列反应和行动，旨在维护和巩固本文化的独特性和核心价值观。这可能包括对外来文化元素的排斥、限制或改变。通过这种抗争与对抗的方式，文化试图保护自己免受外来文化的侵蚀，并寻求恢复和重建本身的文化认同。然而，反弹效应并不仅仅是一种防御机制，它也可以促进文化意识形态的重塑和创新。当外部文化冲击打破了原有的文化秩序和体系时，反弹效应可以激发人们对自身文化的重新思考和重新定义。这种反思过程可以推动文化认同的转变和文化意识形态的更新，促进文化的发展和进步。在一些情况下，反弹效应还可以成为文化抗争的动力。当一个文化感到自身受到压迫或被边缘化时，它可能通过反弹效应来表达对不平等待遇的抗议，并寻求平等和尊重。这种文化抗争可以通过各种方式进行，包括艺术、文学、音乐和社会运动等，以唤起人们对文化多样性和社会公正的关注。

综上所述，反弹效应是跨文化传播中不可忽视的现象。它既是一种保护机制，也是一种推动文化创新和抗争的力量。通过理解和尊重不同文化之间的冲突和抗争，我们可以促进文化间的和谐共处，并为文化多样性的繁荣做出贡献。

（三）探究文化认同

文化认同是人们所处的社会和时代背景中重要的一部分。文化社会学通过研究文化认同的特点、形成和发展过程，探讨它与跨文化传播的关系。在跨文化传播中，文化认同可以是传播者和接受者之间建立联系的纽带，也可以是阻碍跨文化传播的一个障碍。文化认同是人们对自己所属文化的认同感和归属感，它是文化社会学研究的一个重要议题。通过研究文化认同的特点、形成和发展过程，可以更好地探讨它与跨文化传播的关系，促进对跨文化传播和跨文化理解的深化。

文化认同与跨文化传播密切相关。在跨文化传播中，人们必须理解不同文化之间的差异和联系，增强对不同文化的认同感和归属感，并尝试去适应和融合这些不同的文化特征。同时，跨文化传播也可以激发和宣扬文化认同，帮助人们更好地了解自己的文化特性和增强文化归属感。文化认同可以影响跨文化传播的效果。文化认同不同的人或社群有情感基础、价值观取向、行为倾向、思维方式、溯源释义等多方面差异。在跨文化传播中，文化认同的不同反应在对文化信息的接受和理解上，可能会对跨文化传播产生不良效果，如引发文化冲突和误解。

研究文化认同的特点、形成和发展过程，可以更好地探讨文化差异和跨文化传播的本质和内涵。文化认同是一个基于历史、传统、环境等多种因素的复杂群体现象，分析和研究文化认同的特点、形成和发展过程有助于认识文化的本质及其与跨文化传播的关系，可以更好地促进跨文化交流与理解，拓宽文化传播研究的新领域。

（四）研究文化生产

文化生产是指产生和传播文化符号和表征的过程，它涉及社会环境、文化背景、文化生产者的动机和目的等多方面因素。文化社会学通过研究文化生产的社会和文化背景，以及文化生产者的动机和目的，为人们理解跨文化传播的文化符号和表征提供了深入的见解。文化生产是社会实践的一部分，它必须考虑文化生产者所在的文化背景、社会背景和历史背景，这些背景因素会影响文化生产者的价值观和审美标准。因此，理解文化生产的社会背景和文化背景对于解释文化传播途径的独特性和文化符号的内涵变化方面至关重要，对跨文化传播的分析和研究也十分有帮助。文化生产者从事生产时的动机和目的决定文化产品的最终呈现。不同文化生产者制作文化产品时，会考虑不同的目标和受众，同时也会被呈现出来的文化意义所影响。理解文化生产者的动机和目的，可以更好地解释文化符号的含义，并找到它们与其他文化之间的联系。

文化符号和表征是文化传播的核心，它们传达文化信息和意义。通过对文化符号和表征的分析，人们可以在跨文化传播中理解文化差异的根源和内涵。人们通过对文化符号和表征的深入研究，可以加深他们对其他文化的认识和了解，理解不同文化之间的共同点与不同点等方面的知识和意义。并且文化社会学为人们理解跨文化传播的文化符号和表征提供了深入的见解，使人们能更好地理解不同文化之间的差异和联系，深入推进跨文化传播和跨文化交流。

第三节　媒介符号与文化阐释

在全球范围内，现代符号学的形而上学理论是丰富的。扬巴蒂斯塔·维柯（Giambattista Vico）、维果茨基（Lev Vygotsky）和卡西尔（Ernst Cassirer）虽然都是从各自的立场上讨论符号的形而上学，但他们的研究也显示了符号应用领域的广阔性和延展性。但无论如何他们也无法预知或料想到媒介符号在当代新传媒时代的力量。就当前传媒学界的研究而言，人们对媒介符号的研究多集中在文化、美学、设计、经济等单向度的表层现象层面，较少涉猎媒介符号的时间、空间以及意识形态的深层次哲学研究，这无疑对当代媒介符号的整体研究造成一种文化哲学上的偏颇，尤其是在文化与经济的"交易地带"难以阐释出媒介符号的当代发展态势及其本质。

实际上，就媒介符号而言，自卡西尔以来，符号一直是通达文化与经济"交易地带"的一条重要通道。在当今这个新媒体时代，符号的科技含量和美学附加值直接决定了产品本身的经济附加值及其消费群体的数量，甚至符号经济也成为国家统治和新媒体机构获取虚拟经济发展的有效工具。影视、音乐、互联网、微信、短视频等传媒介质通过自身的艺术符号形式，占据了大部分媒体受众的生活时间、空间和意识场。换句话说，媒介形象符号几乎包裹着这个世界的每一个空间、时间与意识领域。斯科特·拉什（Scott Lash）与约翰·厄里（John Urry）在《符号经济与空间经济》（*Economies of Signs and Space*）中坦言："前现代社会里，统治阶级的文化霸权，是通过充满意义、内容，居住着鬼神的象征系统来实现的。现代社会中，文化统治通过自由主义、平等、进步、科学等已经掏空或抽象的意识形态而实现。后现代资本主义的统治,则通过象征符号暴力来实现。"[1] 对当代新传媒而言,斯科特·拉什与约翰·厄里无疑视象征符号是媒介暴力实现的一种有效方法。简言之,符号美学及其暴力行为在空间、时间与意识形态等维度上已然逼近文化与经济的"交易地带"。在文化与经济双边交易中,尽管符号经济给社会带来了迅猛发展的契机,但也给主体与文化发展带来了多重性符号危机。

一、媒介生产与文化阐释

媒介生产和媒介符号是媒体研究中的两个重要概念,它们之间存在着紧密的联系。媒介生产的发展和创新推动了媒介符号的不断演化和变化,媒介符号则是通过这些媒介传达和表示的信息。对媒介符号的理解和解释需要考虑到媒介生产的背景和文化因素,所以我们有必要先来了解一下媒介生产的概念。

(一)媒介生产

媒介生产是指内容生产者为了向受众提供有价值的信息而进行的制作和传播过程,包括媒体产品的设计、策划、编写、制作、发布等环节。在媒介生产过程中,媒体公司要通过各种方式来制订内容策略,如调查市场研究、了解观众需求、关注时事热点等,以确定最有可能吸引观众的内容类型。媒体公司通过专业技术和各类设备来加工制作媒介内容,例如音乐、电影、电视剧、广告等。

媒介生产是媒体行业的核心活动,对于增强媒体的传播力、参与度以及影响力至关重要。媒介生产的目的是满足受众的需求,向他们提供有价值的信息和娱乐资源。媒介生产的背后有着复杂的社会和文化背景。媒介生产往往与商业利益密切相关。大多数媒体机构在进行媒介生产时,都会考虑到其

---

[1] 斯科特·拉什、约翰·厄里:《符号经济与空间经济》,王之光、商正译,商务印书馆,2006,第22页。

商业价值和利益。此外，媒介生产也受到政治和文化力量的影响。政治力量会影响媒体产品的内容和方向，而文化力量则会影响媒体产品的审美标准和文化因素。

在数字时代，媒介生产的范围和形式经历了革命性的变化。新的数字技术使得每个人都可以成为媒体的制造者和发布者，这有助于推动媒介生产的民主化。同时，媒介生产也面临着新的挑战和机遇，如数字营销、社交媒体营销和网络安全，等等，这使得媒介生产者必须不断创新和适应新的媒体环境。

总之，媒介生产是媒体产业发展的根本驱动力，其推动了信息和文化的传播以及经济的发展。基于对媒介生产的背景和特点的了解，我们可以更好地理解媒体产品的内涵和文化意义，以及媒介在社会、文化和政治方面的重要作用。在媒介生产过程中，媒体从发布内容的角色转变为内容的生产者，对受众形成了深远的影响，媒介生产主要包含以下四个方面。

1. 媒体内容的策划

在媒介生产过程中，媒体应首先确定何种内容可以最大限度地吸引观众。这就需要对目标受众的心理需求、文化背景等进行分析，同时参考市场研究和竞争情况等做出决策。在内容策划中，媒体要严格遵守法律法规，了解国家新闻出版相关规定，把握好法律和道德底线。

2. 媒体内容的制作

媒体内容是人的意志与社会价值共同作用的结果。制片人、导演、摄影师等经过创意的发挥和合作，共同完成电视剧、电影、微电影、短视频、纪录片等作品的制作。制作者要充分发掘影视表现力、音乐氛围、摄影造型等创新性因素，争取获得良好口碑。同时，还要采用合适的技术工具，如剪辑、特效、配乐等，不断提升视觉和听觉的艺术效果。

3. 媒体内容的宣传

在媒介生产链条里，宣传也是非常重要的一个环节。借助于海报、广告、预告片、媒体和社交网络等渠道，作品的信息、内容和意义得以传播，进而引导观众关注和参与。此外，媒体公司还要投入推广费用，参加各种媒体展示和公关活动，不断扩大作品的影响力。

4.媒体内容的传播

除了在传统媒体上播出，现代媒体技术为媒介生产提供了更加便捷和广泛的传播渠道。随着社交网络和移动互联网的普及，观众通过社交平台分享、转发、评论内容的活跃程度极高。媒体公司需要适应这一变化，采用更加主动、生动、创新的方式与观众进行交流和互动。

综上所述，媒介生产是一项复杂而系统性的过程，要在媒体策划、制作、宣传和传播的各个阶段不断探索和创新。因此，关注观众需求和市场变化，抓住各种机遇，是推动媒体内容持续发展和创新的必要途径。

（二）社会生活与社会文化生产

社会生活是指人们在互动和交往中所经历和进行的各种活动和经验。社会文化生产则是一种社会实践，指人们通过创造和传承文化，以及使用文化工具和产品来满足社会和个人的需求。社会文化生产和社会生活密切相关。

社会文化生产是社会生活中不可或缺的一部分，是人们展开社会交往和文化创造的场所和机会。在文化生产中，人们传承和创造各种文化符号、表述价值观念，用来表达自己，与他人进行交流与沟通，进而获得乐趣和满足，从而对社会生活产生影响。社会生活激发社会文化生产的需求。社会生活中的各种需要和经验，成了文化生产的动力和对象。人们投入时间、精力和物质资源来创造音乐、电影、书籍、新闻等各种文化产品，为人们在社会生活中体验、表达和交流提供了基础。社会文化生产反过来影响社会生活。社会文化生产除了满足人们的需求和提供文化产品外，它本身还具有引导和塑造社会生活的作用。随着人们对文化逐渐接受和人们创造能力的不断增强，人们的文化思想和价值观念也在不断进化，它们对社会生活产生了深远的影响，比如音乐、电影、广告、网络文化等文化现象，都在不断塑造着人们的行为和思想。

社会文化生产和社会生活是交织在一起的关系。社会文化生产和存在的目的是满足人们日益多样化的文化需求，同时也带来了强大的社会影响力与塑造力，它在社会生活的各个领域都扮演着重要角色。社会文化生产与社会生活的关系在当今社会中更为显著，呈现出相互促进的发展态势，在社会发展中发挥着越来越重要的作用。

（三）基于社会生活的媒介生产

媒介生产是社会生活中重要的一环，其主要目的是满足人们在社会生活中传递和获取信息的需求。从这种意义上来讲，媒介生产是在社会生活背景下进行的，可以说是基于社会生活的媒介生产。媒介生产是以受众需求为导向的。社会生活是媒介生产最重要的原动力之一。媒体公司基于对受众所在社会的文化、信息素质、价值观等的了解，以及对社会变化和趋势的研究，来确定新闻、音乐、影视、广告等各种媒介内容的产生、制作和传播方向。通过对社会变化的识别，媒体可以更好地把握受众需求，不断推出符合受众期待的内容，提高受众黏性。

媒介生产对社会生活中具有代表性的事件、现象、问题有着强烈的追求和极大的关注。这些话题可以在媒体上得到更广泛地传播，能够吸引更多人关注并引起社会热议。同时，这种关注也会反过来影响媒介生产，促使媒体关注更广泛和多元的社会议题，不断创新和发挥媒体的话语权和社会影响力。

媒介生产是社会文化产物之一，也是推动社会文化进步的重要力量。从文化角度看，媒介生产的内涵在于将文化生产与真实生活紧密联系，不断满足人们对于文化日益增长的需求。在社会变革的语境下，媒介生产服务于广大公众的文化视野日益丰富化，寓教于乐，同时还通过潜移默化地方式来传播和维护社会价值观。

随着信息技术快速发展，媒介生产的技术和工具也在不断发展和革新。从传统的印刷、广播到现在的网络、社交媒体，媒介生产也在不断发展。媒体使用现代技术工具，提高媒介的传播效果和传播速度，面对各种社交媒体应用程序的挑战，后期制作、导演等职业也在通过新技术让电影、电视发生巨大变化。随着社会的发展和进步，媒介生产也会不断创新和发展，媒体要深入了解社会生活中的状况和变化，并结合大众需求来制作和传播内容，从而更好地满足受众的需求，来推动媒介生产的持续发展。

（四）跨文化传播视野中的社会文化生产

跨文化传播视野中的社会文化生产是指由不同国家和地区的文化参与者和媒介从社会实践和思想创新中产生的文化产品和意义的生成和传播过程。在这个过程中，文化生产是跨区域、跨文化和跨媒介进行文化创新和价值创造的一个重要方面。

社会文化生产的特点在于它的多样性和复杂性。不同文化背景和社会发展状态的人们通过媒介和网络进行信息和文化的交流，产生或传递这些价值观和社会实践背后的文化符号，构建不同的文化认知框架和文化意义内涵，从而创造出各种不同的文化产品和文化创意作品。这些作品可以是电影、音乐、美术、文学等艺术作品，也可以是新闻报道、广告、游戏、场馆等非艺术性文化产品，它们代表着不同国家和地区的文化，同时影响和启迪着不同的文化群体。此外，社会文化生产也涉及媒介生产和媒介技术创新方面。在不断变化的媒介环境中，媒介生产需要不断增强创新力和适应力，针对不同的媒介形态和媒介趋势进行技术转型和创新，从而更好地促进社会文化生产的发展。

在跨文化传播视野下，社会文化生产不仅仅局限于本地区的文化生产，而且要面向开放、多元的文化生产，面向全球的文化创新与价值创造。因此，要倡导文化创造的多样性、开放性和包容性，倡导交流、互鉴、创新等价值观，才有利于促进国际社会的文化交流和合作，共同推动全球文化与技术进步。

（五）媒介生产与媒介符号

媒介符号是媒介生产的要素，媒介符号经由媒介生产，形成具有不同古文化内涵的文化产品。因此，媒介生产和媒介符号之间有着紧密的联系。

媒介生产的目标和方法直接影响到媒介内容中的符号和语言的使用。媒体通过对受众需求和市场变化的认识制订出最适宜的内容策略，选择使用最适合的符号和语言形式。同时，由于媒介符号的差异和多样性，媒介生产还要在制作过程中结合受众的背景和语言环境，保证媒介符号发挥出最大程度的传递效果。媒介符号的特定意义和信息构成了媒介内容的核心。媒介符号是媒介生产的产物，是媒介生产的最终目标，也是受众对媒介内容产生反应并关注的核心。媒介符号是信息传递的载体，代表着作者对某一特定话题和观点的理解和态度，也是受众进行意义理解和反应的依据。受众对媒介符号的理解和诠释反过来也会影响到媒介生产。受众对媒介符号的理解和认知，可能会对媒介生产产生影响，促使媒体进行调整和改进。基于对受众反应的分析和认知，媒体公司可以获得启示，深入了解受众的关注和需求，进一步优化营销策略，提高产品质量和内容可读性。

媒介生产和媒介符号是相互依存、不可分割的。媒介符号是媒介生产的核心，是媒介生产的最终目的之一，而媒介生产则为媒介符号的传递和发挥提供了平台。它们通过不断的相互作用和发展共同塑造了现代社会中的信息传播和意义生成过程。媒介生产的技术进步和创新引领着媒介符号的发展和演变，而媒介符号的内容和意义也反过来影响着媒介生产的方向和方式。

二、媒介符号与文化阐释

符号学（Semiotics）与人类交际密切相关。符号传播是人类特有的一种传播方式，人类符号互动的能力和范围代表了人类传播的本质特征。罗兰·巴尔特（Roland Barthes）曾指出："语言学、信息学、逻辑，以及结构人类学等学科所取得的成就，又为语义分析提供了新的手号学在这种情势下呼之欲出，就不再是几个学者的异想天开，而是现代社史要求。"[1]大众传播的发展使得人们空前关注有关符号的广泛领域。学界也达成了一种共识：对跨文化传播研究这一领域来说，符号学是一种跨学科的方法论，借助符号学的理论、方法和解释力，跨文化传播研究也将进一步认识到人类社会与文化现象的符号本质。

从跨文化传播的角度来看，人类使用的媒介符号大体上可分为两类：语言符号和非语言符号。从某种意义上说，跨文化传播的过程就是不同文化中人们通过各种媒介符号行为进行自我与他者的交互影响。根据符号学的理论，人类被认为是一种善于运用符号的生物，世界被看作是一个由人创造的象征系统。符号的创造和使用是为了实现交流和传播的目的，而人与人之间的交际过程就是符号相互作用的过程，没有符号系统就无法进行有效的传播。人类之所以与其他动物不同，是因为我们具备符号化的能力，即能够将思维和概念转化为语言符号。人们创造了语言符号和各种非语言符号，以便进行象征意义的交流。正如莱斯利·A. 怀特（Leslie A. White）所说："全部文化（文明）依赖于符号，正是由于符号能力的产生和运用，才使得文化得以产生和存在；正是由于符号的使用，才使得文化有可能永垂不朽，没有符号就没有文化，人也就仅仅是动物而不会成为人类。"[2]

---

[1] 罗兰·巴尔特：《符号学原理》，李幼蒸译，生活·读书·新知三联书店，1988，第23页。
[2] 莱斯利·A. 怀特：《文化科学》，曹锦清译，浙江人民出版社，1988，第35页。

（一）跨文化传播中的语言符号

语言是一种社会群体约定俗成的符号系统，由语音、词汇和语法构成。它代表了特定文化社会内的经验和思维方式。每个人都在语言中生活，语言塑造了人们的世界观。实际上，现实世界在很大程度上是无意识地建构于特定文化群体的语言习惯之上的。我们通过语言来理解和描述事物，而语言的结构和词汇选择受到文化和社会因素的影响。因此，不同的语言和文化背景可能对同一事物有不同的理解和表达方式。语言的运用不仅仅是简单的信息传递，还受到认知、价值观和社会关系等方面的复杂影响。可以说，"语言是社会生活的主要运载工具，也是所有文化进步和社会的关键"。[①]

至于对语言的定义，是比较困难的。费尔迪南·德·索绪尔（Ferdinand de Saussure）对语言的定义是："语言是一种表达观念的符号系统，因此，可以比之于文字、聋哑人的字母、象征礼仪、军用信号，等等。"[②]爱德华·萨丕尔（Edward Sapir）对语言的定义是："纯粹人为的，非本能的，凭借自觉地制造出来的符号系统来传达观念、情绪和欲望的方法。"[③]其他诸如马丁·海德格尔（Martin Heidegge）"语言是存在的家，人就住在这家中"，维特根斯坦（Ludwig Josef Johann Wittgenstein）"我的语言的限度，意味着我的世界的限度"等。但是，我们确切知道的是，语言有三个基本要素——语音、词汇/词义和语言规则。无论是文化对语言的影响，还是语言对文化的承载，两者的互动主要发生在这三个方面。

1. 语音

语音来自人的发音器官，负载并传达着特定的语义信息；语音也是构成语言的主要材料，是基于影响听者行为这一目的发出的声音。每个语音都处

[①] 罗伯特·F. 墨菲：《文化与社会人类学引论》，王卓君、吕迺基译，商务印书馆，2009，第19页。
[②] 费尔迪南·德·索绪尔：《普通语言学教程》，高名凯译，商务印书馆，1980，第42-43页。
[③] 爱德华·萨丕尔：《语言论：言语研究导论》，陆卓元译，商务印书馆，1985，第37页。

于一系列相互独立而又紧密联系的语言当中，是人类语言这一符号系统的外部形式。关于语音的重要性，瑞士语言学家费尔迪南·德·索绪尔曾用一个生动的比喻来描述语言，他说语言就像一张纸，声音是纸的一面，而思想和观念则是纸的另一面。我们不能只看到纸的一面而忽视了另一面。这个比喻传达了语言的复杂性和多维度性。

语音具有自然特性，即与人类声音系统相关，同时也具有社会特性。语音的社会特性主要体现在以下方面。首先，语音与意义之间存在着任意性的关系，不同语言可以使用不同声音来表达相同的意思，反之亦然。其次，语音对所表达的意义以及语言的风格有着重要影响。不同的发音方式、语调和语音习惯会给听者带来不同的理解和感受。因此，语音在交流中扮演着至关重要的角色。国内学界的一些研究注意到，从中古时期到今天，汉语中的语音发生了许多方面的变化，主要体现为浊音清化、新音位出现以及旧音位消失，等等。由此可见，语言是不断发展演化的，语音同样处于变化之中。

2. 词汇/词义

词汇是语言的基本要素，是语言中全部词和固定词组的组合。在语言系统中，词汇就相当于是构筑语言的建筑材料。尤金·A.奈达（Eugene A.Nida）指出，词汇能反映文化，因为词汇反映了人们对世界的了解和分类方式，"某一种语言在某些领域具有较高比例的词汇体现了该文化的着重点所在。某些词汇知识常常说明人们在特定领域的能力，某些词汇的消失表明这一文化所关注的东西发生了变化"。[①]

词义是指词汇的意义，大体上可以分为两类：字面意义和引申意义。也就是说，词义既可以指词的内容，也可以指某一固定词组包含的意义。字面意义也称为本意，是字面上所指的事物或概念；引申意义则指的是字面意义之外的意义。如前文所讲的，符号与指涉对象之间的关系是人们在社会生活

[①] Nida E A, Language, *Culture and Translating*(Shanghai: Shanghai Foreign Language Teaching Press, 1993), p.107.

中约定俗成的，针对同一对象，各种文化分别具有不同的名称，甚至同一文化内对同一对象也有不同的名称，故而词汇与词义的问题成为跨文化传播研究的重要领域。

纵观人类跨文化传播的历史，任何一门语言都无法保持静态，在面对其他文化中的新事物、新观念以及新技术时，都需要对语言做出相应的调整。语言所反映的是其使用者的文化，然而不同的文化也可能附着在同一种语言之上。这些不同的语言彼此之间相互影响，其各自的演化也折射了人类跨文化传播的历史。汉语也曾受到过外来文化的影响，王力指出："中国语言学曾经受过两次外来的影响：第一次是印度的影响，第二次是西洋的影响。前者是局部的，只影响到音韵学方面；后者是全面的，影响到语言学的各个方面。"[①]

3. 语言规则

语言规则大致包含语法规则和语用规则两方面的内容。语法规则确保句子的结构正确，语用规则确保句子在特定的交际环境中得体地使用。这些规则帮助我们理解和运用语言，使得我们能够有效地与他人进行交流，只有充分理解和掌握这些规则，才能更好地运用语言进行有效的交流和表达。

（1）语法规则

语法规则是构词规则和造句规则的总和，其针对的是语言系统的结构规律。相比语音、词汇/词义，语法规则是语言系统中最为稳定的部分。美国哲学家诺姆·乔姆斯基（Avram Noam Chomsky）认为，惯用语法的表面结构之下，深藏着某种深层的结构，即潜藏的语法组建者。不同文化中的人们各自具备深层的心智结构，因此可以选择语言的形式规则，而不管其怎样变化多端，语法总是要符合深层结构。

[①] 王力：《中国语言学史》，山西人民出版社，1981，第25页。

（2）语用规则

语用规则指的是决定使用语言是否得体的文化、社会等因素。它不仅因文化而异，而且具备无意识的特点。人们往往是无意识地习得语用规则，也常常是无意识地运用语用规则去判断别人的语言行为，而这种无意识则会导致人们在与来自不同文化背景的人交往时易出现传播失误。因为人们会不自觉地进行语用迁移，以自己的语言使用规则为标准去解释和评判他人的语言行为。这可能出现一种情况，比如在跨文化交流中，一种文化中人们所习惯讨论的话题，极有可能是另一种文化中人们所设法回避的话题。违背语用规则的后果往往比违背语法规则的后果要严重，违背语法规则最多只是出现语言本身的错误，有时候对传播并不会产生影响；但是，如果违背语用规则，则可能会触及对方的隐私，或者会被误认为是不友好、不愿合作的表现，从而会直接导致传播失效。

（二）跨文化传播中的非语言符号

美国语言学家戴维·阿伯克龙比（David Abercrombie）曾说过："我们用发音器官说话，但我们用整个身体交谈。"这里便涉及媒介符号中的另一个概念——非语言符号。

非语言符号是指除了语言符号以外，用于传达信息的其他一切符号形式。洛雷塔·A. 马兰德罗（Loretta A. Malandro）将非语言符号定义为个人发出的潜在含义可以在他人脑海中产生反应的非言语暗示信息。拉里·A. 萨默瓦则将非语言符号定义为除了语言刺激以外，在传播情境中由人类和环境所产生的所有刺激，这些刺激对于信息的发送者和接收者都具有潜在的信息价值。爱德华·萨丕尔则将非语言符号描述为不依赖文字、不被大众知晓但却能够被大部分人理解的"微妙代码"。

总之，非语言符号是一种用于传递信息的符号形式，它们可以是肢体语言、面部表情、声音、图像、符号化动作等各种形式的信号。这些符号在人际交流中起着重要作用，能够增强沟通效果，补充和丰富语言所无法完全表达的意义。下面具体介绍非语言符号的分类、非语言符号在跨文化传播中的特点及作用。

1. 非语言符号的分类

非言语符号的功能是重复、补充、调整、替代或强调语言符号所传递的信息，包括身体语言、时间语言、空间语言、沉默、服饰语言、颜色语等。

（1）身体语言

在20世纪50年代，伯德惠斯特尔（Birdwhistell）首次提出了"体语学"的概念，他指出人体各个部位的动作和器官都能够传递信息、情感和态度。所有的身体行为在交流语境中都具有潜在的意义。身体活动在传播过程中是社会系统的一部分，不同群体以不同的方式使用身体语言，人们也会受到他人明显的行为和动作的影响。尽管身体语言的使用通常与个人习惯有关，但它也是个人与他人共享社会系统的一部分。

据统计，超过65%的意义和情感表达是通过面部表情、动作、手势、姿势、身体接触等身体语言来完成的，而通过语言符号传递的信息只占35%。此外，在课堂教学中，82%的教学效果是通过教师的表情、行为等非语言行为实现的，仅有18%的信息是通过语言行为来传达的。

这些数据显示了身体语言在交流中的重要性，它能够更直接、更生动地传达信息，并对人们的理解和沟通产生深远影响。因此，在交流中，除了注重言语的准确表达外，也应关注身体语言的运用，以提高交流的效果和传达的准确性。

我们常见的身体语言有以下几种。

①面部表情（facial expression）

面部表情是人类最具体、最准确的非语言符号之一，它能够表达各种情绪、调节对话，并塑造社交形象。根据社会学家亚当·肯顿（Adam Kendon）的观点，面部表情在互动中起着重要作用。它可以迅速建立或确认共同的期望，帮助人们更加灵巧和迅速地协调行动。如果没有面部表情这样的手段，人们在互动中协调行动将变得困难。此外，面部表情也有助于降低误解他人行为的可能性。通过面部表情，人们能够更准确地理解他人的情感状态和意图，从而更有效地进行沟通和交流。

面部表情的重要性不仅在日常社交中显现，它也在其他领域如演艺、销售和领导力等方面扮演着重要角色。演员利用面部表情来传达角色的情感和内心世界，销售人员通过面部表情来产生亲和力和信任感，领导者则借助面部表情来展示自信和鼓舞团队。

总之，面部表情是一种强大的交流工具，它能够迅速传递情绪和意图，调节对话氛围，并促进准确的沟通和理解，它在人际关系和社会互动中发挥着至关重要的作用。

②目光语（eye contact/gaze）

目光语指的是利用目光接触和回避、目光接触的时间长短、眼睛张开的大小、对视线的控制、眼睛的闭合等方式来传达信息。正如柏拉图（Plato）所说："当那种使人的身体保持温暖的柔和的火焰变为一种均匀而又细密的光流从眼睛里流出来的时候，就在观看者与被观看的事物之间形成了一座可感知的桥梁，从外部物体发出的光线刺激便顺着这道桥梁到达人的眼睛，最后又从眼睛到达心灵。"根据戴尔·莱瑟斯（Dale Leathers）的研究，目光语至少发挥了六种传播功能：传递情感；调节人际之间的互动；影响态度的变化与说服；表明专注、感兴趣或兴奋的程度；确定权力和身份关系；为"印象处置"确定一个核心角色。[1]

③手势语（gesture language）

手堪称人体最具表现力的部位，康德（Immanuel Kant）将手称作"可以看得见的头脑"。手势和语言之间有着密切的联系。在说话时，人们常常会同

---

[1] Leathers D G，*Successful Nonverbal Communication*(New York：Macmillan，1986)，p.42.

时使用手势和语言行为,这两者共同发挥着语义和语用功能。

手势语指的是通过手指和手臂动作传递信息的方式。手势语具有较高的自由度,因此可以灵活地补充语言符号无法完全传达的微妙思想、情感等信息。手势语和语言符号的结合形成了传播者思想过程中不可分割的一部分。

研究表明,手势和语言之间存在紧密的协调关系。有时,手势能够强调并增强语言所表达的意义,甚至能够独立地传达信息。手势还可以帮助说话者组织思维、记忆信息,并帮助听众更好地理解说话者的意图。

此外,手势语在跨文化交流中也发挥着重要的作用。某些手势可能在不同文化背景下具有共享的含义,从而促进跨文化的理解和交流。

总之,手势语与语言符号相结合,成为了传播者思想过程中不可分割的一部分。手势语的灵活性使其能够补充和丰富语言所无法完全传达的信息,增强交流效果,并在跨文化交流中发挥重要作用。

④身体接触(body contact)

身体接触是人与人之间建立关系的一种较为直接的方式,包括握手、摸头、拥抱、拍肩膀等,是一种基本的身体语言。身体接触可以满足人们相互交往中的诸多控制需要和情感需要,例如用握手的方式表示祝贺,用摸头的方式表示安慰,用拥抱的方式表达情谊……然而,受到不同文化的影响,一些随便触摸被认为是一种"非礼"之事,异性之间更是这样,比如《礼记·曲礼》中写到,"男女不杂坐,不同椸枷,不同巾栉,不亲授";《孟子·离娄上》中更是强调,"男女授受不亲"。所以,在跨文化交际中,要注意身体接触这种身体语言施用的文化背景、时间和场合等。

(2)时间语言

人们的交往活动都发生在特定的时间之内,时间影响着人们对外界的感知,影响着人们的行为方式和判断力,从而塑造了不同的生活方式、思维方式和传播行为等。时间与文化之间相互影响与彼此建构,成为跨文化传播视阈关注的重要课题。不同领域的时间概念可以分为三种:物理时间、生物时间和文化时间。物理时间是可以被精确的科学，如天文学精确计算和研究的时间；生物时间在自然科学中被研究并通过生物节律来测量；文化时间是人类的社会时间，是指不同文化背景下人们对时间的态度和控制、利用时间的方式。

爱德华·霍尔的《无声的语言》中有一个核心观点：时间能改变生活的本质，是生活中最基本的组织系统的一个因素。在他看来，"时间会说话。它比有声语言更坦率，它传达的信息响亮而清晰，因为它既不像有声语言那样被意识所控制，也不容易使人产生误解，它往往能揭穿言词所表达的谎言"。[1] 在跨文化传播研究中，时间被视为一种非语言符号，也被认为是文化差异较大、容易导致传播失误的因素之一。不同文化对待时间的观念存在差异，即使在同一文化的不同地域和时期，对时间的看法也可能截然不同。

比如，在《无声的语言》中引述了一件因时间语言的误解而引起的冲突。在南太平洋地区的一个岛上，当地原住居民试图以符合他们传统等级制度的方式让白人工厂主雇用他们。由于白人工厂主对当地文化和等级制度不了解，他们无意中雇用了过多来自某个派系的人员，打破了当地的权力平衡。一天晚上，两位原住居民领导人会面，讨论了一个可行的重新雇佣工人的计划。于是，他们一起去见白人工厂主，想要把他叫醒，并将新的计划告诉他。不幸的是，此时时间刚过凌晨2点，他们没有意识到在这时不可以叫醒美国人，因为那意味着发生了十分紧急的事情。正如我们所料，一方面，这位白人工厂主因不了解当地文化，被叫醒后以为即将发生骚乱，于是赶紧召集了军队；另一方面，原住居民不了解美国人的时间观念，最终导致了悲剧的发生。

（3）空间语言

人在生活中面临的各种空间关系，比如高低、前后、疏密、远近等，都包含一定的意义，这便是空间语言。在跨文化传播研究的视阈中，空间是一

---

[1] 爱德华·霍尔：《无声的语言》，刘建荣译，上海人民出版社，1991，第30页。

种社会和文化的产物,同时具有物质功能和象征功能,体现了各种社会关系,还被赋予各种意义而成为一种无声的语言。空间结构以及体验空间和形成空间观念的方式塑造和调节着人们的生活和社会关系。每个人都生活在一个看不见的空间范围圈中,在这个圈中构成了自己的领地,并且每个人的领地大小是不一样的。

首先,个体与个体之间在交流时所保持的空间距离是根据其所属的文化背景而定的。不同文化背景下的人们在交谈时可能会有不同的偏好。例如,拉丁美洲人、阿拉伯人和日本人倾向于保持较为接近的距离,而英国人和澳大利亚人则更喜欢较为宽敞的空间。因此,我们不能单纯以自己所熟悉文化中的距离感来评价其他文化中的传播情境,否则可能会导致传达信息失败。

其次,一个人所占据的空间大小也与其个性有关。通常情况下,脾气暴躁、不太友善的人往往会占用较大的空间。然而,这并不意味着每个人的个性都会直接影响他们对待空间的态度。个体的行为和态度受到多种因素的综合影响,包括文化、个人经验和社会环境等。

最后,距离远近和空间大小也同传播情境密切相关。许多研究表明,人们与自己喜欢的人交谈比同不喜欢的人交谈距离更近;熟人比陌生人要距离更近;内向的人要比外向的人保持的距离更远;在交谈的时候,两个女人之间要比两个男人之间靠得更近。

在人际交往中,我们每个人都应该尊重他人的个人领域和空间。然而,在现实生活中,有时会出现一些以"无意""以示亲近"等方式侵犯他人领域或空间的情况。这种侵犯的原因可能包括与亲密朋友之间表示亲密行为、表达爱意、传达敌意或者以试图占有对方的动机。当被侵犯者无法接受这种侵犯时,他们可能会选择撤离、隔离或者进行反击。当他人的领域或空间被非自愿侵犯时,必然会对人际互动和交流产生负面影响。被侵犯者可能会感到不舒服,这违反了个人边界,可能导致互动关系的紧张和疏远。这种情况下,建立起健康、相互尊重的交流环境变得尤为重要。

（4）沉默

沉默是人际交往中一种重要的非语言符号，它能反映出语言符号的隐含信息。在不同的文化中，沉默有思考、否认、蔑视、赞同、责备、悲伤、平静等不同的含义，由此它成为跨文化传播研究视阈比较关注的一个命题。在中国的格言警句中，便有"慎言""寡言"等提示。再如"病从口入，祸从口出""言多必失"等，则是告诫人们多言的不利之处。在不同的语境、情境下，沉默有时候表示肯定，有时候又相当于不接受、左右为难等，有时候还表示正在思考。因此，在一定场合下，当人们彼此间的社会关系尚不明确时，保持沉默无疑是一种妥当的处理方式。

20世纪80年代后期，西方传播学者开始对沉默这种非语言符号进行实用性研究。他们的研究结果表明，沉默不是话语的绝对终结，它是一种"混合"语言，是相对于话语的另一种表达思想的方式。沉默渗透着人们对世界的认识，它构成了人们认识世界的一部分。研究者还注意到，沉默可以传递信息，尤其是在语言表达受限时，沉默中所蕴含的表情、身体动作等非语言符号，能够填补暂时出现的意义空白。当面对通过语言无力解决的事情时，沉默能起到只可意会、不可言传的效果，此时"语言与传播合为一体。语言中有着沉默的知识，就像沉默拥有语言的知识一样"。[1]

换言之，沉默是能够体现社会文化特征和心理过程的。重要的非语言符号在人际交往过程中存在的形式和意义存在着不确定性和巨大的文化差异。如果我们完全把沉默看作是一种消极的传播现象，忽视沉默和人、语言的本质关联，缺乏对沉默应有的肯定和观察，我们就无法对沉默的积极意义有更多的理解。

---

[1] Picard M, *The World of Silence* (Chicago IL: Regnery, 1989), p.16.

（5）服饰语言

人们利用服装和配饰这些非语言符号来传递关于社会地位、信仰、兴趣爱好等方面的信息，这种现象被称为服饰语。根据人类学的研究，人类穿着服装主要出于礼貌、保护和装饰的目的，而跨文化传播研究则侧重于那些带有装饰目的的服饰。服饰反映了社会生活的很多方面，它不仅塑造了一个文化的外貌，也折射出国民性格、文化心理及审美精神等。

中国传统服饰突出的是人的精神和气质，较多侧重服饰的整体外观效果，有着一种东方式的矜持和审美。华梅曾对中国服饰的风格有一个精准的概括："中国服饰具有融天地为一体的气韵，而这一切又都在不言之中；并且色彩上有正色、间色的区别，中国这个广袤大地上的植物、矿物染料给予中国服饰以特有的外观和感染力。造型上则是以基本平直的圆筒状来突出内向的收敛，只是不经意显出人体的曲线，故而出现一种神秘的不可捉摸的美，它不似西方服饰表现人体那样一览无余。纹饰上力求有吉祥含义，任何物质的组合都要以吉祥为最美好的祝福，这适合中国人的民族心理。"[1]

西方传统服饰自始便强调的是人体美理念，以中国长衫和西服相比较，我们就可以看到其中隐藏的中西方的文化差异。中国人注重人际关系，性格保守、内向，服饰强调从容与和谐，且以线条为主，柔软多变；西方人注重自我，性格外向且具有进攻性，因此其服饰更多地表现出挺拔、稳固和刚性。

（6）颜色语

颜色是一种融合了色彩和意义的非语言符号。它源自人类对客观世界的观察和描述，展现了不同文化对色彩意义的感知和偏好，而不仅仅是个体的生理反应和感官印象。

人类在感受和运用色彩的过程中，渐渐形成了对色彩的审美和偏好，并将这种审美和偏好投射到日常生活、艺术创作与意义建构中。

---

[1] 华梅:《服饰与中国文化》，人民出版社，2001，第33页。

在20世纪20年代，美国心理学家罗伯特·H.加斯（Robert H.Gass）进行了一项针对菲律宾人、日本人、印度人、墨西哥人、黑人和白人颜色偏好的实验研究。研究结果显示，蓝色是大多数民族最喜欢的颜色；印度人、日本人、菲律宾人和墨西哥人倾向于红色；相较于白人和黑人，印度人更倾向于紫色。此外，在颜色偏好方面，墨西哥人、印度人和菲律宾人之间存在较大差异，而白人、黑人和日本人之间的差异较小。

不同的颜色表达了不同文化的情感和价值观，并被赋予了各自独特的意义。在跨文化传播研究的视角下，我们应该结合不同的文化背景来理解和探究这些差异。

2. 非语言符号在跨文化传播中的特点

非语言符号在跨文化传播中展现出一系列独特的特点，无论是人们有意识地运用它们，还是在无意之中表达自己，这些特点都在信息传递过程中显得十分明显。这些特点使得非语言符号成为一个强大而丰富的信息传递工具，能够跨越语言和文化的界限，传达各种情感和意图。在全球化时代，了解和尊重不同文化中非语言符号的差异变得尤为重要，以确保有效的跨文化传播和交流。其共同特点具体表现在以下六个方面。

（1）连贯性

在信息传播过程中，非语言符号强调的是一系列符号中的某一个符号。这个符号的表达通常没有固定位置，它总是与语言符号或其他表述方式相结合，很少独立地出现。这种连贯性使得非语言符号在跨文化传播中能够高效地传达信息，并促进更深入的理解和交流。因此，了解和运用非语言符号的连贯性对于成功的跨文化沟通至关重要。

（2）相似性

非语言符号与指称对象之间通常存在一定的相似性，这是因为非语言符号将客观事物转化为符号形式。举例来说，竖起的食指可以表示数字"1"，竖起的大拇指可以表示称赞，同时竖起食指和中指可以表示胜利，双手的配合使用可以表示物体的形状或大小等。这些符号的使用方式与它们所代表的对象之间具有某种对应关系，使得人们能够通过符号来表达特定的意义或信息。

（3）协同性

有学者曾经说过："传播中的各种非语言符号是相互关联、互为依托、协同一致的。如果它们不是这样，你的意图就要受到怀疑。"这句话强调了非语言符号在传播过程中的相互配合和一致性。当我们给迷路的人指路时，我们的身体姿态、表情和眼神都会与我们指向的方向相呼应。在现实生活中，非语言符号通常是与协同传播同时发送的，这是基本情况。当然也有一些例外，比如单幅照片无法提供多个符号同时传达的细节。

（4）通义性

在非语言符号的翻译和理解过程中，通常并不需要接受专门的教育，因为非语言符号与实物的相似性可以产生普遍意义。例如，人类对于威胁手势、乞求行为、欢迎动作等身体符号所传达的含义，在不同国家和地区的人之间往往可以达成相近甚至共通的理解。

这种相似性的原因在于，非语言符号往往是通过模仿、直观感知或本能反应来形成的，它们与我们的基本生理和情感机制有关。因此，许多身体符号具有一定的普遍性，它们跨越了文化和语言的界限，使得人们能够相对容易地理解和交流。当然，也存在一些细微的文化差异和个体差异。但总体而言，非语言符号在跨文化交流中产生了普遍的共通性。

（5）即时性

非语言信号通常不经思考就能够立即反射性地传播。我们在开车的时候，当红灯亮时踩刹车；在看到美味的食物时，饥肠辘辘的人不禁流口水；突然传来一声巨响，听到的人会大惊失色。对于外在事物的变化，人体会马上做出反应，输出非语言符号，这是心理健康、精神正常的标志；而延时反应的情况，则往往可能是不正常的表现。

（6）真实性

一个人除了脸部以外，全身都可以被遮盖起来。因此，一般来说，使用非语言符号进行欺骗是相对困难的。如果一个人所说的话与其眼神和面部表情不一致，聪明的听众通常能够依靠非语言符号作出正确的判断。即使是孩子们也能够从父母对自己严厉批评时微妙的、不易察觉的表情中辨别出受到批评的程度，这是因为非语言信号给人一种更真实的感觉。

尽管如此，我们也需要注意到个体之间可能存在的差异以及特定文化背景下的变化。有些人可能擅长隐藏情感或掩盖非语言信号，而某些文化对于非语言符号的解读可能会有所差异。因此，虽然非语言信号通常被认为更具真实性，但在理解和解读时仍需谨慎，需结合其他线索进行综合分析。

3.非语言符号在跨文化传播中的作用

一般来讲，非语言符号的作用包括表达思想感情、传递信息、代替语言进行交际、传达礼仪。但是，从跨文化传播的视阈来看，非语言符号的作用大致有以下四个方面。

（1）有助于促进人际交流

对当地的非语言符号进行更多的研究和理解，有助于减少我们与其他文化群体交流时的不确定性，从而能够进一步加强人与人之间的交流，有助于减少文化冲突和误解，增强信任、提高沟通效率、拓宽人际网络，并增进文化敏感度。因此，对非语言符号的研究和应用对于建立更加和谐和有意义的人际关系至关重要。

（2）有利于消除种族中心主义，减少种族优越感和文化冲突

更多地理解文化语境中的非语言符号，有助于人们消除其种族中心主义，减少种族优越感和文化冲突。在进一步了解其他文化背景下非语言符号的基础上，我们可以了解彼此之间的文化差异，这样我们就可以站在对方的文化背景中思考问题，从而减少文化误读、文化误解及文化冲突。

（3）有助于促进社会学、心理学以及语言学的发展

自 20 世纪 50 年代以来，非语言符号的研究在多个学科领域中取得了显著的发展，这一进展得益于一系列著名著作，如爱德华·霍尔的《无声的语言》。这些研究对社会学、心理学以及语言学的发展产生了积极的影响，不仅有助于促进社会学、心理学和语言学各自的发展，还促使了跨学科研究的兴起，提供了深刻的关于人际交往、文化差异和认知过程的见解。这种跨领域的合作和知识交流为我们更好地理解和应对复杂的人际和社会问题提供了有力支持。

（4）有助于发掘文化的潜在态度和价值观

非语言行为确实可以帮助人们发现某种文化的潜在态度和价值观。通过观察他人的非语言行为，我们可以作出重要的判断和决定，并从中了解他们的心态。非语言符号的互动能力和范围反映了人类社会和文化的本质特征。不同文化中，人们倾向于使用特定的身体姿势、手势、面部表情和其他非语言符号来表达情感、意图以及体现社会角色。这些符号的使用方式受到文化背景、社会规范和个体经验的影响。基于对他人非语言行为的观察和理解，我们可以获取他们相关所属文化的信息，包括社会互动方式、权力结构、性别角色等方面的特点。这有助于增加跨文化交流的理解和准确性，并促进文化之间的相互尊重和认知。非语言行为的研究对于揭示人类社会和文化的本质特征具有重要意义。

（三）媒介符号与社会认知的形成

认知符号学的观点认为，符号首先是人与世界之间的关系模式。媒介、符号和人之间存在着互动关系。随着媒介技术的发展，符号的生产和传播方式也随之变化，进而改变了符号的价值结构。这种变化直接影响着人们对世界的解释模式，并影响着人们的感知和感受方式。具体从社会认知和基于媒介符号的社会认知两个方面来阐释。

1. 社会认知

社会认知是指人对社会现象和社会现实的认知和理解，它是人们对社会世界的观察、理解和解释过程的总称。社会认知的概念和范畴主要包括以下五个方面。

（1）注意力和感知

社会认知过程的最初阶段是注意力和感知。注意力和感知是指人对外界信息的关注、筛选、理解和收集能力。人们会根据自己的兴趣、熟悉度、认知能力等因素，对社会现象进行不同程度的关注和感知，从而获得不同的社会认知信息。

（2）知觉和记忆

一旦社会认知信息被注意并感知后，社会认知的知觉和记忆阶段就开始产生。人们通过自己的知觉和记忆来对社会现象进行有意义地判别和理解。对于同一社会现象，不同人的认知结果会有所不同，这与个人的历史、文化和传统等因素密切相关。

（3）模式识别

模式识别是指对社会认知信息进行分类、归纳和概括，以获得社会认知结构和模式的过程。模式识别能够帮助人们更好地理解和学习社会结构和文化，并对社会行为和交往方式产生影响。

（4）意识形态

意识形态是指人们基于某种特定的社会和历史背景下所形成的社会认知观念。社会认知过程会被社会、文化和政治因素所影响，会形成不同的社会认知模式。意识形态不仅指社会认知的意识形式，还包括人们对社会、文化、政治等领域的信仰、态度和价值观。

（5）解释和理解

社会认知的最终目的是对社会现象进行解释和理解。社会认知解释和理解的目的是根据人们自身的认知背景和社会背景，对社会现象进行解释和理解，并形成个人的社会结构和文化模式。社会认知是一个复杂的心理和社会过程，是人们对社会现象的理解和解释过程。社会认知的概念和范畴涵盖了注意力、感知、知觉、记忆、模式识别、意识形态、解释和理解等多个方面，这些方面相互影响，相互作用，构成了人们对于社会现象、社会结构和文化的认知。

综上所述，媒介技术的发展不仅会带来符号生产和传播方式的变化，而且直接影响着人与世界的关系模式和解释模式，进而影响人们的感知和感受方式。"所有的科学（或者说技术科学）都是由人制造的，并且或直接或间接地暗含了身体行为、知觉和实践。"特别是当媒介发生重大变革，也就必然改变人际关系模式，改变社会组织秩序，改变人与世界的关系，不仅延伸了人的身体和感官，而且将重塑人的感觉，改变人的经验和人的世界。①

2. 基于媒介符号的社会认知

媒介符号是媒体语言和媒体文化中的基本组成部分，是媒体内容所运用的各种方式、形式和符号。媒介符号能够通过不同的表现方式和意义来影响人们的社会认知。

（1）媒介符号是信息传递的重要媒介

通过媒介符号的创造和运用，媒体可以传达大量的信息，包括文字、声音、图像、视频等，让人们了解社会事件、政治、文化、经济等议题。媒介符号的传达能够影响人们对社会现实的认知，呈现出的多种视角和信息能很快得到广泛传达和认知。

（2）媒介符号可以塑造价值观

媒介符号设计有针对性，带有某种价值倾向或影响受众的价值观。纪录片、电影、网络推广等媒介符号所包含的信息和精神意义，会对观众产生影响，可强化或改变观众的价值观。此外，媒介符号能够渗透到人们的生活中。

---

① 马大康：《数字媒介：符号生产与经验转向》，《福建江夏学院学报》2022年第5期。

例如，广告中所展示的华丽视觉、明星效应、社交网络营销，不仅能够唤起观众的兴趣，也会在潜意识中影响其思维和社会认知。

（3）媒介符号能够对公众进行教育与启迪

媒介符号中所包含的各种文化元素，包括艺术、历史、科学、社会和传统等，可以为观众提供启迪和学习的机会。例如，电影和纪录片不仅可以展示不同的文化和历史背景，提高观众的历史和文化素养，而且还可以提高观众对社会问题的关注和理解。而一些网站的虚拟社区也能够赋予用户自主学习和交流的机会，满足了用户对于跨文化、本土化交流的需求，同时提高了用户的知识水平和媒体素养。

（4）媒介符号在传递信息和文化意义的过程中，观众能够形成自己的认知框架

认知框架是指根据人们的认知系统所建构的特定结构和模式，能够影响人们对于某些事物的理解和解释。媒介符号所包含的语言、图像、符号、节奏、音乐等元素，能够激发观众的情感反应和联想，观众从而形成自己的认知框架和看待社会现实的观点。这种认知框架可以影响人们的言行、思考和行为，对社会生活也具有深远的影响。

媒介符号作为媒介内容中的基本构成部分，对社会认知有着深远的影响。因此，媒介产业在生产、展示和传播媒介符号的时候，需要考虑到观众的社会认知需求，做出针对性的符号设计和策略，从而更好地提高观众的文化素养、知识水平和媒介素养。同时，观众也需要具有批判性思维，对媒介符号进行审美与文化价值判断，主动选择和接纳符合个人认知需求的媒介符号，以更好地发展自己的社会认知和生活方式。

（四）媒介"脱域"功能

数字媒介彻底改变了符号结构的方式，不仅创造了"多重世界"和"元宇宙"，为人们提供了新的选择，建立了新的人与世界的关系，而且通过使用

时尚符号学来操纵人们，实现了媒体的"脱域"功能，导致人们的经验发生了改变。媒介的"脱域"功能是数字时代媒介传播的一个重要特点，指的是在数字化时代，媒介传播已经不受空间和时间的限制，各种信息网络已经将全球各地连接在一起，使得人们在任何地方都可以获取来自全球的信息和文化。这种"脱域"功能的实现，对于促进全球化和跨文化交流有着极其重要的作用。

媒介的"脱域"功能还使得不同国家和地区的人们可以使用不同的语言和文字，借助翻译软件进行跨语言交流。通过社交网络和数字技术，人们可以变得紧密联系起来，各种社会、文化和政治体系相互交织，跨文化交流和理解不断得到深化。

媒介"脱域"为全球化和跨文化交流提供了机会，并有助于各种社会、文化和政治体系的相互理解和交流。它同样也存在一些负面影响，虽然人们可以随时随地获取各种信息资源，但同时也可能因信息过载产生困扰。这些信息的可靠性和真实性有待商榷，有的信息也可能会引发误导和误解等风险，给人们带来了更多的决策难题。因此需要我们平衡利弊，规避潜在风险，紧紧抓住媒介"脱域"功能所带来的传播机遇。

三、媒介文化与跨文化传播

媒介生产和媒介符号的组织与再造共同塑造了人类独特的文化现象，我们通常称之为媒介文化。媒介文化反映了社会的价值观、信仰和生活方式，同时也影响着个体和集体的认知、行为和互动方式。它不仅塑造了我们对世界的看法，还塑造了我们如何与他人互动，如何表达自己，以及如何理解他人的观点和情感。媒介生产和媒介文化紧密相连，它们共同构建了我们所处的文化环境，对我们的思维和行为产生深远的影响。这一文化现象不仅是人类独有的，还是不断演化和变化的，随着科技的发展和社会的变迁，媒介文化也在不断地演绎和重塑。因此我们有必要了解媒介文化的相关内容来推动跨文化传播，具体内容如下。

（一）媒介文化的形成

媒介文化是指媒体技术和文化的交融，而媒介文化的形成涉及技术、经济、文化和政治等多个方面。

从技术基础来看，媒介文化的形成首先是建立在先进的传媒技术之上，例如出版技术、广播技术、电视技术、互联网技术等。媒介技术的创新和不断发展，催生着新的媒介文化形态的出现和传播，如由互联网技术催生的社交媒体、兴趣媒体、移动媒体等。

从经济基础来看，媒介文化的发展不可避免地受到市场和经济的影响。在市场经济环境下，广告、品牌、知名度等商业元素成了媒介文化的重要组成部分。由此，一些受众群体成了媒介产业的目标，使这些受众群体极易产生攀比心理，对他们的价值观产生不良影响。

从文化主题来看，媒介文化的发展离不开文化主题，文化主题是文化的载体。文化主题包括个体与社会关系、科技发展、环保意识等，具有重要的意义。文化主题往往贯穿于媒介产品、节目和广告中，消费者们通过思考和互动共享与之发生联系。

从政治环境来看，政治是影响媒介文化形成的另一个重要因素，尤其是影响媒体的立场及其展示角度。不同的政治背景可能导致媒介生产和文化传播方式截然不同，同时也会影响媒体对社会现象、热点事件的处理方式，进而影响整个媒介文化的形态和发展。

媒介文化的形成涉及技术、经济基础、文化主题和政治环境等多个方面，因此其形成具有多样性和复杂性，它不断推动社会文化发生变革，为人类文明的理解和发展提供了重要支撑。

（二）媒介文化对跨文化传播的影响

媒介技术的快速发展和互联网的普及使得社交媒体、视频平台、音频等新型媒介改变了媒介的生产方式与媒介产品的呈现方式，这也使得媒介文化有了极大的变化。媒介文化在跨文化传播中起着重要作用，它既推动了跨文化传播的发展，又受到跨文化传播的影响。

1. 传播方式改变信息接受

跨文化传播实现信息、思想、文化等在不同语言和文化背景下的传播和交流。异文化的接受者会对文化信息进行整理、筛选、加工、转换、传递、接受，最终形成新的文化形态和内涵。媒介文化的发展推动了跨文化传播传播形式的改变。传统的跨文化传播主要依靠口耳相传，而媒介文化的兴起，使得直接面对面地交流不再是唯一的选择。依托传统媒介和数字媒介，跨文化传播实现了实时、大规模、全天候和多向度的传播，直接改变了跨文化传播的频率和规模，极大地提高了跨文化传播的速度和效果。

2. 塑造文化意义

媒介文化对于跨文化传播的影响还在于它所承载的文化意义。不同的媒介产品、节目和广告在不同文化背景下拥有不同的意义，而跨文化传播就是把这些文化意义渗入不同的文化中，带入不同的文化背景中。对文化意义的接受也涉及文化意识形态塑造的问题。媒介文化的传播使得人们接收到更多的文化信息，因此其对文化意识形态也产生了影响。媒介文化传播的内容和形式，往往会对人们的文化认知、文化价值观以及文化态度产生影响，这在跨文化传播中易实现对文化意识形态的塑造。

3. 促进文化融合

媒介文化作为一种文化符号的传播媒介，使得文化元素可以在不同的文化环境中进行传播和整合。在跨文化传播过程中，媒介文化所承载的文化元素和主题带有独特的文化意义，其在跨文化传播中影响了受众的文化认知和思维方式。在跨文化传播过程中，不同文化发生交流和碰撞。媒介文化要素的加入实现了文化元素的转化与整合，缩小了文化间的差异，促进了文化元素的融合和深入，使不同的文化得到了深度交流和互相理解，进而实现了跨文化交流和传播的目的。

4. 了解文化背景

文化背景和认知框架是指人们基于自身的历史、社会、文化等背景所形成的一种认知模式、思维模式和价值观。因此，不同的文化背景和认知框架对媒介文化的运作和传播方面都有着深刻的影响。

在东西方文化的跨文化传播中，往往会因为价值观、思维和文化内涵等方面的差异影响媒介内容的制作、传播和接收过程。东方文化中往往注重逻辑性和整体性，它们通常更加注重细节和隐晦的信息，因此它们在文字的诠释和理解上面往往非常讲究。在东方文化国家，人们对于语言的文字阐释更加注重文字背后的意境和文化象征，而相对地，西方文化相较于细节和整体性，更看重逻辑性和理性，对于文字的理解和使用也较清晰，因此西方文化国家往往更加注重语言表述的直接性和清晰性。认知框架的不同同样也会导致人们在媒介文化的接收过程中表现出不同的态度和反应。在跨文化传播中，媒介产品的特点和形态需要将目标文化的背景和需求纳入考量范畴，推动媒介传播与文化背景相协调与交融，弥合文化鸿沟。

综上所述，媒介文化对跨文化传播具有重要的推动作用。媒介文化所承载的文化意义、文化元素和主题，以跨媒介的形式在不同的文化群体中进行传递和交流，促进了文化的融合与发展，造就了丰富多彩的跨文化传播产业。跨文化传播也让媒介文化进一步拓展了发展空间和文化深度，促进了全球文化的交流，推动了全球文化的发展。

第四节　媒介融合语境下跨文化传播的新趋势

进入 21 世纪以来，媒体融合的速度越来越快，各种文学、艺术和文化作品呈现出了一种跨越多种媒体平台发展的趋势。文字、图像和声音在不同媒体之间流动、转换和改造，创造出了跨媒体的符号产生形式。美国媒体分析家亨利·詹金斯（Henry Jenkins）研究了以好莱坞电影为中心的文化产品开发现象，即相同的内容在不同媒体系统中以不同形式呈现，形成了依赖于各自媒体特点的差异化产品。随着媒体类型的爆炸性增长和新旧媒体的不断更新，为了满足受众多样化的需求，跨媒介符号的生产逐渐成为传媒和技术领域引人注目的现象。

一、文化产品的跨媒介符号生产

随着媒介的发展，文化产品的符号创造也受到了媒介的影响。媒介在传播学领域是指一种技艺和实践，并广泛应用于包括报纸、广播、电视等大众媒体在内的各种形式。麦克卢汉（Marshall McLuhan）等学者将媒介视为人类功能的延伸，他们扩展了媒介的范畴，其涵盖符号、文化和技术等多个维度。在媒介的普及化过程中，亚里士多德（Aristotle）区分了艺术门类的三个方面，包括媒介、对象和方式。这些观点已经成为当今媒介的重要组成部分。

媒介不再局限于作为一种传播工具，麦克卢汉赋予了媒介在符号生产中的本体论意义。在他对现代诗人和画家的研究中，他发现他们关心的不是自己想表达什么，而是他们可以用什么方式表达。这是一次重大突破，因为他们发现艺术的功能是向人传授如何感知外部环境。麦克卢汉不仅扩展了媒介的外延，而且重新界定了媒介的地位，即它不再是工具，而是"讯息"，是内容的一部分。

如今，我们生活在电子和信息驱动的媒介环境中，传媒形态已不再局限于报纸、广播、电视等传统媒体。互联网成为最有影响力的媒介，它将不同形态的媒介连接在一起。同时，各种新型媒介终端不断涌现，例如移动通信传感器和定位系统，媒介的数量与屏幕数量也越来越多。在多媒介共存的环境中，新旧媒体已经不存在明显的区分，它们可以相互包容，也可以相互交叉。除了新旧媒体之外，还有自媒体、集约化的大型媒体、媒体创作者和媒体消费者之间的互动，以及媒体与现实环境、媒体与消费者之间的互动。可以说，媒介之间的关系是复合性的，体现了符号、技术和文化的多维度交织。

在1983年，德国学者汉森·洛夫（Aage A.Hansen-Löve）通过与互文性概念的比较，提出了"跨媒介性"的概念。他将对俄国象征主义文学的研究扩展到音乐、视觉艺术等不同的符号文本上，使跨媒介性研究与互文性理论相互交织在一起。随着新型媒介的不断涌现，尤其在互联网和移动通信技术的支持下，越来越多的文化产品超越了符号、设备和平台的界限，甚至触及符号和现实之间的流通。跨媒介研究不再限于文本内部的相互借鉴，而是涉及各种媒介文本。德国学者维尔纳·沃尔夫（Werner Wolf）基于对文学叙事中音乐、绘画和图像之间关系的研究，将跨媒介性推广至更广阔的领域，不再局限于符号媒介，而是包括了所有媒介形式。他关注不同符号之间的联系，将跨媒介性从符号媒介扩展到任何媒介的范畴。

二、数字媒介构建的"多重现实"

自20世纪80年代以来，随着数字媒介和互联网技术的迅猛发展，符号的生产和传播方式彻底改变，从而改变了人类的生活和文化实践。根据马克·波斯特（Mark Poster）的观点，他将媒介的发展划分为不同的阶段：第一媒介时代是信息制作者稀少、信息消费者众多，传播以单向模式为主导的时期；第二媒介时代突破了信息制作者数量的限制和传播的单向性，彻底改变了信息生产和传播的模式，在人际交流方式上发生了根本性的变化，数字媒介和互联网成为主要的变革因素。

数字文化已经广泛渗透到日常生活的各个领域，强劲地推动了工业社会向信息社会的转变，使媒介符号的发展得到了前所未有的繁荣。这个由符号重新构建的世界成为虚拟与真实交融并失去边界的世界，形成了一个多重无限的境界，现实也因此失去了稳定性。虚拟世界为人们提供了诱人且全新的体验。那些在虚拟与真实之间穿梭的人不仅失去了身份的确定性，个性和主体性也受到了解构的威胁。

"符号的在场使得现实的不在场成为可能。书写、印刷、电子以及数字媒介各自以其独特的方式，极大程度地拓展了人类对于可能世界和现实世界的想象、表征以及交流的能力。媒介的在场不仅使得现实的不在场以及传播者的不在场成为可能，而且使得现实与传播者同时不在场也成为可能"。[1]

在符号生产过程中，我们常常同时利用多种媒介，这些媒介涵盖了符号、技术、文化等多个维度，可用于符号转换、文本交互、平台跨越等目的。不同媒介形式之间相互交织，形成了一个复杂的关系网络。通过这个网络，媒介之间可以相互影响、转化和扩展，创造出更丰富、更多样的符号表达方式。这种媒介之间的交织关系反映了现代社会的多样性和复杂性，但也为人们提供了更广阔的创作和传播空间。同时，这种跨媒介的关系网络也为人们带来了更丰富、更多元的文化体验和参与方式。

---

[1] 克劳斯·布鲁恩·延森：《媒介融合：网络传播、大众传播和人际传播的三重维度》，刘君译，复旦大学出版社，2012，第35页。

三、跨文化传播的新趋势

（一）以内容创作为核心的跨界合作

随着数字媒体的迅速发展，越来越多的行业开始意识到通过跨界合作可以实现更大的影响力和商业价值。在跨文化传播领域，内容创作成为了一种重要的手段。不同行业、不同文化背景的人们共同参与创作内容，通过融合各自的专业知识和创意，可以打破传统壁垒，获得更广泛的受众群体。这种跨界合作不仅可以带来新的创意和视角，还能够促进不同领域之间相互学习和交流。例如，在电影制作中，国际合作已经成为一种常见的现象。不同国家和地区的导演、演员、制片人等共同合作，将各自的文化元素融入作品中，既保持了本土特色，又向全球观众传递了跨文化的信息和价值观念。

（二）基于互联网技术的新传播方式

互联网技术的快速发展改变了人们获取信息和进行交流的方式。通过社交媒体平台、在线视频网站、博客等工具，人们可以方便地传播和分享自己的观点、文化经验和创意作品。这种基于互联网技术的新传播方式使得跨文化传播更加便捷和广泛。无论是个人还是组织，都可以利用互联网平台来推广自己的文化、价值观念和艺术作品。社交媒体的兴起使得人们可以直接与来自其他文化背景的人进行交流和互动，有助于加深彼此之间的了解和认知。同时，基于互联网的传播方式也为人们提供了更多创作和表达的机会。任何人都可以成为内容创作者，用自己独特的方式参与跨文化传播。可通过上传视频、撰写博客、分享照片等形式，多维度多层次地展示自己的文化身份，分享自己对其他文化的观察和理解。

(三)强调多元文化特色

跨文化传播越来越注重展示和尊重不同文化之间的差异和独特性。在过去,由于西方文化占据主导地位,文化传播往往以西方文化为中心,而其他文化往往被较少关注。然而,随着全球化的推进,人们开始认识到每种文化都有其独特价值和贡献。因此,跨文化传播在强调多元文化特色方面变得更为重要。它不仅是展示多样性的平台,也是促进文化交流与融合的桥梁。越来越多的电影、音乐、艺术作品开始反映非西方文化的元素,向世界展示各种不同文化的魅力。这些作品通过创新的方式展现本土文化特色,同时也与其他文化进行对话和碰撞,创造出新的艺术形式和审美体验。

(四)关注受众需求

跨文化传播越来越注重对受众需求的理解和满足。在传播信息和价值观时,需要考虑到不同文化背景下的受众特点、习惯和价值观念,因为文化差异可能导致信息被误解或者产生冲突,所以了解并尊重受众的需求是确保有效传播的关键。为了满足受众需求,跨文化传播需要定位目标受众,并根据他们的需求和偏好制订相应的传播策略和内容。这意味着要深入了解目标受众的文化背景、价值观念、兴趣爱好等方面的信息,以便更好地与他们建立联系和产生共鸣。此外,跨文化传播还需要注意避免文化误解和冲突。尊重和包容不同文化之间的差异,可以建立起有效的跨文化传播的渠道。这就要求传播者具备跨文化沟通和解读的能力,善于倾听和理解其他文化的观点和观念,避免将自己的文化标准强加于他人。只有通过平等对话和相互学习,才能实现文化之间的相互交流与理解。

(五)推动全球化价值观的塑造与传播

跨文化传播有助于推动全球化价值观的塑造与传播。人们可以更好地了解不同文化之间的共同点和相互依存关系,从而促进开放、包容、合作的全球化价值观的传播。在全球化背景下，人们越来越意识到各个国家和地区都面临着共同的挑战，例如气候变化、贫富差距、人权问题等。通过跨文化传播，可以加强不同文化间的合作与交流，形成应对这些挑战的全球共识。同时，跨文化传播也有助于消除偏见和刻板印象。多样化的文化和价值观的展示，使人们能够更全面地了解其他文化，摒弃对它们的误解和偏见。这种开放和包容的态度有助于建立友谊和合作关系，推动全球社会和谐发展。

综上所述，跨文化传播的新趋势涵盖了以内容创作为核心的跨界合作、基于互联网技术的新传播方式、强调多元文化特色、关注受众需求以及推动全球化价值观的塑造与传播等方面。这些趋势反映了跨文化传播领域的发展方向，促进了不同文化之间的交流、理解和合作，为构建一个更加包容和多元的全球社会做出贡献。

第二章　媒介融合及其背景下的跨文化传播

第一节　媒介融合的内涵和发展

2014年，随着中央全面深化改革领导小组审议通过了《关于推动传统媒体和新兴媒体融合发展的指导意见》，国内学界针对媒介融合的研究在政治逻辑的推动下逐渐上升为国家战略。20余年来，随着中国媒体融合实践的不断发展，学界研究日益丰富，在研究视野和理论创新方面都有所突破，在展现我国媒体融合丰富实践的同时，也揭示了媒体融合与产业、文化、社会等各要素交流互动的多样性。[①]

媒介融合的内涵是十分丰富的，在技术、内容、应用、产业、意识形态、社会和空间性等方面都有着巨大的影响。媒介融合不仅赋予了用户更多的话语权和能力，促进了文化的创新和形态的多样化，也为媒体行业的未来发展以及文化领域的发展提供了更加广阔的空间和机遇。

---

① 田维钢、温莫寒：《媒介化与结构化：我国媒体融合研究的知识演进（1999—2022）》，《当代传播》2023年第2期。

一、媒介融合的内涵解析

"媒介融合（Media Convergence）"一词由来已久，在中外的研究已经有几十年的历史。媒介融合的概念可追溯到尼古拉斯·尼葛洛庞帝（Nicholas Negroponte）的定义，在他看来，"所有的传播技术正在遭受联合变形之苦，只有当它们作为单个事物对待时，它们才能得到适当的理解"。[①] 1978年，尼古拉斯·尼葛洛庞帝提出了一个有关媒体融合的概念。他用三个圆圈分别代表了计算机工业、出版印刷业和广播动画业，并预言这三个领域相交的部分将是未来发展最快的领域。这一观点奠定了对媒体融合的基本认识。

1983年，美国马萨诸塞州理工大学的伊契尔·索勒·普尔教授（Ithiel De Sola Pool）在其著作《自由的科技》（Technologies of Freedom）一书中明确提出了"传播形态的聚合"的概念，他指出，"数码电子科技的发展是导致历来泾渭分明的传播形态聚合的原因。其本意是指各种媒介形态呈现出多功能一体化的趋势。最初人们关于媒介融合的想象更多的集中于将电视、报刊等传统媒介融合在一起"。可以看出，人们最初对媒介融合的认识主要是针对报纸、广播、电视等传统媒体。

1999年，崔保国首次使用"媒介融合"一词，从技术创新视角探讨媒介变革的过程与规律，由此开启了中国媒体融合的学术研究之路。

2003年，美国西北大学教授李奇·高登（Rich Gordon）提出了关于媒介融合的五种类型。第一种是所有权融合（ownership convergence），指大型传媒集团拥有不同类型的媒介，可以互相推销内容和共享资源。例如，美国佛罗里达坦帕市的媒介综合集团（Media General）和美国俄亥俄州的新闻电讯集团（News Corporation）将他们所拥有的报纸、广播电台、电视台和网站进行了融合。第二种是策略性融合（Tactical Convergence），指不同所有权的媒介在内容上进行合作共享，例如跨媒介集团的报社与电视台之间的合作，彼

[①] 钟瑛：《网络传播导论》，中国人民大学出版社，2012，第270页。

此推介内容和共享新闻资源。第三种是结构性融合（structural convergence），涉及新闻采集和分配方式，例如美国《奥兰多哨兵报》（The Orlando Sentinel）雇用多媒体团队，将报纸新闻加工打包后卖给电视台，并派遣编辑记者到合作方电视台做节目、深入报道和解释新闻事件。第四种是信息采集融合（information gathering convergence），指部分新闻从业者需要具备多媒体融合的新闻技能来进行信息采集，这也涉及类似于"超级记者"的工作。第五种是新闻表达融合（storytelling or presentation convergence），指记者和编辑需要综合运用多媒体和互动工具来表达新闻事实。

随着信息技术的不断发展，媒介融合的内涵也得到了丰富和完善。媒介融合已经从传统媒体之间的简单相互融合发展为传统媒体与新媒体的联合；从外在形式上的媒体合作，转向与新闻采集、加工等环节的互动；从行政手段的推动，变为媒体自身主动发展寻求合作；从同一区域、同一种类媒体的融合，扩展为跨区域、跨媒体的融合。媒介融合的最终目标是打破传播媒介之间的差异，实现媒介形态的大融合，让消费者能够通过无处不在的终端和网络获取所需的服务。媒介融合已经成为当今媒体发展的必然选择，也是新闻传播业的必然趋势。

因此，我们也可以给媒介融合下个定义，媒介融合是不同媒介平台和通信服务相互渗透和融合的过程，是传统媒介、数字媒介等各种媒介在技术、内容、应用等方面的跨界融合。

二、媒介融合的发展进程

媒介融合不仅促进了文化知识和价值观的交流，而且促进了文化创新和形式的多样化，为文化领域的未来发展提供了广阔的空间和发展机会。媒介融合是传媒发展的必然趋势，其发展进程大体可以划分为媒体互通、媒体融合、内容融合三个阶段。

（一）媒体互通阶段

媒体互通阶段打通的是渠道层面的边界，是指通过技术手段将不同媒体形式之间的信息进行交互和传递。这包括将文字、图像、音频和视频等不同形式的内容在互联网上进行共享和传播，用户可以从不同媒体形式中获取所需信息。媒体互通的实现主要依赖于数字化技术的发展，如网络技术、多媒体技术、数据压缩和存储技术等。

在媒体互通阶段，人们可以通过在线新闻、社交媒体、博客、视频分享网站等互联网平台获取来自各种媒体来源的信息。用户可以更加便捷地获取多样化信息，并且可以跨越传统媒体的限制，实现媒体内容的即时更新和广泛传播。此外，媒体互通还促进了不同媒体形式之间的深度融合和创新。传统媒体可以借助数字技术将文字报道与图像、音频和视频相结合，创造出更具吸引力和互动性更强的内容。同时，用户也可以通过自己的创作和分享活动参与到媒体互通中，成为信息的生产者和消费者。

综上所述，媒介融合的媒体互通阶段为用户提供了更加开放和多样化的媒体环境，推动了信息的流动和传播方式的变革，对社会和个人的信息获取和互动行为产生了重要影响。

（二）媒体融合阶段

媒体融合阶段是表达形式的"破壁"。21世纪初，随着互联网和数字通信技术的突破，传统媒体与新媒体开始相融合，形成了多媒体技术，通过多种媒介，如文字、图片、音频、视频等形式，参与社会发展进程，进而引发文化、社交、经济等领域的重大变革。新兴媒体利用互联网和数字技术，以微博、微信公众号、短视频等形式呈现内容。这些新兴媒体具有即时性、互动性和个性化的特点，使用户能够更方便地获取信息、分享观点和参与社交活动。多媒体技术使信息可以通过多种媒介形式表达，不仅能够丰富信息传递的方式，也能为人们提供更多选择和创作空间。人们可以通过各种形式的媒体来传播知识、展示创意、推广产品等。此外，新媒体的兴起还对文化、社交和经济产生了重大影响。它改变了人们获取和传播信息的方式，促进了文化多元化和全球化。在社交方面，新媒体为人们提供了更多的交流渠道，加强了人与人之间的联系。在经济方面，新媒体为企业提供了推广和销售产品的平台，开发了新的商机。

综上所述，互联网的发展和数字通信技术的突破推动了传统媒体与新媒体的融合，形成了多媒体技术。这种变革不仅改变了媒体行业的格局，也对文化、社交和经济产生了深远影响。

（三）内容融合阶段

如今，媒体融合已进入到深入阶段，除了媒体形态上的融合外，内容呈现方式也有了重要变革，使用者正在由被动变主动、由消费变生产、由仅获取资讯变为与媒体内容进行互动交流。这种交流模式已逐渐成为社交网络的重要组成部分，不同的媒介形态（如短视频、直播等）随着内容变更也在逐渐适应社会文化需求和感官需求。如用户生成内容（User Generated Content，简称为UGC）的兴起，促使媒体与非媒体平台在内容中相互影响、相互渗透。在这一阶段，不同媒体形式的内容相互融合，创造出更丰富、更多样化的内容形态。传统的文字、图像、音频和视频等通过数字技术的支持可以进行混合和互动，实现跨媒体的传播。

内容融合阶段的核心思想是将不同媒体形式的内容进行整合，并在媒介技术支持下实现交互和补充。在电子书中可以包含文字、插图和音频，读者可以同时阅读和收听；在新闻网站上，文字报道可以搭配图片和视频来更好地传递信息；在电视节目中，可以结合互动性强的在线投票与社交媒体互动等。内容融合的目的是提供更丰富、多维度的内容体验，满足用户对信息的获取和对消费的多样化需求。整合不同媒体形式的内容，可以加强信息的表达和沟通效果，提升用户的参与感和吸引力。尤其虚拟现实技术（Virtual Reality，简称 VR）和增强现实技术（Augmented Reality，简称 AR）的运用使得用户可以在虚拟场景中与现实世界中进行互动，这使得用户在跨媒体、跨平台中增加了不同的体验。此外，内容融合也促进了媒体形式的创新和发展。不同媒体形式具有不同特色，在融合中发挥自身优势，可以创造出全新的内容形态和传播方式。

三、媒介融合的维度

媒介融合是在数字化和网络化技术的驱动下产生的，涉及不同的技术手段和平台。数字化技术让不同形态的媒介内容可以进行数字化存储和传输，使交互性和实时性得到更好的保障，而网络化技术则实现了具有全球覆盖范围的通信媒介。媒介融合不仅在内容生产层面改变了内容生产的理念，同时也赋予了用户更多的选择权利，更多的话语权和表达能力，促进了人们在个体和社会多个层面上的交流和互动。可以说，媒介融合的趋势是以用户为中心的，相较于此前的传播，其媒体内容和对象也更加细致，并朝着个体化的方向发展。

媒介融合的底层逻辑是技术融合，但从融合的具体表现而言，既可以是文本表征层面的"多媒体"融合，也可以是生产体系层面的"跨媒体"融合，还可以是运营生态层面的"全媒体"融合。"随着政治逻辑、市场逻辑、技术逻辑的深度嵌入，未来还会涌现出新兴的'融合'观念及其实践形态"。[1] 因此，从实际操作层面，媒介融合的维度大体可以分为四个层面：内容的融合、渠道的融合、平台的融合、经营的融合。

---

[1] 刘涛：《融合新闻学》，高等教育出版社，2021，第 37 页。

（一）内容的融合

内容的融合呈现为两个方面：一方面是技术支持层面，技术手段与表达手法带来的内容的融合；另一方面是生产过程中实现的用户与内容的融合。

1. 技术与内容融合

技术融合指的是不同媒介技术之间的融合和整合，使传统媒介和数字媒介之间的技术功能更加紧密地结合在一起，创造出全新的媒介形态和传播场景。数字媒介的技术也可以被应用于传统媒介中，不仅可以实现更高的传播效率，也能更进一步推动媒介技术的发展。技术融合，可以更加高效地收集和分析大量的媒介数据，不仅能增强媒介生产的表现力，也能够更精准地计算出用户的需求，进行精细化的内容生产，进行精准的信息推送。

技术带来不同媒介内容与形式之间的超越和整合，实现了表现元素多层面的融合。在媒介技术的推动下，多种平台以及技术已经相互重叠和交叉，多种内容形式也被转录以互相传递。多种媒介元素的融合丰富了媒介内容与形式的表现方式，实现了信息的直观化、便捷化。

在跨文化传播的语境下，技术与内容的融合还可以体现在信息的共享上。由于网络信息获取的便利性，不同文化区域的文字、符号、数据等信息可以轻松地实现跨群体分享，媒体可以很轻松地对内容要素进行组合，重新编撰出符合目标受众需求的内容产品。特别是在一些全球化的政治经济活动、体育赛事、艺术表演等全球关注的话题中，各个国家、地区信息的整合与编撰就成为本国、本地区受众群体获得事件较为全面信息的重要来源。

媒介融合也可以是意识形态层面的融合，即不同意识形态之间的互相交流和探索。随着媒介和技术的融合，文化界限已经逐渐变得模糊，这为不同文化制度、信仰和价值体系之间的交流提供了更大的空间和机会。因此，不同形式的内容可以在它们各自的优势之上，融合和整合成更丰满的文化记忆与意义。

2. 用户与内容融合

随着媒介融合的不断发展，用户不再只是单纯的信息接收者，也成了信息的参与者、创作者和传播者。不同媒介之间也在内容表达和价值观念上发生了融合，例如，新闻报道、社交评论等。

用户和内容融合是数字化时代媒介融合的重要表现形式，其意义在于整合了用户和内容的不同维度，最终实现媒介的高效传播和达到更好的传播效果。用户和内容融合从某一角度来看，是把传统媒介的内容制作得更加人性化，根据用户的需要来影响和引导媒介的发展。从另一个角度来说，则是对数字媒介中用户参与性和用户价值进行重视，以便完善数字媒介在用户和社会方面的作用。用户和内容融合是一种基于数字媒介平台提供互动型内容和服务，以便用户更好地获取和共享媒介内容的互动式和参与式传播模式。从传统媒介向数字媒介的转变过程中，从媒介到媒介内容互动体验的渗透和转变，用户和媒介之间的交流从单向媒介向多向互动的方式进行转换。在这个过程中，用户的需求和行为得到全面考虑，其与媒介内容的生产、传播和消费产生一系列的融合。这种融合是数字媒介的一项重要特点，能够有效提高媒介传播的效率和效果。

在用户和内容融合中，内容的生产与用户的需求相匹配，其中用户与内容的融合是建立在对数字媒介用户需求的深刻理解和洞察上。多样化和个性化的数字媒介内容和服务，可以满足不同用户的需求和兴趣，激发用户对媒介内容产生互动性需求。这种需求不仅能够促进用户和内容的融合，还能激励数字媒介内容和服务的创新和发展，推进媒介传播在服务用户和促进社会发展方面的作用。在用户和内容融合中，数字媒介平台中用户的参与性和用户价值得到重视。数字媒介平台的发展和创新，为用户提供更加灵活和多样的参与方式，让用户成为媒介生产的重要来源和贡献者。同时，数字媒介平台对引导用户需求具有一定的影响。数字媒体的推广，也为用户带来更广泛地自我表达、社交分享、经济娱乐等数种需求的满足方式，为社会文化建设做出了更大的贡献。

用户和内容融合是数字媒介的重要特点，能够为数字媒介内容和服务的创新和发展带来广泛的机会和发展机遇。此特点不仅仅是数字媒介平台的外在表现，更与数字媒介平台的内涵和内容、用户需求和平台发展密切相关，因此应得到更加深入、广泛和全面的研究和应用。

（二）渠道的融合

渠道的融合是基于网络技术的发展而实现的，纵观媒介传播渠道的发展，除了在固有的传输传送、落地接收渠道之外，传统媒体还可以借用新媒体的传播渠道实现信息传播。渠道的融合以满足受众需求和提供全方位媒介体验为目的，整合各种渠道来打造更加综合和统一的用户体验。

渠道的融合可以带来更广泛和多样化的信息传播。新兴媒体如互联网、社交媒体和移动应用程序则以其即时性和互动性受到用户的广泛关注。通过渠道的融合，传统媒体的优势可以得到补充和拓展，新媒体的信息权威性也可以得到强化，信息可以更全面、更多样和更深入地传达给受众。同时，用户可以根据自己的需求和喜好，选择最适合自己的信息来源和互动平台，随时随地获取信息，可跨设备进行互动和社交，使用户体验与内容定制实现个性化。渠道融合后，用户与媒体之间可以实现更好的双向沟通和互动。媒体可以通过用户的反馈和互动，及时改善和调整内容，提供更加满足用户需求的服务和信息。渠道的融合对于媒介发展来说有着非常积极的影响。

渠道的融合不仅体现在信息收发的便捷上，在日常生活场景中也很普遍。不同应用程序之间的相互融合，使得不同应用场景互相渗透和相互转换。人们在应用平台使用微信、支付宝、安全防护和搜索等多种服务和产品，渠道壁垒被打破后，人们的生活也更加便利。然而，渠道的融合也面临一些挑战。一方面，不同媒体渠道的技术和平台差异可能造成内容的适配度不高甚至产生整合难题。另一方面，随着新兴媒体的快速发展，用户的注意力也更加分散，对媒体内容的选择和接受能力产生挑战。因此，在渠道的融合中，需要考虑到不同媒体渠道的整合和用户需求之间的平衡，提供全面和有针对性的媒体体验和内容服务。

（三）平台的融合

平台的融合是指不同媒体平台之间的整合和协同，即传统媒体和新兴媒体的平台、技术和资源相互连接和结合，以更高的程度实现跨媒介的整合和协同，实现更加综合、无缝和智能化的媒体传播，从而呈现出新的媒介形态和传播模式。随着不同媒介之间信息传递的连通性越来越高，媒介传播格局也发生着深刻的变化。

矩阵化传播是媒介融合带来的重要传播新特性，这也使得传统信息传播的单线性思维向系统化信息传播的思维转变。新兴媒介和传统媒介相互转化和整合，在媒介创作、传播和研究等方面有着广泛的应用和推广。不同媒介平台之间的整合和协作，更好地整合了不同平台的用户和资源，提高了媒介的传播效果和用户体验。社交网络和视频共享平台整合后，观众可以更加方便地发现和分享有趣的视频内容，进而进行密切社交，推动社交网络的发展。

传统媒体平台与新兴媒体平台的融合，实现了内容的跨平台传播。通过整合不同平台的资源和技术，媒体内容以更加丰富和多样化的方式呈现给用户，可无缝链接到不同平台的用户和内容，为用户提供更便捷的全媒体体验。对相关技术和数据的整合，则可以实现对用户个性化需求的分析，以推荐和定制内容，提供更加智能和贴合用户兴趣的媒体服务，有效提高用户对媒体的参与感和满意度。

社交媒体平台和内容创作者平台的整合，可以密切用户与内容创作者的关联，实现直接互动、参与内容创作和分享的目的。这种互动和合作的平台融合，鼓励用户参与到媒体生态系统中，有助于推动用户成为内容的创造者和传播者，推动媒体的共享和社交化。

平台的融合同样会面临一些挑战。一方面，不同媒体平台的技术架构和数据标准可能不同，因此需要解决数据和技术的互操作性问题，实现平台间的顺畅连接和信息交流，这是一项重大挑战。另一方面，平台融合需要考虑用户隐私和数据安全等问题，保护用户的权益和个人信息等，这为平台的融合提出了一个难题。

（四）经营的融合

在新传播技术的推动下，为了使经营战略适应市场的发展，媒介在经营上也出现了融合的趋势，通过经营的融合，主动适应市场的变化，拓展市场的边界。

媒介融合的经营融合是指不同媒体机构之间或同一媒体机构内部的整合与协同，以实现资源优化、增强竞争力和提供综合服务的目标。经营的融合有助于媒体整合各种资源，包括人力资源、技术资源、内容资源、市场资源等，实现经济效益和社会价值的双赢。不同媒体机构的合并、收购或战略合作，可以将各自的资源整合在一起，共享经营和管理的成果也共担风险。传统媒体与新兴媒体的合并，可以实现内容生产、分发和营销等环节的整合，提高资源的利用效率和效果。同时，不同媒体平台和业务的整合，媒体机构可以开展多元化的经营活动，开拓新的商业模式以增加收入来源。随着电子商务的发展，不少传统媒体也开始尝试与电商平台合作，将内容与销售结合，提升经营收益。经过整合，不同媒体机构的品牌和资源优势也可以进一步强化，有利于构建更具识别性和更有影响力的媒体品牌。在激烈的市场竞争中，综合能力强和覆盖面广的媒体机构更具吸引力，能够提供更全面和综合的媒体服务，从而赢得更多受众和广告主的青睐。

经营的融合使得不同传媒行业之间相互融合，从而产生了新的企业和产业链。经营的融合不仅让传统媒体得以转型升级，也让新媒体在不断充实和升级的过程中，更有效地与传统媒体展开竞争。然而，经营的融合也面临一些挑战。一方面,不同性质的媒体,其文化、管理风格和业务模式的差异可能导致整合时产生人员调整和组织变革问题。另一方面,经营的融合需要解决市场竞争、垄断和反垄断等法律和监管问题,确保媒体市场的公平竞争,保护受众的利益。

总之,媒介融合是信息技术发展带来的必然结果,是传统媒体系统发展的必然趋势,其内涵和模式正在不断地演化和发展。媒介融合已经改变了人们获取信息和娱乐的方式,同时也让文化的创造更加丰富和多样化。它不仅给媒体产业的发展带来了影响,也对文化、政治、经济等领域都产生了深刻影响。媒介融合不仅给媒体行业带来了巨大的机遇和创新,也带来了一系列的挑战。为了确保媒介行业能规范化和可持续发展,相关行业需要制定更为健全的规范和准则,从而建立不同媒介的内容、服务、运营和监管机制。

四、媒介融合的现状

(一)有利因素

1. 媒体可进行媒介融合,寻求自身发展

无论是传统媒体还是新兴媒体都各有优劣。例如,报纸拥有一支经验丰富、业务素质高的从业人员,擅长进行深度报道,但其报道的时效性较差,同时对受众的文化程度要求较高;广播具有很强的即时性,在私家车逐渐普及的今天,市场前景广阔。然而,由于信息传递速度快,广播无法长久保存;电视作为声画并茂的传播媒介,具有极强的感染力,能够给观众带来直观的视听体验。然而,它主要采用线性传播方式,观众只能按照电视节目单的顺序观看节目,缺乏灵活性;互联网具有诸多优势,包括时效性强,可双向互动、多媒体传播等,其成为一种重要的信息传播平台。然而,互联网的公信力仍待提升。各种媒体都具有自身的优势和劣势,因此可进行媒介融合,相互合作、取长补短,形成合力,在激烈的竞争中寻求自身发展,在社会发展中占据一席之地。

2. 信息技术的发展为媒介融合提供了可能

回顾传媒业的发展历史，我们可以清晰地看到每一次变革都与信息技术的进步息息相关。造纸术和活字印刷术的出现，为报纸的产生和广泛传播奠定了基础。无线电技术的广泛应用、高功率发射机以及电子管接收机的发明，使广播能够进入千家万户。摄像机、转播车、发射台等一系列先进设备的使用，使人们能够通过电视终端在家中目睹千里之外发生的事件。每一次科技的进步都带来了传播方式的巨大变革。

随着数字技术的持续完善，报纸、广播、电视、互联网、手机等媒体的发展都依托于数字技术平台。传统媒体与新媒体的融合正是在科学技术不断进步的基础上建立的。

总的来说，传媒业的发展历程充分体现了科技与传播方式的紧密联系。随着科技的不断进步，传统媒体与新媒体相互借鉴、融合发展，使得信息传播更加迅捷、多样化，为人们获取信息提供了更多选择。这也预示着传媒业仍将继续与科技的进步紧密相连，不断创新和适应新的技术趋势。

3. 受众的需求推动了媒介融合

在竞争激烈的传媒环境中，传播者必须高度重视受众的需求。当前，受众需求正在朝着小众化、多样化和细分化的方向发展。为了满足这一需求，传播者需要针对受众市场制作不同的信息内容，不同媒介之间需要通力合作，调整各自的信息采集、加工和传播方式。这需要加快媒介融合的步伐，以更好地适应和满足受众的需求。

传播者将不同媒介的优势做整合，把信息更加准确地传递给目标受众。同时，通过合作与协同，不同媒介之间可以互相补充，提高信息接收的即时性，扩大受众需求的覆盖范围。例如，报纸的深度报道与电视的视听效果相结合，可以更好地呈现信息；通过互联网和社交媒体的多媒体传播，可以更好地与受众进行互动和交流。

因此，传播者应该意识到媒介融合的重要性，并在实践中积极探索不同媒介之间的合作模式，以满足受众需求的变化和多样化。通过适应受众市场的需求，加强媒介之间的合作与协调，传播者将能够在竞争激烈的传媒环境中持续保持竞争力并取得成功。

（二）不利因素

1. 缺乏专业的人才

在媒介融合时代，过去传统媒体的从业人员只需为单一媒体工作，按照媒体要求完成任务即可。然而，媒介融合打破了媒体间的壁垒，改变了过去明确定义的状态，对从业人员提出了更高层次的要求。媒介融合需要"超级记者"，这些记者具备多媒体能力，在新闻采写中能够灵活运用各种媒体形式。他们既能为报纸撰写稿件，同时也完成声音录制、影像采集，为广播和电视提供素材，并能及时将报道发送到互联网平台。媒介融合下的从业人员不仅需要有扎实的文字功底，还要熟练掌握各种采访设备，精通电脑技术，并善于通过多媒体方式进行新闻的采集、整理和传播。然而，目前来看，这方面的专业人才相对稀缺。因此，对于从业者而言，随着媒介融合的发展，为适应快速变化的传媒行业需求，持续学习，提升自身能力将变得更加重要。

2. 传统媒体的管理体制阻碍媒介融合的发展

目前，我国媒介融合面临另一个限制因素，即传统媒体的管理相对落后。报纸、广播和电视等传统媒体经过长时间的发展，形成了各自独立的产业链。然而，这种独立也带来了一些问题，即阻碍了媒介融合的推进。例如，内部管理体制相对滞后、机构繁多、人员冗余、层级复杂等问题仍然存在。尽管媒介融合已经是大势所趋，管理层也意识到机构整合能力的薄弱将会阻碍媒介融合的发展，但是真正采取行动优化管理体制的寥寥无几。

就我国初步构建的媒介融合媒体组织来看，大多数仅在一定程度上具备了媒介融合的基本框架，融合的深度和广度还远远不够，其仅呈现了操作层面的初级融合，停留在媒介互动的层面上，而没有实现组织结构的融合。传统媒体除了保持自身原有的优势外，还需要提升在整合各方面资源能力上的竞争力，并完善自身的管理制度，以适应新的运营模式。

3. 利益分配的问题限制媒介融合的发展

长期以来，传统媒体习惯了各自为政、自说自话的局面，逐渐形成了泾渭分明的格局。然而，媒介融合旨在将这些独立的媒体融合在一起，因此很容易出现"貌合神离"的现象。在融合的过程中，许多媒体仍然以自身利益最大化为思考核心，不愿打破原有的思维模式和利益格局，将自己真正融入一个新的"生产线"中，导致很难形成市场上的合力。只有通过艰难的改革，触及利益分配问题，才有可能实现媒介融合的新局面。

4. 政策局限

媒介融合在政策上缺乏支持，表现在对媒体的限制上。根据目前我国的政策体制，并非所有媒体都具有新闻采访和报道的权力。特别是在跨地区、跨媒体的采访时，除了少数中央级的媒体之外，大部分媒体仍受到多项政策的限制。网络媒体中的大多数媒体没有采访报道权，不能创办刊物。这些政策限制了我国新闻媒介融合的深入发展和多样化探索。

总之，在我国的新闻改革中，媒介融合面临着许多困难。媒介融合是一个缓慢而艰难的过程，我们应理性应对媒介融合中的难题，尽量避免不必要的损失，完善媒介融合的构建框架，积极推进媒介融合的步伐。未来媒介融合的趋势和状况，依旧存在着许多不确定性。

第二节 媒介融合的文化属性和全球化趋势

在媒介融合研究的社会化转向中，黄旦教授指出"当主要着眼于新技术变迁时，'融合'也就是'多媒体'。"那么传统媒体对多种媒体形式的运用就是"媒体融合",他继续提出,媒体融合使社会关系发生了结构性转变,它的背后是一个"网络社会"。[1]

一、媒介融合对文化传播的影响

随着传播技术的发展,"媒介融合"的理念在信息传播中的影响越来越大。媒介融合不仅仅有技术和业务方面上的属性,更贴近于文化领域。在媒介融合的大系统中,媒介和媒介之间的互动和融合,形成了一种全新的"文化语境"。媒介融合是指将不同形式和类型的媒介和技术结合起来,创造新的媒介形式,从而实现更好的传播效果。媒介融合不仅可以促进媒体技术的发展,同时也对人类文化的传承和发展产生了深远的影响,主要表现在以下三个方面。

(一)促进跨文化交流

媒介融合打破了时间、空间和文化的限制,使文化交流变得更加便捷和频繁,这是数字化时代媒介融合的一个显著特点。在传统媒介时代,跨地域和文化的交流需要相对复杂的基础建设和技术设备,因此具有更高的门槛和成本。在数字媒介时代,不同文化体系之间的传播和交流在不需要空间限制,而且更便捷和快速的基础上变得越来越频繁和广泛。

数字媒介的多模态特性推进了文化交流。数字媒介的多模态特性指的是数字媒介平台可以通过多种方式呈现和传播内容,以文字、图像、音频、视频等多样化的表现形式为不同文化群体提供跨文化的内容。这些多种呈现方式和传播形式的出现极大促进了不同文化体系之间的交流和学习,有效减少了文化之间的隔阂。

媒介融合带来的数字化文化共享也促进了文化交流。不同文化之间的文

---

[1] 黄旦、李暄:《从业态转向社会形态:媒介融合再理解》,《现代传播(中国传媒大学学报)》2016年第1期。

化产品、文化资源通过数字化媒介平台以更加低廉的价格被更多消费者感知和享用。数字媒介平台极大地刺激了文化市场的发展，也加速了文化产品的数字化、网络化和全球化。这个过程中，文化差异被消解或被掩盖，文化交流也变得更加频繁和广泛。

在媒介融合的大背景下，不同文化体系之间交流的普遍和频繁，是数字化时代文化交流的一个重要表现形式。数字媒介的便捷性、多模态性以及数字化文化共享，极大地促进了文化交流和文明的进步，为人类共同发展美好未来的实现提供了有力支撑。

（二）促进当代文化语境的形成

媒介融合促进了当代文化语境的形成，促使人们使用新的话语方式解读信息文本，认识世界。当前，媒介融合已经成为当代社会文化语境的重要组成部分，它促进了多种表述方式的形成和发展。传统媒体和新兴媒体融合在一起，形成了全新的文化语境和符号体系。日常生活中视频、游戏、广告、音乐等单元的嫁接，成为全新的视听盛宴。符号化成了当代社会文化的一个重要表现形式。数字媒介平台通过视频、文字、音频等多种方式，呈现和传播符号化信息，已经成为新时代文化传播的重要形式。

媒介融合推动了新闻报道方式的发展和更新。数字媒介平台为新闻报道提供了更加高效和多样化的表现形式，让用户能够更准确地获得信息，使新闻报道的表现形式更加可靠和丰富。媒介融合加速了社交网络的发展和演化。在数字化时代，社交媒体已经成为人们日常生活必不可少的一部分。数字媒介平台提供了各种社交服务功能，聊天、群组、朋友圈、社区等，明显拓宽了人们的网络社交圈。这一网络社交圈的拓宽，人们的思想交流和文化融合等方面都有着重要作用。

（三）强化文化创意产业的运作

媒介融合加快了文化产业的跨界融合和文化创意的发展，强化了文化领域的产业运作。新媒体平台广告、社交媒体运营、影视剧制作、手机游戏等，各类媒体复合而成的文化生态、文化创意产业不断发展，促进了社会经济的发展。

1. 媒介融合带来了文化产业的跨界融合

电影、音乐、出版等领域的传统文化产业，在数字化时代的媒介融合下，开始跨越领域界限，实现多领域的交叉融合。例如，电影领域涌现出了众多与游戏、音乐等领域的跨界融合。文化创意公司正在加强不同文化领域之间的联动和协同，借助媒介融合，形成更加综合和丰富的产业链，为文化产业的发展提供新的机遇。

2. 媒介融合加速了文化创意产业的发展

文化创意产业是发展迅速的新兴产业，在数字化时代，随着媒介融合的加快，文化创意产业也得到了更加广泛的发展和应用。数字媒介平台提供了更加方便和实用的文化创意工具，如优秀的设计软件、3D 打印技术、VR/AR 技术，以及人工智能技术等，使文化创意的生产成本更加低廉，同时也更好地满足了用户的需求和观念。随着数字媒介技术的进一步发展，文化创意产业也将在更广阔的领域得到进一步拓展和完善。

3. 媒介融合强化了文化领域的产业运作

在数字化时代，传统的文化产业开始在数字媒介平台上进行全方位、高效率的运营和管理，实现了文化产业的数字化和网络化。数字媒介平台通过运用先进的数据和技术，推动文化产业的商业模式进行创新，提高了文化产品和服务的质量和竞争力，同时也更好地满足了用户的需求和文化社交。在这种背景下，文化领域的产业运作获得进一步发展和升级。可以说，媒介融合加快了文化产业的跨界融合和文化创意的发展，强化了文化领域的产业运作。数字媒介平台通过推动创新和产业融合，为文化产业的全面发展提供了新的动力和机遇。巩固这一发展需要逐渐解决数字媒介平台存在的安全隐患、内容管理、网络效应和文化差异等重要挑战。

二、媒介融合文化属性的表现

媒介融合的文化属性是推动文化领域发展的一种强大力量。在社交手段和多方面媒介展现中，不同文化间的融合交流、文化创新等方式正一步一步促进文化领域的进步，同时使得文化能够更好地为人类服务，成为推动人类命运共同体建设和构建文明世界的重要因素。媒介融合的文化属性不仅有传统文化和媒体形态的渗透和影响，更是产生了全新的文化语境语言、文化符号和创意产业，形成了一个全新的文化生态系统。具体来说，媒介融合的文化属性具有以下特征。

（一）多样性

媒介融合带来了全面多样、全方位随时互动的文化体验。在媒介融合的助推下，文化产品的内容和样式变得多样化，互动的文化体验也变得即时化。众人思维的发散化和多焦点化，使得文化内容的传播得以更加全面深入而又充满个性化。媒介融合在强调了文化文本和文化形式的丰富性之后，也能够在文化知识的传播和认知精髓上保障多样性。因此不同地区、不同群体的文化样态也可以借助各种媒介实现融合。

（二）互动性

媒介融合的文化属性还表现在互动交流上。它积极促进人们在文化领域的交流，促进社会文化的融合。特别是互动型数字化媒介以在线社交平台等形式，为不同文化的人们提供促进交流和互动的机会。随着互联网技术的发展，人们越来越能够直接参与到文化创意产业之中，低成本的个人创造变得更加多样化和创新化，这为文化领域提供了多样化与互动性的形式，也为文化领域的未来发展提供了新的思路。

（三）创新性

媒介融合将不同文化和领域相互交叉、相互碰撞，形成新的文化元素和创意。例如，音乐与电影结合，创造出由音乐演绎的影片，将原有的音乐和电影文化融于一体，成为新的文化表达元素。媒介融合可以激发文化创新。不同文化间的融合交流，为文化领域的创新注入了新的动力，使文化得以持续发展和创新。数字媒体艺术、虚拟现实技术，以及人工智能技术的诞生，为文化领域提供了更多新的表达形式和创作手段。

（四）共享性

媒介融合带来了前所未有的开放性，其在传统媒体和传统文化的基础上，实现了新的文化突破。将海量的图像、音频、视频、文字等内容上传到数据库使其公开化，可使得不同区域、群体的人们共同建立、维护和利用文化资源共享网络。因此要在保护资源独立性的前提下畅通信息传递渠道。媒介融合的共享理念同样在文化共享中发挥着作用。通过互联网和社交媒体的串联，可将不同地区、不同文化的文化创意内容传递到全球。这些内容的共享不仅可以促进文化交流和创新，也促进了文化在全球范围内的普及和传播，实现了文化多样性与文化平等性的双重目标。

（五）反思性

媒介融合也让人们有机会去反思不同文化间的差异，创造新的文化价值观与共识，体验文化的普遍性和个体多样性。例如，社交媒体可以让用户跨越经济、政治、文化等各种界限，将个人经验、想法和知识分享到社交平台，从而创造出新的文化价值观，开拓新的思维空间。媒介融合也要关注文化领域的隐私保护和信息安全等问题。在媒介融合的过程中，个人和组织信息的保护问题尤为重要。在数字化时代，保护个人隐私和信息安全越来越重要，不良信息的泄露和虚假信息的传播会给个人和社会带来负面影响。因此，在进行媒介融合的过程中，要综合考虑文化交流、创新和保护隐私安全等多方面的问题，寻求平衡，并根据具体情况采取相应的措施，从而不断推动整个文化领域的健康和可持续发展。

值得注意的是，由于媒介融合使得信息的获取和传播更加容易，也可能导致信息污染和信息泛滥。同时，由于不同文化间的融合交流，也可能会导致文化偏见和歧视等问题的出现。因此，媒介融合在推动文化领域发展的同时，也需要进行文化认同和探寻文化共性，在保持个体文化特色的基础上和不同文化进行交流融合，才能真正发挥出文化创新和发展的良好优势。

三、媒介融合的全球化趋势

随着媒介融合程度的深化，媒介形态、内容和价值观念都有了跨越国界的定向发展，呈现出明显的全球化趋势。同时，因丰富的多媒体形式和快速交流的特点，媒体平台和信息流在全球范围内更迅速、更广泛地传递和融合。媒介融合是全球化的重要体现之一，它在世界范围内呈现出以下三个方面的全球化趋势。

（一）媒介平台的全球化

随着互联网技术的发展，全球范围内的人们通过同一个平台、同一个网站或同一应用程序与世界各地的人们进行信息交流。脸书（Facebook）、推特（Twitter）等社交媒体和油管（YouTube）等视频平台已成为全球最为流行的媒介平台，它们的内容和数据交流不受地理限制。媒介融合技术的发展使得媒介平台的全球化趋势越来越明显。随着全球数字化时代的到来，媒介融合等技术手段日益成熟，越来越多的媒介平台开始以全球化视角来发展。在这个背景下，媒介平台的全球化趋势主要表现在以下两个方面。

第一，媒介平台的全球化趋势表现为数字化媒介平台逐步成为全球信息共享的主要场所。这些平台将会成为汇聚全球信息和知识的重要平台，涵盖全球范围的信息、娱乐、商业和文化元素，为全球用户提供更优质的数字体验。无论是社交媒体还是在线教育和数字化娱乐平台，都具备了跨地域和跨文化交流的功能，极大地整合了全球资源和信息，带动了各种经济活动的快速发展。

第二，媒介平台的全球化趋势表现为媒体平台的跨国扩张越来越多，需建立具有全球性的品牌和商业网络，以便更好地应对全球化市场竞争的挑战。跨国媒体的商业媒介凭借自身的文化传统和优质内容，逐步在全球创立了知名品牌，获得了商业价值，这为其扩大影响范围，促进发展带来了新的机遇。同时，这些媒介集团还将自己的文化、理念和商业模式复制到更广阔的市场上，以适应全球数字化市场的需求。

与此同时，在媒介平台的全球化趋势中也存在一些负面影响。不同文化、民族、语言之间的交流可能会带来一些文化失真和误解，甚至某些文化信息和价值观被边缘化的问题，这有可能使不同国家、地域的传统文化和本土文化之间发生冲突和竞争，给全球的政治、社会和文化带来潜在的不利影响。在媒介融合技术的引领下，媒介平台的全球化趋势正在深入推进，这将对全球社会和文化发展产生深远的影响。因此，在全球化媒介平台的建设上，我们应该增强文化意识，尊重文化多样性，加强文化交流和文化理解，促进全球文化产业的发展。

（二）信息流动的全球化

在媒介融合的大背景下，信息流动率不断提升，与此同时，在全球信息化浪潮下，信息交流逐渐实现全球化，横跨不同地域、文化、媒介。新闻媒体、社交媒体等可以把消息、观点迅速地从一个地方传播到另一个地方，不断打破国界和语言障碍，甚至形成一些全球性话题和影响。

信息流动的全球化趋势是对信息与通信科技不断发展的反映，越来越多的人通过不同的媒介和平台获得信息，而各种技术也扩大了信息的传播范围。首先，媒介融合技术加速了全球信息的流动。随着卫星通信、互联网和手机移动通信等数字技术的不断发展，信息可在全球范围内迅速流动。在这些数字媒介的帮助下，全球各地的人们可以通过在线视频、电子邮件、社交媒体等，与他们身处不同文化、不同地理位置的人建立联系。信息在全球范围内的流动增加了人们沟通和协作的便利性，对于促进社会文化进步和经济发展起到了重要作用。其次，媒介融合技术带来的全球化趋势还在于创造出了许多新的信息流通途径和业态。无论是在线电影、在线游戏、在线购物等，都得到了广泛的推广和应用，这也加快了不同文化之间的交流和信息传递的速度。同时，还有许多新技术正在不断涌现，如虚拟现实技术、增强现实技术、智能硬件、物联网技术等，它们代表着未来更高级的数字化和智能化方式。这些新技术将会推动各种信息在世界范围内快速传播和推动产业进行创新。值得注意的是，媒介融合技术信息流动的全球化趋势，也可能会引发一些文化和价值冲突，使得一些文化被边缘化，这种现象应引起社会的高度关注和重视。

媒介融合技术加速了全球信息的流动，因此信息的全球化是不可逆转的趋势。它既增进了不同文化之间的交流，促进了经济发展和社会进步，又面临着文化冲突、经济分化、安全问题等一系列的挑战。因此，在媒介融合技术的全球化趋势中，我们应该注重保护文化的多样性，同时加强文化交流和文化理解，加强对信息内容和价值的审查和评估，从而在信息全球化过程中实现更加平衡的可持续发展。

（三）表达介质的融合化

媒介融合在全球范围内也越来越普遍，尤其通过在线交流、融合和互动所体现出的跨文化交流已经改变了全球文化交流的方式。表达介质的融合化趋势体现在不同媒体之间的内容共享和互动，以及不同媒体形式的技术交叉融合。这种趋势拓宽了跨文化表达和传播的渠道，丰富了媒体内容的形式和呈现方式。事实上，在媒介内容生产中，东西方国家的相互交流与借鉴已经越来越深入，在表达元素与表达形式方面差距也在不断缩小。在国际化背景下，表达介质的融合展示了广阔的发展空间和巨大的潜力。具体表现在以下三个方面。

1. 不同文化媒介的融合

媒介形式的多样化是表达介质融合的基础。当前，电视、广播、报纸等传统媒介形式已经逐渐向数字媒体转变。数字媒体的交互性、共享性、整合性与移动性，使其在跨文化信息传播中更强调广泛性与形式创新。人们对跨文化媒介融合的需求不断提高，数字媒体以其快速便捷的特点，为跨文化交流提供了良好平台。

2. 不同文化之间的交流

不同文化也给表达介质提供了丰富的素材。随着媒介融合的快速发展，不同文化之间的交流得到了很大程度的提升。以前的传统媒体表达通常是单向的，而现在随着媒体融合的发展，各种媒体形式之间实现了内容的共享和交流。在更广泛、更便捷、更实时的文化交流中，不同国家的媒体文化能够更好地相互了解和学习，不同文化在比较中趋向平等，进一步体现了文化的多样性和文化包容性。

3. 全球文化多样性的保护

表达介质的多样化也表现在文化的多样化。目前，随着全球化的发展，少数文化在大众文化的竞争中，可能面临着被弱化或边缘化的危险。跨文化媒介融合不仅是文化交流的平台，而且也是一个展示和保护多元文化的平台。而在跨文化媒介融合的过程中，文化的保护和多元性如何得以更好把握和加强，是一个需要注意的重要问题。相比于单向输出，跨文化媒介融合更应强调双方的平等和尊重，预防劣币驱逐良币的现象，保护和发展地区文化的多元性和本土性。作为人类社会共同的财富，各种文化应该充分表达和传播，构建丰富多彩的全球性文化格局，同时普及人类普遍的价值观，消解跨文化交流中的误解及偏见。

媒介融合技术的不断发展正深刻地改变着文化交流和信息传播的方式，而跨文化媒介融合的趋势则为文化交流和多样性保护提供了多重选择和机遇。跨文化媒介融合将激发更广泛、更深入和更有前途的跨文化交流，推动全球化社会的稳定发展和进步。

第三节　国际传播背景下的媒介融合及其对跨文化传播的影响

国际传播背景下的媒介融合是一个多方共同作用的过程，对传媒环境和跨文化传播都有重要影响。媒介融合是跨文化传播的有力推手和基石。媒介融合技术的发展，为跨文化传播提供了更加丰富和全面的传播空间，促进了文化交流和交融，改变了传统媒体的局限和传播方式，为促进各民族之间的相互理解和交流，推动社会文化的多元化发展提供了有力支撑。

一、媒介融合对跨文化传播的影响

媒介融合对跨文化传播产生了深远的影响，既提供了机会，也带来了挑战。在数字化时代，我们需要更加智慧地利用媒介融合的优势，促进文化之间的交流、理解和合作，以创造更加包容和多元的文化环境。媒介融合对跨文化传播的影响主要体现在以下三个方面。

（一）带来内容生产理念的转变，提升人的主体性

媒介融合是一种现代社会和通信领域的重要趋势，它涉及将不同类型的媒体资源、平台和技术进行有机结合，以实现更广泛、更有影响力的信息传

播和娱乐体验。在数字化时代，媒介融合已经彻底改变了我们对内容制作和传播的看法，从而进一步提高了个体的主体性和参与度。这个趋势将继续塑造我们的文化、社会和通信方式，为更开放、多元的信息时代奠定了基础。

1. 媒介融合让内容生产变得更加个性化和多样化

在数字化时代，媒介融合加速了垂直领域内的发展，同时也拓展了横向领域之间的交叉和融合。用户在平台上自主地创建、传递自己的内容都成了常态。这种多样化、个性化的内容创作方式，促进了用户对于自身主体性的认同，有助于鼓励用户积极地创作、传播自己的内容。

2. 媒介融合倒逼内容生产理念的转变

传统的内容生产模式通常由生产者和消费者两个封闭的系统构成，消费者仅仅是内容的被动接收方。在媒介融合背景下，消费者也成为内容的生产者，他们创造和传播自己的内容，对不受欢迎、重视不足的内容进行"打磨"和重新包装。在这个过程中，以往以平台生产内容为主导的模式被打破，平台将更加注重内容产生流量的根源，加大对创意和质量的推广力度。这种理念的转变不仅丰富了自身的文化体验，也推进了文化伦理的发展。

3. 媒介融合提高人们的主动性和创造力

在过去，内容生产往往需要更加烦琐的手工操作和技术细节，大大拉高了人们进行内容创作的门槛和成本，限制着人们的创造力。然而，数字化时代的媒介融合，通过数字媒介平台的多样性和先进性，简化了内容制作的技术难度和工序，大大降低了内容创作的门槛。这种门槛的降低，鼓励人们更积极地表达和分享自己的观点，增强了人们的主体性，提升了人们对内容进行创作的动力。媒介融合带来了内容生产理念的转变，提升了人的主体性。数字媒介平台的多样性和先进性，给人们带来更多的便利性，使其更具主动性地创作自己的内容并主动投身于文化领域的实践中。

(二)带来内容多样性的增加,推动跨文化传播

随着媒介融合发展,人们通过不同的媒介获取信息也变得越来越普遍和便捷。此外,不同媒体形式之间逐渐融合,主流媒体的内容形式逐渐趋于多样化,这样在受众端呈现出来的信息更加丰富、多元。这促进了区域间、国界间的了解和交流,推动了跨文化传播。

不同媒介技术融合,特别是社交媒体的普及,不同地区的人们能更轻松地分享不同文化及其细节,不仅带来了内容多样性,还可以为个人或特定观众推广更为细化的文化内容。同时,信息和文化的传播渠道更加多元化和便捷化。这不仅带来了大量丰富的文化内容,也为跨文化传播提供了更多的信息出口。媒体的全球化、国际化、区域化的发展使得不同区域的文化内容可以被全球或多个地区的观众容易地获取,跨区域传媒使得观众能够了解和欣赏到世界各地的文化。人们可以直接并且广泛地触达不同地域、不同族群的人们,跨文化交流的强度、广度、深度也随之得到了提高。

地区差异化的传播内容与传播形式,丰富了文化信息传播的方式,使得有差异化的文化样态被更全面、更广泛地接受,文化信息传递和传承变得更为高效、普及,这为各地区文化创意产业的发展提供了更为丰富多样的发展空间,使文化产品能够更快速地传播和被掌握。同时也为跨文化创意产业的国际化发展打下了坚实的基础。

(三)促进跨文化交流和新型虚拟社交网络的发展

社交媒体网络为个人、企业提供了简单、快速交流的平台,同时引领着全球跨文化交流的新形态与新趋势:文化的重新定位、不同文化之间的融合、新兴文化和多元文化的交流。媒介融合为人们进行跨文化交流提供了更多的机会和可行性。跨文化交流群体可以更加顺畅地依赖于媒介平台所提供的虚拟社交网络工具进行交流。

1. 为人们提供更加便捷、广泛的跨文化交流机会

借助新兴媒介，人们在社交媒体平台上与不同文化、语言、价值观的人开展交流。这些新形式的媒介不仅方便了信息的传播，同时也拓宽了人们获取文化知识的渠道，有利于在全球范围内进行文化交流。

2. 促进新型虚拟社交网络的跨文化创新

在媒介融合技术的推动下，跨文化交流群体的虚拟社交网络也实现了从纯文字的在线聊天系统，向视觉化、交互式的社交网络空间拓展，甚至实现了全息影像式虚拟社交网络的构建，以更立体的信息传播形态提升了跨文化交流的有效性。

3. 增强跨文化交流的互动性与个性化

媒介融合生产关注用户体验，重视用户需求。因此个体在媒介活动参与中的重要性被极大凸显出来。依托媒介融合技术，跨文化交流平台的用户可以自主选择想要参与的内容、语言、媒介形式等，根据自己的需求自由选择和交流，实现顺畅表达的目的。

4. 尊重文化多样性、倡导开放性

在虚拟社交网络中，人们所关心的话题和社交自由程度与其所身处的实际环境有所差异，因此人们要尊重文化多样性，以开放的心态进行网络社交。用户可以同时通过不同的社交媒介与不同文化的用户进行互动，以进一步拓宽自己对文化的认知范围。虚拟社交网络的发展将促进跨文化交流向更多元、更自由开放的方向发展。同时，也会引领文化不断创新，文化样态不断丰富，形成应用范围更为广泛的文化市场。

5. 促进跨文化设计的发展

随着全球化进程的不断加快，过去单一文化视角的文化产品已经无法契合当前民众的需求。多元文化的存在使得文化设计会面临更为复杂多样的挑战。在这种情况下，媒介融合为其提供了一个优质的平台，可以用多样的方式、载体和语言来推动跨文化设计，并最终实现跨文化交流和理解的目的。

文化产品是文化交流的重要载体。在媒介融合理念指导下，通过多媒体内容、多语言、多元文化的设计，人们将能够更好地理解不同文化的书写方式、出版格式、风格等，可进一步增强跨文化交流的效果。基于对不同文化之间差异的尊重，跨文化设计可以打破文化壁垒，达到跨文化交流的目的。

综上所述，媒介融合作为促进跨文化交流的关键技术之一，可以生成多元化的文化形态，打破不同性别、民族、语言的障碍，促进各国之间和谐合作。媒介融合技术的不断发展为跨文化交流和新型虚拟社交网络在文化交流中的推广提供了无限动力，这将不断地推进文化交流的深入和社会的进步。

（四）媒介融合加剧了跨文化传播的碎片化，并导致传播的单向化

媒介融合加快了信息传递和跨文化传播的速度，但是它带来的负面影响也同样不可忽视。随着媒介融合的发展，信息的碎片化现象也愈发明显。这种单向化的现象在人们的日常生活、文化消费以及政治政策等方面都有体现。由于不同文化之间存在共性与差异性，传播在媒介融合过程中也存在着话语失衡等一系列问题。

1. 媒介融合技术使跨文化传播的内容呈现碎片化

不断变化和发展的新媒介技术和网络平台使得信息的传播越来越多地偏向短时、快捷、随意的特点，信息传播的速度和效率得到了提高，但同时这一处理方式也容易导致对原有文化过度简化，并很有可能产生远离文化核心的结果，这在跨文化传播中尤为"致命"。跨文化传播本应是一个沟通、交流的过程，由于信息碎片化失去了整体性和连贯性，极易产生误解和失真，最终影响信息传递的有效性。

2. 媒介融合技术加剧了跨文化传播平台的单向化

随着社交网络、在线教育和电子商务平台的发展，为提升传播效率，跨文化传播的平台更加商业化和商品化，信息和知识像其他商品一样，可能被优选和过滤，尤其是在营销和广告宣传中。一些不良的商业机构可能会使用

更简化、消极的文化信息或只向用户提供有限的选择，从而缺乏跨文化传播应有的互动性和平衡性，进而引发并加剧跨文化传播的单向化现象。

3. 媒介融合加剧了跨文化传播的形式化和表面化

由于信息碎片化和商业化的影响，一些跨文化传播活动过分注重形式，忽略了对其文化背景和内涵的深度理解。活动的策划部门和营销部门会更注重传播效果，而忽视对非文化内容的表达和传达。这可能导致虚假文化现象和市场泛化的产生，使得文化知识本身的内涵和理解受到损害。此外，媒介融合的发展面临着过度依赖技术、内容同质化等问题，这可能会损害文化的多样性。

因此，在媒介融合语境下的跨文化传播中，我们应该尊重差异化并更有意识地摆脱单向化，要在内容和形式上达到更好的平衡；要发挥互动性，从而实现碎片化信息的链接和整合，达到跨文化传播和跨文化理解的目的；要创造面向全球的高质量文化内容，包括涵盖更全面的文化知识，同时保持文化的丰富性和多样性，对信息内容进行审核和评估，以便给用户提供稳定和高质量的文化信息。

二、媒介融合的两面性

媒介融合技术的不断进步为人类文化交流提供了更多的机会，不同民族、文化的人们通过各种方式实现多角度的交流、互动和理解，最终使文化日益变得多元和丰富。辩证地看待媒介融合的两面性，也是理解跨文化传播的重要前提。

（一）两面性的表现

媒介融合在国际传播领域中具有两面性，既带来了交流与融合，又存在着碎片化和单向化的问题。这一点在跨文化传播方面表现得尤为明显。一方面，媒介融合的全球化带来了信息高度流动的趋势，这为全球社会和经济发展带来了大量的机遇。依托技术与平台，对各种媒介进行整合，使信息得到更快捷和普遍地流动和传播；构建了虚拟社交网络和支持跨文化交流和互动的平台，创造了更多沟通和交流的机会；媒介融合跨越了国界和地域的限制，推动了全球信息高速动态更新；全球商业和技术创新也得到了快速发展；同时，由于文化生产市场的国际化，推动了多元文化的合作与共存。另一方面，媒介融合增加了传播碎片化和单向化的现象。由于信息的爆炸式增长，人们容易陷入碎片化的传播模式中，更依赖精简的快餐式信息；而在某些情况下，只有一方面的信息传播，文化价值观念的回应及互动反馈却相对缺失，这导致在跨文化传播和语境转换中产生了交流障碍。

我们应该看到，媒介融合的全球化趋势同样给文化、社会和政治等方面带来了严峻的挑战。文化传统与价值观的多样性可能被标准化、同质化，或引发文化冲突等，这会对国家的文化和社会变革走向产生很大的动态压力和限制。因此，应该尊重和保护各种文化的差异和多样性，保障每个国家和地区能够选择适合自己的文化发展道路。

随着跨国传播向纵深发展，媒体的多重角色和责任，媒体地位和作用也在全球范围内逐渐变化。由于政治、经济等立场的差异，跨国媒体在敏感性、争议性问题的描述与讨论中往往不能享有独立、中立和客观的立场，反而以片面化、利益化的描述引导舆论，忽略了媒体应承担的公共监督与价值引领等责任。对于跨文化传播的决策和实施而言，媒介融合的双面性应予以全面考虑。我们要合理评估媒介融合应用的暴露风险、文化冲突的潜在风险，并在多元化的文化语境和多元文化的交流中尊重和维护文化的包容性、兼容性与多元性。这一点将有助于构建与支持全球跨文化交流，促进企业、社区及民族间的相互了解，构建更加和谐、开放与共赢的全球社会。

（二）媒介融合两面性带来的风险与挑战

对于媒介融合所带来的影响和机遇，如何应对和利用还有许多需要关注和深化的问题。对于如何破解信息碎片化问题具体如下：尽管媒介融合可以为跨文化交流带来更多机遇，但信息的碎片化也会增加交流难度，对所传达的信息产生一定影响。因此，我们需要打破"信息孤岛"和"独角兽"，寻找连通性，提高信息的认知水平和拓宽交流渠道，缓解分散化的局面，实现统合和拆解，推动信息流通等。

跨文化传播背景下的媒介融合面临着一系列风险问题，如信息安全和隐私问题，还包括文化差异问题、价值观差异、群体事件等。面对这些风险需要注重多层面应对和协同整合，如政策和法规的建立、企业自律管理、信息安全技术的改进等。媒介融合促进了文化资源的交流与整合，创造了更多的文化融合机遇。如何继续有效整合世界文化资源，继续推动文化融合还要依托于全球化的文化市场和创意产业，将其融入全球价值链之中，加强国际文化资源整合，加速传播，加强对文化创意和文化产业的生态维护。

媒介融合背景下跨文化传播的大趋势已经形成，因此必须抓住时代机遇，借助媒体和技术创新，有效应对媒介融合的机遇和挑战，创造跨文化合作与共赢的良好氛围。未来不断提高智慧媒介的应用，实现学习知识、传承文化、创造艺术、成功创业的目标，让多元文化和媒介形式得到自由合并和流通，这将会对资讯、文化、经济和社会各方面产生深远影响。

（三）问题的化解

充分认识媒介融合在跨文化传播中的两面性，是发挥媒介融合在跨文化中作用的基础。

正如前文所述，媒介融合的全球化是必然趋势，它对我们生活、社会和文化产生了深远影响。它不仅改变了媒体行业的格局，也对个人和社会的互动方式带来了很大变革。这一趋势是长期不断发展和变化的。对于在媒介融合全球化过程中出现的问题如何应对，具体措施如下。

首先，媒介融合可能面临产生文化冲突的风险，因此，认识媒介融合在跨文化传播中的两面性有助于预防文化冲突和帮助我们更好地理解和管理跨文化传播。这意味着在跨文化交流中，要更加注重文化差异，理解具有不同文化背景的观点和价值观，并尊重差异性，避免误解和冲突。

其次，创建新兴文化。媒介融合也带来了新兴文化的发展，每种新兴媒介格式都可以对其传播方式和涵盖领域带来新的文化价值和文化模式，促使其加速发现、呈现和传播文化创意。它可以深入挖掘多元文化资源，推动涌现新技术、新表现形式，不断创造和发展新文化。

再次，形成国际文化产业链。媒介融合有效整合了国际文化资源和产业链，因此可不断推动与扩大文化贸易的发展。它可以建立和完善文化产业组织体系，打破文化障碍，促进国际文化交流与合作，进而增加文化产业的国际竞争力。

最后，跨国媒体更应该意识到自己在全球舞台上的影响力，尤其在报道国际事务和敏感问题时，更要发挥好公共监督和引导价值观的作用。跨国媒体应遵守遵循新闻伦理、保证事实准确性和全面报道的原则，不偏袒任何一方，避免歧视、误导和报道错误。提供多元的声音和观点，以保证信息公开的透明度，进而促进民主发展。跨国媒体应当处理和平衡不同的利益冲突，建立理性和平等的对话，而不是煽动冲突或误导公众。同时，跨国媒体应该尊重各国的法律和文化习惯，在报道时遵守跨国媒体所在国家和其他国家的法规。它们应当在提供信息的同时，尊重文化多样性，宣传互惠互利的跨文化意识，促进全球公共利益的发展。

综上所述，随着全球化和信息技术的发展，媒介融合在国际传播和跨文化传播领域中扮演着日益重要的角色。合理评估其影响和捕捉其机遇，将有助于更好实现跨文化实践和维护文化的包容性、兼容性与多元性。同时我们应更加积极应对存在的隐患，预防文化冲突和其他风险，创造和谐、友好的文化环境，促进全球社会向更加开放和自由的方向发展。

三、媒介融合下的跨文化发展

随着科技的不断进步和媒介融合的飞速发展，媒介融合与跨文化传播已经成为当今不可避免的趋势。这一趋势对各国的文化和媒体领域提出了新的挑战和机遇，因此，各国文化界和媒体界需要积极采取措施，提高自身的自主创新能力和竞争力，以适应这一不可忽视的发展趋势。

首先，媒介融合是一个不可阻挡的潮流，它正在改变媒体产业的格局。传统的印刷媒体、广播和电视业务逐渐与数字媒体、互联网和社交媒体融为一体。在这个过程中，创新和灵活性成为了成功的关键。因此，各国的媒体机构需要加强技术研发和创新，以不断适应媒体融合的快速变化。其次，跨文化传播因媒体融合而变得更加容易。信息可以跨越地理和文化边界，迅速传播到全球范围。这为文化交流和国际合作提供了前所未有的机会。因此，各国文化界应积极参与国际文化交流，推广本国文化，同时也应以开放的心态接纳外来文化，促进文化多样性和相互理解。

此外，数字时代的媒体融合也提出了关于信息安全和隐私保护的新问题。各国需要采取适当的法律和政策措施，确保媒体融合不会导致信息泄露或滥用。同时，推动国际合作，制定跨国法规，以维护全球信息空间的安全和稳定。总之，媒体融合和跨文化传播是数字时代的不可逆转趋势，对各国文化界和媒体界提出了挑战，但也为文化创新和国际合作提供了新的机遇。积极提升自主创新能力、适应媒体融合，是各国确保在这个新媒体时代保持竞争力的关键因素。

（一）保障媒介融合对跨文化传播的推进作用

媒介融合在跨文化传播中具有重要作用，但要注意信息的可信度和透明度、跨文化传播的互惠互利原则、文化的多样性和文化自觉性、文化创意产业的可持续发展、跨文化交流的政策和法规框架等方面。通过综合考虑这些要点，可以更好地发挥媒介融合的优势，促进全球文化交流和相互理解。

1. 保障信息的可信度和透明度

媒介融合具有多元化的信息来源，信息质量参差不齐，因此要保障信息的可信度和透明度，防止虚假信息的传播。跨国媒体也要遵循媒体的新闻自由与社会责任之间的适度原则。

2. 尊重跨文化传播的互惠互利原则

跨文化传播应该尊重互惠互利的原则，而不是只有强势文化主导和支配其他文化。应该在平等尊重彼此文化差异和信仰的前提下，推动跨文化传播和文化交流，构建文化"共享经济"。

3. 强调文化多样性和坚持文化自觉性

在当今全球化和媒介融合的背景下，强调文化多样性并坚持文化自觉性变得至关重要。尤其是在促进和加强文化创意产业发展时，我们必须认识到，在推动本地文化特色的同时，也需要维护和保护各种文化的多样性。这一理念有助于促进文化创意产业的繁荣，同时也有助于建立更加包容和和谐的社会，使各种文化能够共同繁荣和共存。

4. 推进文化创意产业的可持续发展

文化创意产业在跨文化传播和媒介融合中发挥着重要作用。为了保证文化创意产业的可持续发展，需要加强对文化创意产业的法律和制度保障，并注重保护文化产品的原创性，同时也需要从经济和社会环境等方面推动产业的创新和可持续性发展。

5. 建立跨文化交流的政策和法规框架

在跨文化传播过程中，各国政府要制定和完善相关政策和法规，处理好文化和娱乐领域的贸易关系和文化差异问题，同时调整国际文化市场，促进其朝着规范化方向发展，保护好各国文化产业的相关利益。

（二）提升跨文化传播中的五种能力

媒介融合和跨文化传播是当代社会发展的重要趋势，具有广泛影响和深远意义。在其发展中需要我们探讨新的理论和方法，不断加强对跨文化传播的认识和管理能力，根据实际情况和发展需求，合理利用媒介和技术资源，开展文化创意产业和国际文化交流合作，努力实现和平、繁荣、公平、开放的全球化时代。

1. 文化教育和文化认知能力

在跨文化传播中，文化教育和认知能力的重要性不言而喻。通过广泛推广不同文化，加强文化教育以及培养跨文化认知意识，我们可以增进人们对多元文化的理解和尊重。这不仅有助于促进文化大交流，还能够打破文化壁垒，减少误解和偏见。文化教育可以涵盖各种形式，包括学校课程、文化节庆、艺术展览和文化交流项目，以提高人们的文化素养。

2. 管理文化差异的能力

在跨文化传播中，必须具备一定的文化管理能力，了解不同文化之间的差异，包括不同文化背景下的言语、语境、信仰、习俗等信息。这样才能在文化交流中准确传递信息，避免因文化差异产生误解和冲突。

3. 推进数字化媒介的普及和创新的能力

数字化媒介具有互动性和多元性特点，其为跨文化交流和传播提供了更多机会和平台。因此，要推进数字化媒介的普及和创新，发掘更多新媒体形式和培养更多的数字文化创意人才，打破地域和国界限制，建立数字化平台和文化产业生态系统。

4. 引导社会舆论的能力

社会舆论对于跨文化传播具有巨大的影响力。为了确保跨文化传播能够促进道德和伦理等社会价值观的传承和推广，必须以公平、客观和正面的态度引导公众关注相关话题。媒体和社交平台在此方面扮演着重要角色，应该积极倡导多元文化的理念，鼓励深入讨论和建设性的对话，以塑造积极的社会氛围。

5. 平衡全球化与民族主义之间的能力

在跨文化传播中，需要平衡全球化和民族主义之间的关系。全球化促进了不同文化之间的交流和融合，但也可能引发民族主义倾向，强调本土文化并排斥外部文化。这种平衡需要政府、教育机构和社会团体的共同努力，以确保各种民族文化能够相互了解、交流和融合，同时保留和弘扬自身的独特特色。总之，跨文化传播是一个复杂而重要的领域，需要综合多方面的努力。强调文化教育、文化差异的管理能力、数字化媒介的推广与创新、社会舆论的引导以及全球化与民族主义之间的平衡都是实现跨文化传播的成功和有益的因素。这些能力的提升有助于促进文化交流、促进多元文化共存，从而推动全球社会更好地协同合作。

（三）媒介融合中跨国文化合作的推进方向

跨文化传播与媒介融合需要全球各方共同努力推进。为了促进文化多样性，保障跨文化交流的品质，建立平等交流、尊重多样性、强化文化创新等多层次的合作，可以从以下方面着手推进。

1. 加强跨文化传播的法律和制度保障

加强文化产品和信息的版权保护，构建适合互联网时代的法律和制度体系，实现合理公正的内容分配。加强国际的互动和协作，营造和谐、稳定、安全的全球社会环境，实现世界各文化共同发展。文化交流、媒体互动和教育合作等多种方式，可以有效提高跨文化的理解和沟通能力，推动文化多元化发展和推广全球价值观念。

2. 提升文化自信和文化包容性

推动世界各种文化的交流和融合，要在尊重多元性的基础上，弘扬文化自信，推动各文化之间建立包容、平等、互利的关系。强调创意和文化产业的发展，将有助于保护和传承世界文化遗产，同时促进具有地域性、多元性和多重性的新文化的创造和传播。在跨文化传播中，应该强调文化自主性和对地方特色的维护和发展。各国要注意维护本土文化的权益，发扬传统文化精神，同时也应该在自身文化特色的基础上包容并吸纳其他文化，实现文化融合和创新。

3. 加大技术和资源创新投入

媒介技术的创新和投入，为跨文化传播提供了重要支撑。与此同时，文化产业要加大创新投入，不能仅停留在消费阶段，应更积极地积累和创造丰富的文化资源和艺术资源。加强自主创新和国际合作，加快文化创意产业现代化和数字化发展，提高文化内涵和附加值，推动文化资源可持续发展。

4. 开拓文化产业的发展领域

文化产业是跨文化传播的重要组成部分，包括影视、音乐、美术等领域，这些都是连接不同文化之间的桥梁和纽带。要开拓更多文化产业的发展领域，包括游戏产业、动漫产业、艺术创作等，推进文化与科技的融合发展，提高文化产业的影响力和市场竞争力。尊重和保护各文化的传统和历史遗产，加强文化创新和促进创造性产业的发展，创造更多的文化符号和艺术价值。

5. 推进人文交流和城市文化建设

跨文化传播要加强人文交流和城市文化建设，以国际文化活动、文化节点和文化观光等多种方式，提高城市文化品位和影响力，推进人类文明的交流和互鉴。

综上所述，媒介融合背景下跨文化传播的实践，需要世界文化相互理解和尊重，摆脱刻板观念的束缚，应对挑战，创造更美好的未来。要利用技术和新媒体平台，创造更多的交流机会，促进不同文化的交流和互动，推动文化合作，尊重文化多样性，推动对文化创意和文化产业的生态维护，建立良好的全球文化合作生态系统，为构建更加和谐开放的全球社会做出应有的贡献。

第三章 媒介文化与跨文化传播

第一节 媒介融合视野下的媒介文化

当前在文化生产领域，AI 虚拟主播参与新闻播报、娱乐演出与广告展演，智能技术参与视频剪辑与字幕生成和智能视觉与语音合成，以及便捷的数据可视化功能等，不仅解放了文化生产领域的人力劳动，实现了文化产品的升级，也在无形中创造着新的流行文化，带来新的视觉与听觉文化形态，形成了新的媒介文化样态。

一、媒介文化的内涵

媒介文化（Media Culture）泛指媒介在人们的生产生活中所扮演的文化角色和影响。在媒介文化中，媒介不再是一种工具或平台，而是一种文化形态，成了文化表达、创造与传播的重要源泉。媒介文化充分体现了媒介所承担的文化角色，以及它在人们生活中所产生的文化影响。

（一）媒介文化的构成

媒介文化是信息时代发展的产物，由媒介内容、媒介受众、媒介符号和意义，以及媒介产业等方面构成。它反映了媒介对社会和文化的影响，同时也受到技术和社会变革的影响，不断塑造和改变着信息时代的发展格局。

1. 媒介内容

媒介内容的种类多样，涵盖了新闻报道、娱乐文化、广告营销、教育知识，以及社交媒体和用户生成内容等多种类型，其形式呈现可以是文字、图像、音频、视频、动漫、游戏、虚拟现实等。这些内容反映社会现实问题、政治生态、经济发展状况，其目的是向受众提供及时、准确的信息；传递有价值的知识，倡导学习，启发思考；抑或通过娱乐与审美来激发情感和传递文化价值观。因此，媒介内容在社会发展中发挥着满足受众需求、传达信息、塑造意义和构建文化等作用。

随着社交媒体的兴起，用户生成的内容也成为重要的媒介内容形式，包括个人照片、视频分享、微博、博客、评论、社区讨论等。用户生成内容在媒介文化中具有广泛的参与度和多样性，体现了受众作为内容创造者和参与者的角色。这些形式多样的媒介内容不仅仅是传递信息的媒介，也形成了一种具有自己语言符号和意义的文化传承和创新形式，用来表达文化意义和传播文化价值观。

2. 媒介受众

媒介受众，即接受和消费媒介内容的人群。媒介受众的特征和行为对媒介内容的生产、传播和解读产生重要影响。媒介受众的参与程度和反馈反映着媒介文化的活跃度和媒介受众的多样性。

媒介文化的受众来自不同阶层、不同背景，他们不仅是接受信息、评价和选择媒介产品的主体，同时也是文化参与者，他们接受信息，也提供思想、观点和理念等内容。媒介受众具有多样化的特征，包括年龄、性别、教育程度、职业、地域、兴趣爱好等方面。根据不同的特征和兴趣，媒介受众也被划分为不同的群体，他们表现出不同的消费习惯，在媒介内容的需求、喜好和观看习惯上往往存在差异。媒介受众消费习惯的差异影响着媒体产业的发展和内容生产的方向。近年来，年轻受众对新媒体的偏好，极大刺激了新媒体内容生产的发展，促使传统媒体在产业布局与内容生产方面发生了转型。媒介受众通过各种方式与媒体互动并提供反馈。他们可以发表评论、点赞或分享内容，也可以向媒体提供意见和建议。这种互动和反馈机制可以加强媒体与受众之间的互动和沟通，形成双向交流的关系。但不同受众群体在媒介活动中的参与程度也各不相同。一些受众可能是被动消费者，只接收媒介内容；而其他受众可能更积极地参与讨论、评论、分享和创作内容，特别是在社交媒体和用户生成内容的平台上。

对媒介受众特征、参与程度、消费习惯，以及不同受众群体情况的了解有助于媒体产业更好地满足受众需求，为受众提供更好的媒介体验。

3. 媒介符号和意义

媒介符号的使用与解读是媒介文化研究的重要内容，它们塑造了人们对媒介内容的理解和意义构建。媒介符号和意义是媒介文化中的重要组成部分，通过使用符号系统传达特定的意义和信息。媒介符号和意义的理解、使用和传播，影响着媒介内容的文化交流和价值认同。

内容生产者使用符号系统来传递信息和意义。符号是代表特定概念或含义的物体、图像、声音或语言，可以是文字、图像、音效、颜色、动作等。符号具有一定约定俗成的意义，被媒介内容制作者使用，而受众在接收时会对这些符号进行解码理解。不同媒介可能使用不同的符号系统，例如电影使用影像和声音，报纸使用文字和图片等。媒介符号通过意义构建来传递信息和表达特定主题或观点。媒介内容的制作者通过选择和组织符号，构建出特定的意义。这涉及声音、图像和语言等多种符号元素的组合和排列。例如，电影中的剪辑、音效和视觉效果会共同创造出特定的情绪和意义；新闻报道中的选题、词汇选择和语义解释会对读者产生不同的影响。语言是符号系统的重要组成部分，它承载着丰富的文化内涵。语言可以通过文字、口述和语音等形式传递信息和意义。不同语言在传递信息和意义时可能存在差异，同时还受到文化背景和价值观的影响。对媒介符号和意义的理解对文化背景和对话空间营造出的语言环境有很强的依赖性。

媒介符号和意义的传达还取决于观众的解读和理解。观众根据自己的经验、背景知识、文化背景和个人观点来理解和解码媒介符号所传达的意义。不同的观众可能对同一符号产生不同的理解和解读。因此，媒介符号的意义是交互性的，需要考虑观众的反应和理解过程。对媒介符号和意义进行深入研究有助于了解和分析媒介内容的效果和影响。

4. 媒介产业

媒介产业是指以媒介为核心，从事内容制作、传播和商业化的一系列经济活动行业，包括传统媒体垂直行业、广告行业、数字媒体行业和移动互联网行业等，媒介文化的发展和进步在很大程度上取决于这些行业的运作和管理。媒介产业驱动着媒介文化的发展和运作，它通过制作和分发媒体内容来满足受众的需求，并通过商业模式获得经济收益。第一，媒介产业的核心是内容生产，它涉及文化创作、新闻报道、娱乐制作、广告创意等各个领域。内容生产是媒介产业的基石，是吸引受众、赢得市场和实现商业价值的关键。媒介产业的公司、机构和个人通过投入人力、技术和资金来创作和制作内容，以满足受众需求、传递信息和吸引受众。第二，媒介产业的另一个重要组成部分是内容传播。传播渠道包括电视、广播、互联网、印刷媒体、社交媒体等各种形式。媒介产业通过构建传播网络平台，将制作的内容传播给受众。传播技术和渠道的不断创新和发展使得内容能够以更广泛的方式和更快的速度传播，从而吸引到更多受众。第三，媒介产业还涉及内容的商业化运作。这包括广告投放、订阅收费、版权销售、衍生产品开发等商业模式和策略。媒介产业通过将内容与广告、卖品、服务等商业元素结合，获得经济收益和实现可持续发展。内容的质量、市场需求、营销策略和受众认可等对商业化的成功起着关键作用。第四，媒介产业与技术紧密相关。媒介技术的发展促进了内容创作、传播和消费方式的转变。数字技术、云计算、人工智能等新技术的应用，为媒介产业带来了更多的创新机会和发展前景。媒介技术的进步改变了人们获取和交流信息的方式，推动了媒介产业的发展。第五，媒介产业在内容生产和传播过程中涉及一系列法律和政策规定的监管。政府和相关机构通过制定法规和政策来维护公共利益、保护知识产权、规范市场竞争、维护言论自由等。监管与政策的制定对媒介产业的发展和内容的质量起着关键作用。在这些元素的相互作用下，媒介产业蓬勃发展，社会文化繁荣兴盛。

（二）媒介文化的特性

媒介文化以多元的传播形式，创造和传播文化内容和价值，从而实现文化交流和文化发展。在新型媒介的支持下，文化内容和形式可以更加绚丽、丰富、多样的方式呈现出来，让人们在欣赏媒介文化的同时，也沉浸在其中的文化内涵与价值表达之中。在对其文化内涵的解析中，我们不难发现媒介文化呈现出以下特性。

1. 泛媒介性

媒介即讯息，媒介不仅是承载意义的符号介质，媒介本身也包含信息，从材质、技术以及记忆手段等多方面反映出时代特征、地域特征、群体特征。以中国传统书法为例，除了文本内容生成意义之外，纸张、笔墨、字体等媒介元素形成书写者个体的性格、行为，并从中反映出的中华传统文化精神等都可以成为具有识别意义的文化符号。从这个意义上讲，媒介超越了信息传播的技术框架，具有信息可视化、可感化特征。

2. 多元化

媒介文化具有多样化的形式和内容，多样化的媒介形式传达丰富的文化内涵，使得文化形态更加多元。纸质媒介、电子媒介、网络媒介等不同文化属性的媒介用其强大的表现力，通过各种文化艺术作品，充分反映了人类文化的多样性。

3. 开放性

媒介文化强调开放性，它通过对不同媒介的创新和使用，与更广泛的公众在文化传播、创新尝试和文化普及等方面进行着积极的互动。大众媒介的开放和普及，促进了知识、观念、方式、价值等文化因素更广泛地流通和共享。在不断产生的群体共享中，又能进一步缩小社会群体之间的差距。

4. 便捷性

随着传播技术的不断进步和发展，文化传播的便捷性逐渐成为一个显著的特点。特别是在数字化媒体技术的强大推动下，人们获取信息和接触不同文化的机会变得前所未有的广泛和便利。这一趋势有助于促进全球文化交流，加深文化多元性，以及推动文化创意产业的繁荣。因此，随着技术的不断进步，文化传播的便捷性将继续发展和演变。

5. 互动性

新媒体传播语境下，文化传播更强调互动性，这是与传统文化传播方式明显的不同之处。人们通过新型媒介在交流时得到反馈，可以不断地进行改进并将更完善的文化内容展示给受众，这进一步推进了文化普及、文化交流以及文化创新的进程。

6. 碎片化

在新媒体传播语境下，人们的信息接受很碎片化。一方面，人们比较难有大块的阅读时间；另一方面，人们很难在一个事情上花很长时间。人们已经习惯了在碎片时间中，快速接受碎片知识或者信息的方式，太复杂的叙事或者太长的讲述很难留住受众。因此，信息生产导向就是少做系统化、完整性的描述，多数是片段记录或者碎片知识点的推送，完整故事与深度阐释在网络传播中不是大众化的，反而是小众的阅读需求。

二、媒介融合对媒介文化的改变

媒介融合被认为是信息时代的一个重要发展趋势，它不仅改变了传媒行业的格局，也对媒介文化和人们的生活方式产生了深远影响。技术与人类社会的发展演进有着重要关联，并不断影响和重塑着社会文化。在智能媒介技术的作用下,技术的发展不断解放着人类生产力,在一定程度上推动着物质文明的发展,使得社会文化生产样态不断丰富。技术不断拓展着社会生存方式,从广义层面的文化来看,技术本身也是一种社会文化现象。近年来,智能媒介在社会各领域蓬勃发展,它不仅是一种技术现象,也是当代一种重要的社会文化现象。在当下的智能型信息社会中,文化、知识与信息在广泛生产、传播与分享中带来更大的经济效应。社会个体的需求与欲望成为文化消费的动力,而文化消费为文化生产创造着内需。[1] 媒介技术与社会生活的深度融合,为社会文化生产与消费领域带来了深远影响,这也成为理论研究不可回避的重要内容。在媒介融合助力下的媒介文化的影响主要表现为以下四个方面。

(一)改变了传媒的形态,生成技术驱动文化生产

随着技术的不断进步,传媒形态和内容结构也发生了变化。在媒介融合的时代背景下,传统媒体也开始进行数字化转型,向着新媒体的方向发展。例如,报纸和杂志的数字化,广播电视的网络化。传媒媒体形态的多样化和数字化改变了人们获取信息的方式,改变了传媒行业的运作模式。

1.文化生产者的身份和地位的变化

在媒介融合语境下,文化生产者的身份和地位发生了显著变化。文化生产者身份和地位的变化,将深刻影响文化生产行业和文化生产者在社会文化发展中的作用。媒介融合时代前,文化生产者主要是由专业媒体机构、艺术家、作家等掌握,而在媒介融合的时代里,除了传统意义上的文化生产者之外,更多的个人、社区和非机构化组织都加入到了文化生产中。个人可以通过社交媒体、博客、视频平台等渠道分享自己的作品和观点,使得文化生产更加多元化和民主化。这种多样化的文化生产者使得不同的声音和视角得到表达和传播的机会。

---

[1] 秦勇:《意义的生产与消费——文化经济学新论》,首都师范大学出版社,2017,第53页。

互联网技术和社交媒体使得创作者可以直接接触观众，个人通过各种数字工具和平台来进行表达和文化创作，无需依赖传统媒体的选择和刊播。这种平台的扩展使得文化生产者能够更加自主地选择传播内容、形式和方式，同时也可以与观众进行更直接地互动和获得反馈。

媒介融合下的文化生产者身份和地位变化，使传统的媒体权力被分散。观众不再只是被动接受媒体内容，反过来，他们成为了文化生产的参与者和影响者。自此媒体生态变得更加复杂和多元，个人和社区的声音也得到了更多关注。同时，个人和社区的文化生产者面临着更多的竞争和媒体噪音，因此，他们需要更好地推广和营销自己的作品。

智能媒介的参与，不仅改变了文化生产者的地位，更是直接改变了生产者的主体性。智能媒介在智力和意识等方面都对人类进行了高度拟真的模仿，其拥有着一定程度的文化自主性与创造力，这对社会大众在文化生产中的主体地位构成了一定的心理威胁。

2. 新生产模式形成

随着媒介技术的更新，开放、共创和共享式的文化生产模式正在形成。这些模式参考了传统媒体模式和数字化技术的融合模式，同时又根据特定平台和用户需求进行了创新。首先，多媒体融合创作模式的成熟。媒介融合使得不同媒体形式的融合成为可能。创作者可以通过整合文字、图片、音频、视频等多种媒体元素，创作更加丰富多样的内容。这包括多媒体报道、互动式故事、跨平台创新等形式，创造更为沉浸和互动性更强的内容体验。其次，用户生成内容已经成为媒介内容的重要来源。在媒介融合技术推动下，用户轻松获得网络表达的权力，其成为内容的生产者。用户生成内容的模式推动了传统媒体生产与传播方式的革新，用户能够积极参与和分享内容，其互动性和个性化也得到发展。再次，数据驱动的内容生产模式成为主流。媒介融合使得大量数据被收集和分析，这为内容生产提供了决策支持。新的生产模式注重数据驱动，分析用户行为和反馈数据，据此来优化内容创作、推荐受众群体和推广个性化营销策略。数据分析和人工智能技术的应用，也可以帮助内容生产者更好地了解受众需求，为受众提供定制化和个性化的内容。最后，线上与线下结合模式普遍化。媒介融合使线上和线下的界限逐渐模糊，为新的生产模式提供了更多可能性。线下活动和线上平台的结合成为趋势，这种结合为创作者提供了更多互动和营销的机会。

在媒介融合推动下，合作与共享理念也深刻影响了创作者与平台之间的关系。创作者和平台之间的合作成为常态，他们共同创建合作生态系统和生态链。这种合作关系可以促进内容的跨平台传播，为其提供更广阔的市场和受众。共享经济模式也使得资源的共享和互助成为可能，创作者之间可以互相借鉴、分享和合作。

当前，机器学习逐渐促成智能社会的形成。智能化的机器学习能够与人类社会需求进行多维互动，它在智能文化生产中发挥着自动化算法设定、思维模拟与流程优化等作用，并通过机器的学习和升级不断提升其文化生产力与创造力。媒介技术参与到文化生产活动中，人们接受着新的文化生产方式和文化呈现形态，在与智能媒介文化的交互过程中，会形成新的文化需求与审美趋向。

3. 媒介生产的"自动化"与"同质化"

媒体领域中数字技术和算法的应用，带来了生产过程的自动化和内容呈现的同质化。在媒介融合语境下，数字技术和算法的应用使得媒介生产过程的自动化程度增加。自动化技术可以用于内容的生成、编排、推荐和分发等环节。以新闻生产为例，新闻报道和数据分析的自动化，通过算法和人工智能技术，可以自动生成新闻报道和分析结果，这直接改变了传统新闻采编流程。

媒介智能化的进步使得信息的传输速度更快、即时性更强。符号信息可以随时随地通过互联网传输和呈现，这使得信息的虚拟化程度增加。同时，个性化算法和推荐系统的应用，使得符号信息能够根据用户的偏好和兴趣进行定制和推送,这使得符号的表达更加个性化、定制化,为用户带来了更好的体验。通过自动化系统来实现广告投放和推广,可以根据用户的兴趣、行为和人口统计信息进行,投放也会更精准、高效。但是,媒介融合带来了海量内容的涌现,存在着信息过载和同质化问题。媒介生产的自动化特征导致了大量内容快速生成,但这些内容往往缺乏个性化。随着算法和推荐系统的发展,内容呈现机制更倾向于选择和推荐与用户兴趣相符合的内容,造成"信息茧房",从而导致用户被限制在获取相似或重复内容的信息范围内。这样的同质化趋势可能导致信息和观点过于片面。

媒介生产中存在的自动化和同质化是我们不能忽视的问题。自动化提高了生产效率,人们可以大规模生产和传播媒体内容,以节省时间和人力成本。但也需要关注内容质量和其真实性,以避免自动化生产带来信息失真等问题。同质化在某些情况下可以满足用户个性化需求,提供与用户兴趣相关的内容,方便用户获取相关信息。然而,过度同质化也可能导致信息过滤和"信息孤岛",使用户无法接触到多样化的观点和信息。因此,我们需要权衡其正面影响和负面影响,要警惕自动化过程中出现的问题,推动多样性、个性化和独立观点的表达。

4. 媒介智能化带来的符号虚拟化

媒介智能化的发展,使得媒介内容生产在创造和呈现符号信息时变得更加虚拟和抽象。

数字技术提供了在屏幕上复制、传播和修改符号的能力,使得符号的表达变得更加虚拟和可变。例如,通过虚拟现实技术,用户可以体验虚拟的世界并与其中的符号进行互动。媒介内容从物理形式转变为数字形式的符号,数字化、模拟化的符号开始消解人们对现实空间的感知与体验。

媒介智能化推动了虚拟现实技术和增强现实技术的应用,进一步加强了符号虚拟化的趋势。虚拟现实技术通过模拟和呈现虚拟世界,可以让用户沉浸其中,并与虚拟的符号进行互动。增强现实技术则将虚拟符号与现实的环境相结合，创造出一种混合的体验。这些技术使得符号的表达更加虚拟和抽象，并且能够以交互的方式与人们进行互动。同时，人们的身份和社交关系也出现了虚拟化的趋势。在社交媒体和在线平台上，人们可以创建虚拟的身份，并在虚拟空间中与他人进行互动和交流。这种虚拟身份和虚拟社交使得人们能够探索不同的角色和社交圈子，有利于扩大人际交往的范围。

虚拟偶像是通过智能媒介和虚拟现实技术等构建的抽象文化消费符号，以"符号化"表演形式满足受众的精神、文化和娱乐需求。虚拟偶像具备多种外在和内在特质，能够赢得受众的认同，并带来一定的经济价值。借助虚拟人格符号，虚拟偶像更容易被广大群众认识、理解和接受，其背后有一个被构建的象征系统，可在虚拟空间中进行符号表演。文化符号的派生效应是文化商品的重要特点，体现在传播范围、营销渠道和创立品牌等方面。例如，智能媒介虚拟偶像"洛天依"作为歌手初次亮相，之后逐渐涉足品牌代言、文艺表演和直播带货等领域，表明其对粉丝群体具有巨大吸引力，以及在资本市场上具备经济价值。这些变化使得符号信息变得更加虚拟、抽象和个性化，以此增加了对媒介的体验，丰富了文化交流的形式。

（二）加强文化的碰撞与交流，打破文化壁垒

媒介融合打破了传统媒介形式之间的壁垒，为文化的交流和融合创造了更好的条件。不同国家、不同民族和不同文化之间在媒介平台上有机会交流和碰撞，从而展现了不同文化之间的共同点和差异，增强了人们的文化认同，加强了文化交流。技术与文化的融合给人类社会带来更加丰富的物质生活与精神生活。在开放、共创和分享的智能媒介文化生产时代，智能媒介与社会文化发展的有机结合，能够最大限度突破人类自身在文化生产中的生物体局限性，并有助于实现社会文化生产效率的最大化。智能媒介技术的文化功能充分体现在应满足社会文化需求的智能文化生产生活中，是智能媒介技术逐渐顺应人类需求的过程。

1.媒介技术推动着文化生产和传播方式的变革

随着智能媒介技术在社会中广泛的应用，社会无形信息和知识资本的重要性将得到提升。在媒介融合语境下，媒介技术不仅仅改变了文化生产和传播的方式，还推动了文化生产和传播模式的变革。媒介融合使得参与文化生产和传播的门槛降低，激发了人们参与的积极性。个人可以通过社交媒体、博客、视频平台等自主创作和分享文化内容，而不再只是被动接受。这打破了传统集中式的媒体模式，鼓励更多人参与到文化的创作和传播中，增加了多样性和个性化的表达。

媒介技术的发展使得文化的生产和传播更加多样化和定制化。不同的平台和工具提供了丰富的文化创作和表达方式，如短视频、音频、博客、社交媒体等。人们可以根据自己的兴趣和喜好选择和参与特定类型的文化内容，推动了文化的个性化和多样性发展。媒介融合促进了不同领域之间的跨界融合，进一步丰富了文化创作和传播的形式。在内容生产中，数字技术的应用使得文学、音乐、电影、游戏等领域的表现手法可以融合在一起，创造出丰富的跨媒介作品。同时，媒介技术也为用户提供了互动体验的机会，用户可以通过虚拟现实技术、增强现实技术等更多地参与到互动性体验文化作品中。媒介融合使得文化的生产和传播具有了无国界的特性，推动了全球化和跨文化交流。数字技术将文化作品迅速传播到世界各地，使得不同文化之间的交流和相互借鉴成为可能。通过媒介技术，人们可以更加容易地接触到来自其他国家和地区的文化内容，促进文化多元化和全球文化的发展。

2.媒介技术丰富着社会文化的感知形态

媒介技术的发展给人们带来了智能化的文化体验方式，并在整体上丰富了社会文化形态。智能媒介文化是以人类需求为中心的技术型文化形态，它在体现人类智慧和本质力量的同时也超越了人类生物体的局限性，呈现出强烈的技术主义形态。智能媒介时代的到来不仅引起了文化感知形式的转变，也意味着人类思维范式开始转换。智能媒介技术在给人们文化生产与生活带来便捷的同时也创造着新的社会文化模式，拓宽着社会文化的感知维度，这将在无形中改变人们感知世界和思考问题的方式。

媒介技术在媒介融合语境下丰富了社会文化的感知形态。多媒体的融合、虚拟现实技术和增强现实技术的应用、参与和互动的增强，以及全球化和跨文化的交流，使得人们对文化的感知更加多样化、立体化和个性化；媒介技术推动了虚拟现实技术和增强现实技术的发展，为人们提供了在虚拟环境中体验和感知文化的新方式。通过虚拟现实技术，人们可以身临其境地探索艺术、历史、自然等领域，感受到与实际存在相同的文化场景的互动。增强现实技术则将虚拟文化元素叠加在现实世界中，丰富人们对文化的感知和理解；媒介技术为人们提供了更多的互动和参与机会，使得人们能够积极参与到文化的创作和传播中。人们在文化活动中能更自由、更轻松地与他人分享和讨论文化内容。这些互动和参与使文化的感知过程变得更加丰富和个性化；媒介技术使得文化的传播和交流跨越了地理和文化的限制。人们通过互联网和数字平台可以轻松接触到来自不同国家和地区的文化内容，通过了解和欣赏其他文化，尊重文化多样性，促进全球文化的发展。这种全球化和跨文化的交流使人们开阔了视野，并且拓宽了对文化的感知。

3. 媒介技术创造新的文化生产观念

在媒介融合语境下，媒介技术创造着新的文化生产观念并积极回应着社会大众的文化消费需求。这些新的观念具体表现在以下四个方面。

第一，文化生产观念更加开放，并趋向协作化。传统的媒介模式通常由少数人或机构掌控，而媒介融合通过数字技术的应用打破了这种限制，使得更多的参与者能够加入文化生产中，形成了一种开放的创作环境。人们使用互联网和数字工具协作共创文化内容，这种开放性和协作的理念促进了文化创新，丰富了文化多样性。

第二，用户生成内容普遍化，个人和社群越来越愿意利用媒介技术创造和分享文化内容。在社交媒体、视频分享平台上，用户成了文化的创作者和传播者，他们通过这些平台分享自己的观点、经验和创作内容。这种用户生成内容的观念打破了传统媒体的单向传播模式，使得文化生产更加民主化和个性化。

第三，多媒介整合的生产观念深入人心。媒介融合使得不同媒介形式进行无缝整合成为可能，这成为了一种新的文化生产观念。随着数字技术门槛的降低，人们的媒介素养与媒介使用能力也得到了提升。这种多媒介整合的观念使得文化作品更加富于表达和创新，有利于促进文化生产的跨界融合。

第四，数据驱动的文化生产观念兴起。通过收集和分析大量用户数据，文化创作者可以更好地了解受众的需求和兴趣，为他们定制和创作内容。数据驱动的创作方式使得文化生产更加精准和个性化，注重用户体验已经成为重要的思维向度，产品生产也能够更好地满足受众的需求和偏好。

这些观念推动了文化生产模式的转变，使文化生产更具个性化，也更加开放、多元。文化产品呈现出自动化、开放性和互动性等全新特点，这在一定程度上颠覆了人们对于文化艺术审美的传统观念。

4.媒介技术更新着制造文化消费符号的方式

现代社会的不断发展使得商品的符号价值成为较显著的消费文化特征，技术的发展不断提升着营造拟态环境的能力。尚·布希亚（Jean Baudrillard）认为在消费社会中，物品首先成为符号才能成为消费对象，被消费的正是其个性和差异。[1]在媒介融合语境下，媒介技术不断更新着制造文化消费符号的方式，媒体创作者可以创造更富有表现力和感知性的符号，并传递出更丰富的文化意义。

大数据和智能算法成为文化消费符号制造和推广的重要工具。通过分析用户的行为、偏好和社交关系数据，媒体和品牌能够更准确地了解目标受众并为其提供个性化的文化消费体验。个性化推荐系统能够向用户推荐适合其

---

[1] 尚·布希亚:《物体系》，林志明译，上海人民出版社，2001，第222-223页。

兴趣的内容和产品，吸引他们的注意和消费。这种基于数据和个性化推荐的方式使得文化消费符号的制造和传播更具针对性和精准性。此外，媒介融合也促进了不同行业和领域的跨界合作和品牌整合，这影响了文化消费符号的制造。媒体和品牌在与其他行业的合作中，可以共同创造出独特的文化消费符号，并加以推广。例如，电影与时尚品牌合作推出主题服装系列，音乐与品牌合作推出联名产品等。这种跨界合作和品牌整合不仅可以扩大文化消费符号的影响范围，还能够引发更多的关注和消费。

诸多方面的变革，使得文化消费符号的制造更富有创意，能够更好地满足消费者的需求和期待。可以说，媒介技术为大众提供了参与文化生产的机会，转变了他们传统上作为信息的"接受者"和"消费者"的角色。这使得大众能够以更积极主动的姿态参与到文化生产活动中，让那些喜欢自主创作内容的观众有机会体验到创作的乐趣。

（三）提升媒介的交互性和实时性，生成新消费文化

媒介融合平台的特点是实时、交互、网络化、泛在性。在这样的环境下，媒介传播不仅具有成本低、规模大的优势，而且具有更好的互动性，人们可以在不同的平台和终端之间进行交互和分享。随着社交媒体的兴起和普及，文化消费符号的传播方式也随之改变。在社交媒体平台上，用户可以自主选择和塑造自己的个人形象和文化消费品牌。通过发布图片、视频和状态更新等内容，用户借助媒介技术将自身与特定的文化消费符号联系起来，以此来表达自己的身份认同和审美趣味。这种个人化和社交化的文化消费符号制造使得消费者更加积极参与并塑造文化消费的形象。一些具有标杆性的网络"大V"参与的符号塑造则更容易带动新的消费动向，引领新的符号消费。

消费文化是现代消费社会最显著的特征之一，消费需求是消费文化演进的重要推动力，文化消费蕴含着经济与文化双重属性。对于消费文化的界定，中外各有不同，国内倾向于将其理解为与消费相关的文化，国外主要立足于

消费社会的范畴，将消费文化视作消费社会所表现出来的文化。消费文化是在消费社会通过消费行为和过程所体现出来的文化。尚·布希亚曾说"消费是个神话"，它是"当代社会关于自身的一种言说"和人们"自我表达的方式"。任何消费文化的建构都离不开技术的参与、市场的资本运作和社会大众的相互影响。作为一种特殊的商品，文化产品满足的需要来自精神需求。

媒介文化消费方式的新变化反映着当下人们生活方式的变化，人与人、人与社会、人与世界的关系也随之于无形中改变。随着人们生活水平和文化消费能力的提升，新兴媒介技术的发展也契合着当下社会文化消费升级的趋势。媒介文化产品给予人们新奇的文化生产和消费，帮助人们实现美好生活的愿望，满足媒介时代媒介文化的体验与消费幻想。作为当今社会文化现实中的主导意识形态之一，消费文化几乎包纳着其他一切文化形态，社会文化生活的意义也更侧重于文化消费。随着新媒介技术在文化生产领域的普及，社会大众在与媒介文化产品或相关服务的消费与交互中对文化消费需求得到满足。

（四）促进文化多元化的发展，唤醒文化反思

随着媒介融合的不断深化，不同地域的文化有了多元的表达平台和传播渠道，人们可以更方便地接触到不同领域的文化内容，打破传统文化的种种局限。由此，文化领域也更加多元化、开放化和国际化，不同文化之间相互启迪，相互融合，展现了更加独特和丰富的文化魅力，这种变化激发了人们对不同地域文化的认知、欣赏和反思，促进了国际社会的发展和进步。

媒介融合为不同的文化表达提供了平台和渠道，人们可以自主选择并传播多样化的文化内容。这种平台和渠道的开放性和普及性促进了不同文化的传播和交流，从而促进了文化多元化的发展。同时，媒介融合使信息和文化的传播不再受限于地理和文化的限制。人们跨越时空和地域的限制，更好地了解和欣赏他们之前未曾接触过的文化；媒介融合带来了新的创作和表达方

式，激发了文化创新的活力。媒介技术的应用使人们掌握了新的艺术形式、媒体语言和创作手法，推动了文化的创新；媒介融合唤醒了人们对文化的反思和批判。丰富的跨文化内容产品夹带着不同地区的人们的认知，包括不同的观点、意见和价值观。这种多元性是对传统文化观念权威性的挑战，其促使人们对文化进行深入的思考和反思。自此人们开始关注文化的权力关系、社会背景和隐含意义，进一步推动了对文化的批判性思考和探索。

综上所述，媒介融合视野下的媒介文化具有多方面的特点，包括传媒形态的变化、人们获取信息方式的改变、文化交流与碰撞以及文化多元化的发展等。这表明媒介融合对人们的生活方式、文化认同和社会因素均有深远影响。

第二节　媒介文化在跨文化传播中的作用和影响

人类因现实物质生活需求与精神生活需求而创造各类物品，人类劳动生产工具的演化反映着人类对技术的创造能力。伴随技术的发展，在过去20多年中，人类使用智能媒介的经验也逐渐丰富。数字智能媒介的加速发展，对社会大众的行为及心理都产生着深刻影响。我们把这种新媒体重新编程，但没有完全理解这一激进范式转换。数字媒体极大地改变着人类的行为选择、感知方式、情感表达、思维逻辑，以及人类的生活方式。

在媒介技术推动知识经济升级的趋势中，文化生产的内容与表达方式，以及文化产品和信息的接受状态也被改变。在智能媒介文化生产过程中，尤其注重凸显"体验感"思维。智能算法和推荐功能广泛运用于各类文化艺术视听产品、信息的解析和推送中，人们能够通过自动化智能辅助工具快速实现自主的文化生产与艺术创作，丰富文化艺术实践形态。智能化的个性文化艺术生产让作品呈现出鲜明的开放和互动特征，改变着人们对文化艺术品的认知。开放、互动的文化生产能够将传统的创作者独创文化艺术作品的生产模式转变为社会大众的群体性参与,在满足受众文化服务的同时也激发着人们的想象力与创造力,这深刻改变了跨文化传播的形式与内涵。

一、媒介文化与跨文化传播的关系

媒介文化是指由媒介工具带来的不同意义和文化形态的集合,跨文化传播则是媒介文化的重要应用和推动力,主要包括来自不同地区、不同语言、不同文化背景和不同信仰等方面的文化传播。因此,可以说媒介文化是跨文化传播的基础和前提条件,同时跨文化传播对媒介文化进行了不断地丰富和拓展。

在当今社会,媒介文化和跨文化传播的关系愈加紧密,具体表现在以下三个方面。首先,媒介文化是跨文化传播的重要内容。在跨文化传播中,媒介文化是核心内容之一,包括传统媒体、新媒体等传播平台。跨文化传播可以借助媒介文化进行信息传播并和文化信息进行交流对话。其次,媒介文化的运用方式对于跨文化传播的推动效果意义深远。媒介文化的运用方式对于跨文化传播是否有效具有决定性的影响。媒介文化的不同渠道,如网络、社交媒体、电视、电影、音乐等,都会对跨文化传播的效果产生重要影响。最后,跨文化传播受媒体语言、表现方式等文化因素影响。不同国家、地区、民族甚至不同阶层文化传播的成功与否,深受媒体语言、表现方式等文化因素的影响。文化差异性也将对推动跨文化传播产生重大影响。如在电影、音乐等方面,具有传统特色的文化内容有时会被排斥或者因受到外来文化影响而难以找到市场。

媒介文化是跨文化传播的基础,承载着各种文化信息,推动和促进了多种文化的交流、理解和融合。当下媒介技术渗透到社会各行各业,其蓬勃发展对社会文化发展产生着深远影响。技术的发展不断解放着人类生产力,在文化产业领域的应用也带来了新的社会文化生产与消费话题。媒介技术更新着社会文化娱乐消费方式，在一定程度上回应着社会大众的文化需求。社会文化发展已经与媒介文化紧密结合，这种结合最大程度上突破了人类在文化生产中的生物体局限，并有助于实现社会文化生产效率的最大化。

在智能技术不断发展的趋势下，跨文化传播需要提升社会大众对智能媒介技术的操控能力和认知水平，同时加强对社会大众的人工智能教育。我们需要审慎而科学地面对数字化和智能化带来的媒介文化变革。

二、媒介文化在跨文化传播中的作用

媒介文化在跨文化传播中具有重要作用和影响，具体体现在以下五个方面。第一，促进文化交流和理解。媒介文化和不同文化相互交流，从而促进不同文化之间的理解和传播。人们经由媒体接触到其他文化的风俗、习惯、价值观念等，在此基础上，要跨越文化障碍，更好地理解其他文化，使文化交流得以开展。第二，传播文化精髓。媒介文化在跨文化传播中可以帮助文化进行传播。媒介文化在全球范围内广泛传播的同时，也能在文化内容的传播方式、传播渠道和传播价值上给予适当掌控。通过推广该文化的特色、优势和习俗，为文化的保护、传承和发展做出应有的贡献。第三，推动多元文化发展。媒介文化在跨文化传播中，可以跨越时间、空间、种族、文化等多种壁垒，促进多元文化发展。媒介文化不仅能够促进文化的交流和理解，也能将各种文化元素融合在一起，创造出新的文化形态和文化体验。在跨文化传播中，媒介文化成为促进文化间相互借鉴、交流与融合的新途径。第四，增强文化影响力。媒介文化的广泛传播为弱势文化、小众文化的发展提供了动力。对多元文化的发展，弱势文化的保护，传统文化的传承，大众文化的普及都可以通过媒介文化的方式推动实现，以此来提升文化影响力。第五，推进文化创新。促进不同文化间的融合和交流，为文化创新和发展提供源源不断的信息和创新元素。通过媒介文化的传播，各种文化元素交汇碰撞，文化的多样性和创新得到了充分发展。由此，也促进了全球文化领域的发展和创新。

综上所述，媒介文化在跨文化传播中具有重要的作用和影响，即在促进文化交流和理解，传播文化精髓，推动多元文化发展，增强文化影响力及推进文化创新等方面起到积极的促进作用。

三、媒介文化研究应关注的若干问题

在跨文化传播中，媒介的变革与发展对人类社会历史进程的影响愈加明显。作为媒介及其表征体系的媒介文化，也受到不同时代学者的高度重视。在对媒介文化研究在学术史层面仔细梳理后，发现媒介文化研究受到诸多因素的影响。关注媒介文化及其实践活动中不断出现的新命题，不仅是理论界亟须解决的学术问题，也将会在文化价值诉求范围内为媒介文化的具体实践规定其意义向度。

（一）存在的问题与挑战

在跨文化传播的领域里，媒介文化所扮演的文化阐释角色常常引发一系列问题和讨论，这些问题涵盖了多个层面。媒体在跨文化传播中扮演着重要的角色，但它们并非总是完美无缺地传达、呈现或阐释文化。为了促进文化之间的理解和和谐共存，我们需要更加谨慎地对待媒体文化的角色，鼓励准确、公正和多元的文化表达和阐释。这有助于减少文化间的误解和冲突，促进跨文化传播的积极发展。在跨文化传播中，媒介文化对文化的阐释作用存在以下六个问题。

1. 文化认同的问题

在跨文化传播中，人们既需要跨越文化壁垒，也要保持对文化特色的认同。在媒介文化传播过程中，需要对文化认同达成共识，不能忽视或淡化文化价值。在很多情况下，保持文化特色和文化认同是跨文化传播和媒介文化传播中需要重视的问题。

2. 文化保护的问题

跨文化传播和媒介文化传播也面临文化保护方面的挑战。一些特定的文化特色和经验需要保护和传承，对于遭受摧毁或损坏的文化遗产等需要保护媒介，避免因过度攫取文化价值而破坏文化特色。

3. 价值观冲突的问题

不同文化之间存在的价值观差异也可能导致媒介文化在跨文化传播时遇到挑战。不同的文化价值观应该得到尊重。在媒介文化的传播过程中，要充分考虑不同文化之间的差异和各自的价值观，避免发生冲突矛盾。

4. 面临信息失真的挑战

媒介文化在传播过程中，可能会由于传递路径和媒介文化语言的不同等问题而产生信息失真甚至出现捏造信息的情况。媒介文化的这种传播方式要注意避免社会不良信息的传播和在传播过程中进行信息控制。

5. 生产方式和利益问题

在跨文化传播中，不同的生产方式和利益会导致文化生产水平、形式、消费和介质产生差异，这会对特定文化的流通渠道和传播方式产生影响。不同的生产方式和利益，对媒介文化在跨文化传播中所面临的发展带来不同的影响。

6. 跨境经营带来的风险

对于一些媒介文化，跨境经营和贸易也可能对当地传统文化产生冲击和破坏。在跨文化传播过程中，要努力保护、传承文化遗产，促进技术与文化相结合发展。

在上述基础上还须强调的是对媒介文化实践总体性问题的关注，[1] 不只是

---

[1] 鲍海波，赵亚强：《媒介文化研究应关注的若干问题》，《陕西师范大学学报（哲学社会科学版）》2023年第1期。

局限在文化认同、文化保护、价值观冲突、信息失真、生产方式和利益以及跨境经营带来的风险等方面，还应关注实践类型、实践理性等其他相关问题。唯有如此，才能对媒介文化总体性问题有相对全面的理解。在跨文化传播中存在的问题与挑战需要给予足够的重视，用合理的措施应对和解决。

（二）问题的解决

媒介文化在跨文化传播中具有重要的作用和影响，同时也面临着机遇和挑战。在充分利用媒介文化优势的同时，也要进行理解文化差异、认知文化共识和掌控文化价值的工作，避免不同文化之间产生冲突，促进文化交流和发展，从而让媒介文化在跨文化传播中发挥出最大的作用和效益。

1.解决原则

对媒介技术与文化内容匹配问题的解决是首要问题。在媒介文化传播中，媒介技术和文化内容要相互匹配，以实现最佳效果。如果技术和内容不匹配，将会降低传播效果，造成传播失败。

解决文化差异中的障碍是实现文化接受与认同的重要基础。不同文化之间的差异会导致某种文化受到排斥、歧视等问题，这是媒介文化在跨文化传播中遇到的障碍。提高媒介文化传播的质量是传承文化内涵，防范文化式微的重要方法。在媒介文化的传播过程中，应该注重媒介文化内容的严肃性、真实性、权威性和质量。必要时需要采用技术手段，如利用大数据、智能化和虚拟技术等，提高媒介文化的传播效率。当前媒介技术的高速发展，带来了大量以娱乐、时尚、畅销为导向的文化产品，部分文化内容淡化甚至消失，要关注与保护文化特征，在符合人们追求文化多元性以及文化自主性的同时，保证媒介文化的质量和创造性。

尊重多元文化，增强文化意识和提高对多元文化的接受能力是提升传播力的重要手段。尊重不同文化，在跨文化传播中秉持文化多元和文化包容精神，扶持弱势文化和小众文化，保证其能够生存和发展，并倡导人们在传播过程中注重文化互动、文化交流和文化传承等，实现媒介文化传播的真正价值。在跨文化传播中，文化意识和文化认知能力十分重要。在媒介文化的传播过程中应当促进多元文化的发展，并注重保护和传承本地文化，创造良好的文化环境，建立完善的交流机制。积极探索新的跨文化传播模式是提升传播效果的保障。为了更好地促进文化交流和推动媒介文化的传播，应探索新的跨文化传播方式，如文化创意产业、文化旅游、文化交流等模式。可以结合部分新媒体技术，如虚拟现实技术、增强现实技术等形成新的跨文化传播方式，在最大程度上促进文化交流。

因此，在跨文化传播中，媒介文化要认真应对挑战，寻找解决方案。要注重做好文化保护、达成文化认知共识、规范文化产业行为、提高文化效益等方面的工作，达到实现多元文化交流与传播共赢的目的。

2.具体措施

媒介文化在跨文化传播中扮演着重要作用，并面临着各种未知的挑战。增强文化意识，提高媒介文化传播的质量，积极探索新的跨文化传播模式，以及发扬多元文化精神等是媒介文化在跨文化传播中需要注意的发展方向。对于如何应对媒介文化在跨文化传播中面临的挑战，具体措施如下。

（1）倡导平等和尊重

在跨文化传播中，平等和尊重是至关重要的原则，不同文化应该被平等对待和尊重。媒介文化的传播者和消费者应该互相尊重，平等地进行文化交流和传播。平等和尊重的态度有助于建立互信，推动积极的文化交流，避免冲突和误解。

（2）重视文化传承

在媒介文化跨文化传播中，要重视文化传承和创新。在保持本土文化特色的同时并对其进行传承，发掘本地文化资源和创意，在跨文化传播中传递本土文化的价值体系。这有助于保护文化遗产，促进文化的多元性。

（3）解决侵权与版权问题

在跨文化传播中，媒介文化消费者和生产者要遵守知识产权和版权保护的法律规定。同时，跨国媒介文化企业也应该尊重本地文化和文化市场的规定，这可以防止知识产权侵权行为，维护原创作品的合法权益。此外，避免垄断和文化侵略的现象，有助于保持文化多样性和提高市场竞争力。

（4）提高传播效率

在跨文化传播中，媒介文化要通过优化传播方式、提高传播效率的方法，将文化产品在跨文化环境中推广开来。其中包括开展文化文艺交流、发起跨文化项目、提供开放易用的平台、提高语言翻译的精度等方面的工作。

综上所述，媒介文化在跨文化传播中面临着诸多挑战和机遇。以合适的方式积极应对这些挑战从而带来良好的跨文化传播效果和促进文化交流的机会。同时，也应关注媒介技术和文化内容的匹配、提高传播质量、推动文化保护和传承等方面问题的解决，确保媒介文化在跨文化传播中的成功和可持续发展。

第三节　国际社交媒体在跨文化传播中的作用

目前，随着社交媒体在全球范围内的深入发展，跨文化传播格局正在发生深刻变化和快速转型。社交媒体具有参与性、对话性和复向传播的特点，对国际传播起到了重要作用。社交媒体提升的文化认同感、覆盖率、亲和性和粘合度，成为跨文化传播的重要领域。我国许多媒体已经登上了国际社交媒体平台，成为全球了解中国的新渠道，近年来也引起了学界广泛关注。通过国际社交媒体，人们可以轻松地实现跨越文化和地理障碍的交流和互动，人与人之间的距离不再是跨文化交流的障碍。

一、社交媒体的文化功能

在传达文化形象时，我们可以充分利用社交媒体平台，以可视化、生动、直观的方式向国外观众展示当代中国文化的活力、多样性和真实性。通过社交媒体以生动丰富、现场感强的表现形式以介绍本地文化，能够让不同文化人群更具体地感知多元文化，并对其文化内涵形成更真实的认知。社交媒体是一种非常有影响力的媒体形式，在促进文化交流方面，其具有传统媒体难以匹敌的特点，它极大地拓展了文化交流的空间。

（一）文化传播功能

社交媒体能够直接向全球范围内的公众发布文化信息，包括文化资源、文化节日、文化活动等内容。文化信息可以通过社交媒体更快速地传递和广泛地扩散，让更多人了解和体验到不同文化的独特魅力。从这个意义上讲，社交媒体同样具有弘扬优秀文化和保护文化遗产的作用。通过宣传让文化遗产得到更大的关注，聚集更多的人参与到文化保护和传承的事业之中。

（二）对文化意识形态的改变

社交媒体已经与现代人的生活、学习、工作等各个环节深度融合，社交媒体打破时空的限制，促进思想交流、信息传播、情感抒发等，影响和塑造人们的价值观念，改变人们的认知和行为，社交媒体是以 Web 2.0 为核心，坚持以开放共享为原则，不仅是群体和个人共享信息的平台，而且是与他人保持联系的一种媒介。各阶层的人们在各个社交媒介中，通过网络作为思想互动的桥梁、聚集形成各种各样的意识形态。在社交媒体上分享和讨论不同的文化现象和特色，有助于提高人们对其他文化的认知和了解，发掘其他文化的创造性，认识多元文化的优势和益处。进入 Web 3.0 时代，面对媒介资源泛社会化、传播网状化、舆论表达情绪化的特征，意识形态传播过程经历着大众化和感性化两种重大趋势性变化。

(三）培养文化自觉和文化自信

社交媒体在培养文化自我意识和文化信心方面发挥着关键作用。它为各种创意表达、艺术展示、文化活动以及文化产品的呈现提供了一个广泛的平台，使人们能够快速发现并建立与自己文化背景相关的认同感。这种文化自我意识和文化信心的加强对于文化的提升和发展至关重要，因为它为文化创意和创新提供了坚实的基础。首先，社交媒体允许个体或群体以更自由和开放的方式展示他们的文化成就和创意表达。这鼓励了文化多样性的表现和传播，促使人们更多地参与文化活动。不论是音乐、绘画、舞蹈还是文学，社交媒体为艺术家和文化从业者提供了一个全球舞台，使他们的作品可以轻松地传播到世界各地，获得更广泛的认可。其次，通过社交媒体，个体和社群能够迅速建立和维护与自己文化相关的社交网络。这有助于加强文化认同感，增强人们对自己文化的自信。当人们在社交媒体上看到与他们文化背景相关的内容和活动时，他们更容易产生共鸣联结，从而促进文化自觉。最重要的是，文化自觉和文化自信有助于文化的持续繁荣。当个体和社群对自己的文化表现感到自豪和自信时，他们更有动力去保护和传承这一文化。这意味着文化活动和传统将得到更多的支持和关注，文化品质也因此得到提高。

综上所述，社交媒体不仅是一个展示文化成就和表达文化创意的平台，还是培养文化自我意识和文化信心的关键工具。通过社交媒体，我们可以更好地欣赏和理解各种文化，同时也为文化的发展提供更多的支持，确保文化的繁荣和传承。

（四）促进文化融合，形成新文化圈

社交媒体为不同文化之间的交流提供了新的方式，促进了文化的交流和传播。社交媒体发布和分享文化成果，可以促进文化和文化之间的融合，甚至形成新的文化特色和产生新的文化产品。人们通过社交媒体建立起文化圈子和社群，分享自己的爱好和兴趣，与其他有类似兴趣爱好的人们一起探讨

和交流，可增强文化认同感和团队意识。

（五）文化创新与市场培育

在社交媒体平台上，个体创造的作品和文化创意也更容易受到公众的关注。在创意反馈和网络探询的过程中，个体的文化创新能力也能够得到提升。同时，社交媒体为人们打造了一个互动、个性化的文化消费和传播环境，使更多人可以主动参与到文化活动和文化购物市场之中，并能把自己的消费情况和评价意见反馈到文化市场中。随着市场规模的不断扩大，可以带来更多的文化价值。

社交媒体在文化传播方面具有重要推动作用。人们可以更广泛、更深入地了解文化信息和文化现象，促进文化之间的交流和理解，加深人们对多元文化价值的认识与感受，创造更多的文化价值和促进文化经济发展。社交媒体在文化传播方面具有广泛的作用。它不仅创新了文化传播的形式，更重要的是它极大地拓展了文化交流的空间，有助于实现跨越文化差异和地理障碍的文化交流。然而，社交媒体也需要与其他媒体相辅相成，有机结合，以实现更大的文化价值和产生更大的影响。

二、跨文化传播中的国际社交媒体

（一）具有国际影响力的社交媒体

以油管（YouTube）、脸书（Facebook）、推特（Twitter）等为代表的新型社交媒体给国际传播范式和文化传播方式带来了深刻的渗透和冲击，成为许多国家和地区高度重视和积极利用的传播新领域。随着第三代互联网（Web 3.0）时代的到来，这些社交媒体在跨文化全球传播中的效应和战略价值更加凸显。其中，油管（YouTube）作为一种国际性社交媒体和视频分享网站，在全球传播和全球舆论构建方面的地位日益重要。根据 Alexa 网站流量统计，油管（YouTube）高居全球前三名，2019年秋季调查报告显示，油管（YouTube）已经成为大众观看视频的首选平台。①

（二）国际社交媒体的优势

国际社交媒体作为一种新型的传播方式，有以下特点：覆盖面广、传播速度快、互动性强、个性化定制、跨越地域、跨越文化等。这些特点使得国际社交媒体在跨文化传播中具有独特的优势和作用。

1. 传统文化传播模式受到挑战

随着社交媒体日益普及，人们渐渐转向通过社交媒体来获取文化信息和创新文化产品的方式。这让传统的文化产品和媒体受到了严峻的挑战，甚至给传统媒体带来了不可逆的影响。当这一影响扩散到国际文化传播中，多元的民族文化呈现在世界舞台时，就能够有效地突破文化霸权对区域文化的打压。这时自由的观点会被呈现，不同文化的声音也会被放大，出现单一的声音和片面的文化描述的可能性也被大大降低。

2. 促进文化的多元性和包容性

随着社交媒体的兴起，不同地区人们的文化资源和文化喜好被获知。借助国际社交媒体，人们不再受传统文化传媒的时间、角度、地域和语言的限制，从而建立了优质的国际文化交流平台。世界各地的人们突破时空障碍与文化隔阂，更便利、及时地获取到跨越国界的文化信息、内容和品质等，促进了文化方面的多元性和包容性。

3. 提高文化交流的效率和覆盖率

社交媒体作为一种新型的传播方式，可以更快、更广、更直观地传递文化信息和文化产品。国际社交媒体以不同的文化资源和内容为基础，强化跨文化交流，在帮助人们了解不同文化的同时，也有助于改变人们对文化的消

---

① 辛静、叶倩倩：《国际社交媒体平台中国文化跨文化传播的分析与反思——以YouTube李子柒的视频评论为例》，《新闻与写作》2020年第3期。

极观念，构建和谐的文化交流环境。

4. 加速文化传播的国际化进程

社交媒体的普及和全球化趋势的发展，提醒各国文化行业和文化产业必须全面、高效利用技术、传播渠道和其他资源，加速文化传播的国际化进程。这样，国际社交媒体可以打破文化认知的局限，吸收更广泛的文化信息，扩大对跨文化发展的认知，更好地理解和接受不同背景和文化的人群。文化也能更好地体现全球性的价值和魅力。

5. 推动文化产业与数字经济融合发展

随着社交媒体的不断繁荣，全球文化产业正在与数字经济发生融合，其在激烈的市场竞争中不断发挥着优势。国际社交媒体在跨文化传播领域发挥着重要作用。虽然存在一些负面影响，如信息泛滥、网络暴力等，但有效的规范体系有望建立，创造性转化、创新性发展也有望实现。在未来数年，随着技术和社会发展的进步，社交媒体的跨文化传播将发挥更大作用，并且在推动各地文化交流、创新和发展方面将起到更加突出的作用。

（三）国际社交媒体在文化传播中应注意的问题

在国际社交媒体上进行文化传播，需要加强文化背景替换、加强跨文化交流的协调与规划、甄别信息可信度和可验证性、完善隐私保护与网络安全、保护知识产权等各个方面的工作。只有这样，社交媒体才能在文化传播中发挥最大作用，带来更大和更持久的价值。

1. 语言、文化的差异

文化是一个后天养成的过程，因地域和语言的不同，文化的内涵和传承方式会有很大的不同。针对不同地区和语言用户的需求，要识别并适当转化社交媒体上的文化信息和内容，使其符合当地的文化背景和文化传承。

2. 跨文化交流的误解

在国际社交媒体上，人们有机会与来自世界各地不同文化背景的人们进行交流和互动，但由于文化差异带来的误解会成为一个很大的问题。在这种情况下，要更加积极地协调和规划跨文化交流，增加双方之间的理解和信任，减少，甚至消除文化差异。

3.信息可信度和鉴别性

由于国际社交媒体的普及性和便捷性，在一些不可靠的媒体中，虚假信息和误导信息广泛被传播。为了保证文化传递和交流的准确性和正确性，要加强对文化信息的甄别和鉴定，并通过技术手段和有效的沟通方式，尽最大努力消除虚假信息和误导信息带来的影响。

4.隐私保护和网络安全

国际社交媒体信息的处理涉及关键用户的隐私和网络安全问题，这些问题对于文化交流、文化保护和文化传播来说至关重要。因此，要完善隐私保护政策、营造安全环境以及积极维护相关法规和准则等。

5.版权保护问题

国际社交媒体具有多种文化内容传播和共享的形式，这给版权保护带来了难题。保护文化产业的知识产权是社交媒体文化传播中非常重要的一个问题。因此，要倡导并遵守知识产权保护的法规要求，保护各种文化作品的创作者和知识产权所有者的权益。

三、国际社交媒体的文化传播策略

在我国综合实力迅速崛起的同时，我们的文化国际影响力却相对滞后。因此，摸索出更为有效的对外传播机制变得势在必行。目前，在这一领域中，涉及高度理论和全局视角的研究成果还不太丰富，主要以个案式经验总结为主。我国传播学者喻国明教授从信息触达、认知解码和态度认同三个基本环节，提出提升我国文化影响力的策略，他指出：首先，在信息触达环节，要将传播主体从官方扩展到全民参与，在传播理念上应以平常心看待传播效果，更弹性地制定传播策略；其次，在认知解码环节，在传播内容上更多元，传播渠道上可利用各类社交媒体平台；最后，在态度认同环节，应采取共鸣策略与基于文化接近性原则的差异化策略。[①]

（一）提升信息触达效率

1. 传播主体

当前，我国的文化宣传仍然主要以官方单向传播为主，但已经暴露出了许多问题。例如，2011年1月，《中国国家形象片——人物篇》在美国纽约时代广场的大屏幕上每小时播放15次，每天共播放300次，至2月14日，总计播放8400次；同时，美国有线电视新闻网也分时段陆续播放该片。然而，这种高投入的宣传并没有达到预期效果。研究学者发现，导致传播失效的两个因素是宣传片本身缺乏创意，并且没有充分考虑中美之间的文化差异。无论是传播内容还是拍摄人物的选择和表达形式，都显得有些自我陈述，没有考虑到目标受众的感受。在当今强调互动和反馈的全球化传播环境下，这种单向宣传方式已经显示出弊端，应该从官方单向传播转向公众参与的全民传播。正如一些学者提出的，"大众传播无力承担国家形象塑造的主要责任"，而应在创建更文明、更进步的国家的基础上，增进与世界多元沟通。[②]

随着社交媒体的迅猛发展，不仅推动了传播产业的更新升级，也为中国国际传播的发展带来了新的机遇。各类表达平台具备公开性、参与性和连通性等优势，赋予了每个人进行传播的能力。专业的媒体和对外传播机构可以利用这些平台进行中国文化传播，同时，企业和普通公众等民间力量的参与也可以传递更多中国声音。在文化传播方面，我们应当充分发挥民间力量和网络媒体的活力，以生动活泼的方式呈现中国文化。

此外，在民间力量参与中国文化的对外传播时，还需要考虑内容和传播

[①] 喻国明、潘佳宝：《试论我国国际文化影响力传播的路径与策略》，《传媒观察》2021年第4期。
[②] 刘辉：《国家形象塑造：大众传播不可承受之重》，《现代传播（中国传媒大学学报）》2015年第12期。

效果。一个良好的跨文化传播的例子就是微博上的"歪果仁研究协会"。该自媒体自2017年开始每周发布一期短视频,通过街头采访了解外国人对购物平台、外卖、综艺等方面的看法,反映外国人如何看待中国的新时代。仅仅三个月,该自媒体就吸引了400万粉丝,平均每期短视频的点击量达到了1400万。该自媒体的初衷是通过幽默和贴近现实生活的方式打破偏见和思维定式,更好地向外国人展示中国的现代化进程。同时,它也为中国人提供了一种从"他者"视角来理解中国文化的方式。

2.传播理念

(1)以平常心态传播中国文化、塑造中国形象

我国传媒在进行对外文化传播时应尽量以平常心态来传播中国文化,塑造一个真实丰富的中国形象,应该更多地强调与中国实力相匹配的责任。具体来说,我国传媒在进行对外文化传播时应注重文化交流,而不要带有过多的功利目的,主要任务应侧重于将以构建和谐社会为核心的中国理念通过文化交流传播出去。

我国的传媒可以通过行动来改变西方民众对中国的态度,尽量减少他们对中国的反感和不满。但是,要让所有的西方民众都理解并支持中国是非常困难甚至不可能的。因此,中国的传媒应该将中国追求和平发展道路以及承担国际责任的一系列国际行为传播出去,让西方民众认识到中国是国际社会的建设者,而不是挑战者。对于一系列敏感问题,传媒应勇于表明自身立场,明确底线,不再使用模棱两可、模糊不清的外交措辞来回避问题。只有表明明确的立场,把握住清晰的底线,才能避免被误读和误判。模糊不清的信息传递可能给人们留下一定的想象空间,导致人们对中国产生不正确的认知。

我国传媒在对外传播中的主要任务是促进文化交流,通过这种交流来传递我国以构建和谐世界为核心的理念。只有当我国传媒讲述的"中国故事"能够在西方民众中获得广泛接受并备受青睐时,我们的文化和价值观才能得到国际社会的广泛理解。

（2）传播策略要弹性化和差异化

我国对外传播机构在国际市场上缺乏经验，对国际市场不够熟悉。因此，在产品推广方面，应采取渐进的方式，不要过于追求完美，而是提供多种层次的产品和服务，以增加目标消费者能够接触到产品和服务并能够接受它们的可能性。

针对产品设计，我国对外传播机构可以选择把新闻素材或信息素材作为基础业务，这将有助于用户在初步尝试中了解该机构的业务。在产品定价方面，根据密苏里学院对北美市场的调查，新闻主管普遍认为我国对外传播机构的预设价格过高；对于经济不发达的非洲地区而言，价格敏感度可能更高。针对这种情况，我国对外传播机构可以适当调整产品定价结构，采用计次收费、按月收费、年费等多种定价方式，形成多层次的价格体系，以便用户选择。此外，部分内容也可以免费或提供免费试用。例如，对于强调以外宣为目的的内容可以免费提供；对于商业价值较高的内容，可以采取短期免费试用的方式，以此增加潜在用户的使用。

数字新媒体技术改变了新闻采集和传播的方式，其低成本和便捷性使其成为国际新闻传播的重要平台。美国广播管理委员会委员温布什(S. Enders Wimbush)表示："我们将重点放在数字领域，因为互联网才是我们真正想要接触的受众活跃的地方。"新媒体平台已经成为国际舆论竞争的主战场，并且对视频内容有着很大需求。因此，从事国际新闻传播新媒体内容的供应商可以成为我国对外传播机构的重要客户群。此外，政府部门、商业公司等也有大量信息需求，例如路透社（Reuters）注重打造更强大的服务信息和工具，为更广泛的客户群体提供服务。我国对外传播机构还可以根据进一步的市场调研情况选择更广泛的目标客户群体。

（二）提升认知解码的有效性

国家形象是外国公众通过各种途径接收到有关目标国家的各种信息，并将其结合自身所具有的文化背景和心理因素，形成一个相对稳定和综合的认知。根据传播学理论，有以下两个因素会对认知产生影响。第一，"首因效应"（Primary Effect）或称为"优先效应"（Superiority Effect）。个体在认知过程中，最早接收到的信息会对以后的认知产生显著影响。换句话说，在文化影响力传播中，第一印象的正确认知非常重要。在国际传播中，能够在第一时间吸引受众的注意的人或事物就能够把握主动权。因此，国际传播强调"先入为主"和"先声夺人"的重要性。第二，"光环效应"，也称为"晕轮效应"（Halo Effect）。它指的是当认知者对某个事物的某种特征形成好或坏的印象后，倾向于根据这一特征来推断该事物的其他方面。例如，如果一个人对某个国家有良好的印象，那么这个国家就会被"好"的光环所笼罩，那么在其他方面也容易被认为是好的。相反，如果对某个国家有负面印象，正面信息也容易被置于负面的解读框架中。

内容和渠道这两个因素在国际传播中起着重要的作用，对于塑造和影响一个国家的形象至关重要。了解和运用这些因素，可以帮助国际传播机构更好地塑造和传播国家形象，使其更符合目标受众的认知和期望。

1. 传播内容

除了整体性的认知和评价以外，中国的国家形象还涵盖了政治、经济、文化等方面。然而，国际社会普遍对中国在经济、科技方面的认知相对突出，对文化方面的了解较为薄弱。目前，国际社会对中国文化的认知主要集中在相对表面的物质文化，如美食、武术等文化符号，而对于更深层次包括价值观在内的文化方面存在较大的认知缺失。

近年来，一些国际品牌在设计中加入了许多所谓的"中国元素"，然而这些元素依然停留在表面形式，对于其深层次的内涵理解以及具体运用存在不恰当的地方。这反映了国际社会对我国文化的认知不够深入，同时也存在一些刻板印象。因此，在对外传播中，我们需要加强中国文化元素的表达，特别是具有深层次精神层面的文化元素。需要注意的是，中国的文化元素不仅包括传统文化，还应包括当代文化。

2. 传播渠道

为了传达当代中国的文化形象，我们可以充分利用各种社交媒体平台，如视频、短视频和直播。通过这些形式，我们可以以生动直观的方式向国外观众展示当代中国文化的多样性和真实性。北京大学教授张颐武说："通过生动丰富、具有现场感的介绍，让外界对中国人的生活和文化有了具体可感、生动鲜活的认知。"[①] 通过社交媒体平台的展示，我们有机会向国际社会传达当代中国文化的魅力和丰富性。这种形式能够让外界更深入地了解中国人的生活方式和文化习惯。

（三）激发态度认同

在对外传播中，我们需要注重在价值观层面与外界达成理解和沟通，这样才能让世界真正了解中国文化的本质。通过文化交流，我们可以将以构建和谐社会为核心的中国理念传播出去，以期让中国的文化和价值观获得国际社会的广泛认同。

传播中国文化价值观需要以开放和包容的态度，与外界进行积极的对话和交流。这包括向外界介绍中国传统文化的智慧与精髓，以及当代中国社会的发展和价值观念的变迁。同时，我们也应该倾听并尊重外界的文化观点和价值体系，以实现相互理解和共同发展。

1. 共鸣策略

共鸣策略在对外传播中扮演着重要角色。由于不同国家和社会阶层具有各自独特的利益背景、价值观念、思维方式和社会关切，为了克服文化障碍，

---

① 张颐武：《文化传播需要更多李子柒》，《环球时报》2019年12月9日。

对外传播机构应该将自身的话语与受众所重视的价值观联系起来，以引起受众的共鸣。共鸣策略的关键是要理解受众的需求和情感触点，并与其产生情感共鸣。通过在传播中强调与受众共有的价值观，关注他们关心的问题，并提供解决方案，可以增强受众对传播的信息产生认同感和共鸣感。这样可以有效地克服文化差异，确保传播信息能够顺利传达并能被理解，有利于促进文化交流与理解的进一步加深。

在多元化的社会环境中，采取共鸣策略是对外传播机构对文化差异的一种积极应对方法。通过与受众建立情感共鸣，我们可以在传播中消除误解，促进文化交流的平等和谐，以及建立长久的合作关系。对于如何与受众建立情感共鸣，具体来说，有以下三个方面。

（1）以开放的思维方式进行对外文化传播

在对外文化传播中，我们应该遵循传播规律，摒弃单向传播思维模式的"自说自话"，并采用更加开放的思维方式进行传播。政府应该给予对外传播机构更多自由度和包容度，允许他们在不损害国家整体利益的前提下表达不同观点，并揭示社会现实中存在的问题。

（2）积极参与公益活动是一项有效的对外传播策略

通过参与公益活动、制作公益节目等方式，对外传播机构可以塑造良好的形象，并赢得国际受众的情感认同。举例来说，英国广播公司（British Broadcasting Corporation，BBC）设立的世界服务基金会就是一个专门的国际开发慈善机构，其通过全球服务网络向不发达和转型国家提供发展的相关信息，以此帮助人口脱贫。我国的对外传播机构可以借鉴这些做法，积极参与公益活动、制作公益节目等，以塑造美好形象，引发情感共鸣。

（3）提供各种互动渠道，允许受众参与传播

媒体组织可以方便地与受众进行互动，包括社交媒体、在线平台、即时通信工具等。这些渠道让受众能够直接参与到传播过程中，表达他们的意见、分享他们的观点，从而引发他们的共鸣。

在跨文化选择与互动过程中，往往会遭遇到交流媒介编码与解码不一致的问题。这种情况会削弱传播的有效性。特别是在中国文化对外传播中，为了提高传播效果，我们需要在信息发出阶段结合目标国家文化进行有效的编码，并设置跨国传播机构来协助本土受众进行解码。在反馈层面上，对于那些在跨文化传播中处于弱势地位的国家和地区，我们应该建立适当的信息收集机制，以确保本土受众的反馈意见能够传达，这样可以增强中国价值观在传递过程中的亲和力和感召力，提升中国文化对世界各国的吸引力和认同力。此外，在系统层面上，我们还应根据反馈信息进行调整，并在国际关系互动中引入更多的检验标准，以便全世界人民能够理解和评估中国价值观的价值，这一点非常重要。

2. 差异化策略

差异化传播策略和队伍建设的统筹推进是解决文化对外传播中"如何说"和"谁来说"问题的重要支持，也是提升传播效能的关键。目前，中国的文化对外传播策略正从"多国一策"逐渐转变为"一国一策""一国多策"。这意味着我们需要在对外传播中不仅区分是发达国家还是发展中国家、是新兴市场国家和守成国家，还要考虑到一个国家内部不同阶层民众对中华文化的接受程度和认知程度。针对这些差异，我们需要实施精准的差异化传播策略，使不同国家、不同阶层和不同群体的海外受众从最易理解的角度来认知中国文化，从而实现对中国价值观和主张的理解与尊重。

3. 统筹推进队伍建设策略

在中国文化对外传播中，人是发挥能动作用的主体，是提升传播效能的关键要素。为了统筹推进这一过程，我们可以从以下三个方面着手。第一，集中高层次专家、国内高端智库以及熟悉国际文化市场走向的战略型人才，他们可以负责策划并设立相关文化议题，并组织力量进行攻关工作，从根本上提升对外传播的效能。第二，建设一支专门的人才队伍以适应新时代国际传播的需求。从专业院系开始，我们应该培养一大批具备以下特点的复合型人才：他们把对外传播视为自己的使命，同时熟练掌握先进的科学技术；他们了解文化传播的规律和受众心理，能够灵活切换中国话语体系和国际化表达。第三，针对互联网技术带来的全程媒体、全息媒体、全员媒体和全效媒体的新趋势，我们需要加强对全体民众，特别是青年群体的文化熏陶。让他们能够自觉地践行中国当代的价值观，成为可移动的中华文化传播的载体。在这个过程中，人才培养将发挥关键作用，并为中华文化的对外传播和传播效能的提升奠定坚实的社会基础。

第四章　媒介融合中的跨文化传播与社会认知

第一节　文化差异的影响和跨越文化的障碍

跨文化传播受到文化差异的直接影响，为了克服其中产生的负面影响，我们需要积极有效地进行跨文化传播。这样做可以增强人们对不同文化遗产和文化背景的敏感度，增强对本地文化的认同。同时，跨文化传播有助于加强个人和社会之间的联系，使个人能够更好地接受与自己观点不同的看法。此外，跨文化传播也有助于消除误解和不信任，从而建立容忍、接受、变革和信任的人际交流框架。它能够推动人们跨越文化障碍，促进多元文化的交流和融合，使人们能够更广泛地接触和了解到不同文化的新观点、新理念。

一、文化差异的解析维度

文化差异是指由于不同地理位置、历史背景和社会制度等原因而在文化方面产生的差异。在文化交流和碰撞过程中，文化差异会导致价值观的冲突，甚至对社交和传播造成影响。可以用来阐释文化差异的理论有很多，以下从文化维度理论、文化适应理论、文化心理学、文化创意理论、文化转化理论来具体阐释，它们为跨文化研究提供了多元的观察视角。

（一）文化维度理论

文化维度理论（The Theory of Cultural Dimensions）通过对不同国家和地区文化的比较和分析，将文化差异归纳为权力距离、个人主义/集体主义、性别、不确定性规避和长期/短期导向五个维度。这五个维度可以用来评估不同文化的特征，并帮助人们更好地理解和处理跨文化交流中出现的问题。

1. 权力距离维度

权力距离（Power Distance）维度是指在社会或组织中不同层级之间的关系和差异，不同层级的个人与群体之间在权力、地位、威信等方面的不平等程度。

不同文化中对权力距离的态度和看法不同，从而导致文化间的权力距离维度产生差异。一种文化的权力距离高，意味着该文化的层级分明，权力集中。权力距离低的文化则强调平等和民主。权力距离高的文化通常注重尊敬和服从权威，权力距离低的文化通常倡导互相尊重和合作。权力距离维度是理解文化差异的重要维度之一。在这种文化背景下产生的观念和习惯深刻影响人们的思维模式、文化习惯、行为方式等。我们要了解不同文化背景下的权力距离维度，以在跨文化交流和合作中，以及在构建互相尊重、平等、友好和务实的跨文化合作关系方面发挥更好的作用。

2. 个人主义/集体主义维度

个人主义/集体主义（Individualism/Collectivism）维度是指个体和群体关系的不同看法和处理方式。个人主义是指个人主义文化强调个体的自主性、自主决策和自由选择，认为个人的兴趣和需要必须被重视和满足。个人主义文化强调个人自由选择和个人独立性。因此，这种文化背景下人们更加积极地追求个人自由和权利，重视个人的特征和独立的生活方式。同时，这种文化背景下的人们更加重视竞争和自我表现，并非常注重个体的成就和成功。

集体主义文化则重视群体利益、总体的需要和整体效益，认为个人利益必须为整体利益服务，在个人利益与整体利益之间，整体利益更为重要。集体主义文化注重群体利益和团队精神，因此这种文化背景下的人们更加注重在团队中的合作和付出，更加强调维系集体和谐的人际关系和对社会价值体系的共同维护。在这种背景下，面子和尊重的概念也更加重要。

因此，对于个人主义文化，人们可以更加注重个体实践的自由性和自主性，尊重个体差异，提高个体的表达和沟通能力。对于集体主义文化，人们可以更加注重社会集体的意识和同理心，更加重视团队协作和维护团队合作，注重建立有效的集体组织形式和共同的价值体系。

3. 性别维度

性别（Gender）维度描述的是文化中的性别角色和性别特征的不同。在不同的文化之下，女性和男性在社会角色和性别标准方面有不同的理解和表现。女性/男性维度是用来描述某一文化中的"女性"和"男性"角色模型的程度的，这些角色模型包括性别角色、性别特征和性别行为。在男性文化中，男性倾向于强调竞争、成功和权力。在女性文化中，女性更加注重人际互动、关爱和质量。男性文化通常激励人们为目标而奋斗，女性文化则鼓励人们为他人的幸福和安全而奋斗。从性别维度出发，不同文化会呈现不同的性别意识，会影响群体与个人的价值取向。第一，容易形成性别角色刻板印象。这些文化将女性和男性分别塑造成一定的性别角色，比如，女性经常被塑造为家庭主妇、母亲、保姆、护士、老师等，男性则可能被塑造成为领导、英雄、士兵、工人等。第二，性别特征也会在某些文化行为中承担特别重要的作用。某些文化更重视性别特征，为了更好地体现自己的性别，可能会对自己的体态、衣着、语言、社交方式等方面做出相应调整。第三，不同文化对性别行为的容许度也会有所差异。在某些文化中，女性与男性参与不同的社交行为也有所区别。比如，某些文化会认为女性在酒吧内饮酒或抽烟不合适，男性则往往不会受到类似限制。

另外，性别维度不同于生理和基因方面的性别差异。该维度强调的是在社会文化中，针对女性和男性所设定的预期角色和行为模式。在不同的文化中，女性和男性所面对的性别角色、性别特征和性别行为的压力和期望各不同。了解和尊重不同文化背景下对于女性和男性角色的认识，可以更好地促进跨文化交流和传播。

4. 不确定性规避维度

不确定性规避（Uncertainty Avoidance）维度被用于描述不同文化的人对于未知、不确定性和模棱两可的情况所表现出来的态度。在不同文化中，人们对于不确定性的容忍度不同。一种文化的不确定规避高，意味着该文化对不确定性的感受比较敏感，倾向于规范、控制和安全。不确定规避低的文化则偏向于更加开放、灵活和包容的态度。在不确定性规避高的文化中，人们可能会在外部表现出缺乏自信、缺乏独立思考。在面对不确定的时候可能会表现出比较强烈的紧张和焦虑。人们也会相对更加注重规则和权威的意义和地位。同时，在社交和管理上更加注重传统的做法。例如，老师的引导。在对未来的考虑和规划时，在不确定性规避高的文化中，人们通常会对未来保持更加谨慎的态度，并且会特别注重一种长远而不享乐的生活选择。

因此，在不确定性规避高的文化中，人们更加注重传统、稳定和安全。在跨文化交流和合作中，了解和尊重不同文化对于不确定性的态度，可以帮助人们更好地理解和适应不同文化的行为模式，从而减少因为跨文化差异而产生的不必要冲突和误解。

5. 长期/短期导向维度

长期/短期导向（Long-term/Short-term Orientation）维度描述的是文化中对于未来和过去的态度。关于时间的认知，短期导向的文化强调眼前的利益和短期的成功，更注重即时回报；长期导向的文化注重未来的规划和考虑，强调长远的利益和长期的成功。长期/短期导向维度的差异也导致不同文化群体对于传统的态度产生差异。长期导向的文化追求历史传承，尊重传统文化，并且可能会强烈关注祖先对未来姓氏的贡献；短期导向的文化更加重视现代的创新和变革。这也同样会引起人们对社会环境的态度产生差异。长期导向的文化在社会关系中更倾向于关注群体，注重自我克制，表现出持久耐力和更强的控制力；短期导向的文化则注重自我表达，更追求自我满足。

由于长期/短期导向的文化差异，不同文化中的人们会对待工作、社会关系、个人表现、历史、现在和未来等方面产生不同的观点和表现方式，其行为、思维和价值观也会产生差异。在跨文化交流和合作中，需要注重对文化差异的尊重和理解，并且提出可行的文化整合方案，从而促进跨文化合作能够和谐发展。文化维度理论提供了一种方法，让人们从不同维度比较不同文化之间的差异和异于常态的情况。这种理论不仅可以帮助企业管理者和跨文化交流者加深对各种文化的理解和认知，从而建立互信、合作和共赢的关系，同时也有助于加强各种文化的相互学习和融合。

（二）文化适应理论

文化适应理论（acculturation）是美国社会心理学家约翰·贝利（John W. Berry）提出的观点。约翰·贝利是跨文化心理学领域的知名学者之一，他研究了多种文化背景下的人类行为和决策方式，并于1992年提出了文化适应的理论，该理论强调文化因素对人类决策和行为产生深刻影响。

贝利的"文化适应策略"指的是文化适应群体或个体对不同文化适应方式的一种有意识的选择。"策略"一词不仅包含了文化适应群体或个体的行为与态度，还包含了动机与目标等。[1] 根据文化适应理论，不同的文化背景和传统会对人们的思维方式和行为模式产生深刻影响。一个人所处的文化环境，会影响他的价值观、信仰、嗜好、个体目标、个体效能、动机和态度，从而对其决策和行为产生重要影响。不同文化之间的语言和表达方式造成的语境差异、不同文化因素对个人喜好和消费决策的影响、不同文化背景和传统会形成不同的规范和价值观念、不同文化对心理和思维模式的塑造，会导致人

---

[1] 克莱德·M·伍兹：《文化变迁》，何瑞福译，河北人民出版社，1989，第59-60页。

们的思维方式存在差异，进而影响个体决策和行为模式的塑造。

（三）文化心理学

文化心理学（Cultural Psychology）兴起于 20 世纪 80 年代末和 90 年代初，它强调文化对于人类心理过程的影响，并注重探究文化差异对思维、情感和行为的塑造。其中，理查德·施韦德（Richard Shweder）等人的研究奠定了文化心理学的理论基础，为该领域的发展做出了重要贡献。他们通过跨文化比较研究，发现人们在不同文化背景下存在着截然不同的思考方法、行为方式和多元的道德标准。在研究中，他们提倡"本土知识本土方法"的实践模式，即通过理解和研究当地的文化背景和现象，来分析和理解人类心理和文化的复杂关系，为研究文化心理现象提供了有益的启示和方法指导。

文化心理学研究人类思考、行为和人际交流活动中的文化差异和相似性。它突出了文化和社会环境在人们的行为和思考过程中的作用，并关注文化差异对国际商务、社会追求公正公义和发展、政治、法律的影响。该领域主要关注人类的主观建构、文化普遍性与特殊性、人类社会关系的文化特征、文化现象与心理现象的相互作用。

文化心理学认为人类对于事物的认知是基于其所处文化环境的主观构建和经验积累。不同文化的经验、信仰、价值观、思想和语言等因素都会在人类的思考过程中扮演重要角色。它强调文化普遍性与文化特殊性的关系。尽管不同文化有着不同的特点，但是人类心理过程中具有普遍性的模式，可以适用于不同的文化背景；文化心理学还认为，人类社会关系的构建、社会网络的形成和人际沟通势必存在着文化因素的影响，并指出跨文化交往和跨国家企业合作都需要学习和适应不同文化环境的人际交往方式。它同样关注文化现象和心理现象的相互作用，认为文化现象和心理现象是一体的，它们之间存在着相互作用的关系，文化影响和塑造了人们的心理活动，同时人类心理活动也反过来影响和塑造着文化。

文化心理学研究的是文化与心理过程之间的相互影响,并试图理解和解释这些影响。通过对这一学科领域的研究,我们可以更好地理解不同文化之间的心理差异和相似性,有效促进国际交流和文化融合,帮助人们更好地适应全球化的社会发展趋势。文化对人类的心理结构和认知模式产生了深刻影响,不同的文化背景导致人类认知和思维方式产生了差异。该理论被广泛应用于教育、心理疾病、企业管理和跨文化交流等领域。

（四）文化创意经济理论

文化创意经济理论是由英国学者约翰·霍金斯（John Howkins）提出的,他于2001年在《创意经济》（*The Creative Economy*）一书中,将创意产业与市场经济相结合,提出文化和创意产业的理论框架。他强调文化和创意产业是经济增长和社会发展的重要组成部分,并指出文化和创意产业的发展会对社会、文化、技术和商业等多个领域产生深远影响。此后,文化创意经济成了一个全球性的热门话题,各国政府开始推出一系列政策措施以促进文化和创意产业发展。文化创意理论主张：文化和创意产业的发展,不仅会带来经济效益,增加就业机会,还可以增强文化多元性,推动社会创新和可持续发展。在此基础上,文化创意经济理论提出了一系列政策、管理和运营建议,以推动文化和创意产业的繁荣发展。

文化和创意产业是文化创意理论的重要组成部分,文化创意产业是广阔而复杂的概念,涉及设计、文化遗产、数字媒体、艺术、游戏和音乐等方面的产业。文化创意理论试图系统性地解析文化和创意产业的特点、规律以及与其他产业之间的关系,以便更好地推动其繁荣发展；文化创意理论认为,创意和创新是文化和创意产业的核心驱动力,只有不断挖掘人们的创造力和创新思维,才能推动文化和创意产业以及社会经济的可持续发展；文化创意理论也提出了一系列政策、管理和运营的建议以促进文化和创意产业的繁荣发展。这些建议包括：鼓励文化和创意产业的创新和流通,提高文化和创意产业的市场化程度，加强文化和创意产业的财政、资源和人才支持，建立文化和创意产业的国际合作机制等；文化创意理论关注可持续发展与社会责任。强调文化和创意产业的发展要考虑到可持续性和社会责任，以确保其能够为社会经济和文化发展做出贡献，同时避免对环境和人类社会造成过大的负面影响。

综上所述，文化创意理论是一种以文化和创意产业为研究对象的理论框架，旨在推动文化和创意产业的繁荣发展，促进经济和文化的可持续发展。文化创意理论认为，文化创意是文化差异的一种表现形式，各种文化背景和传统都会在创意方面对其做出独特的贡献。文化创意理论在文化产业和文化创意产业等领域都得到了广泛应用。

（五）文化转化理论

文化转化理论（Cultural Transformation Theory）涉及众多学者的研究，马克斯·韦伯（Max Weber）、卡尔·马克思（Karl Heinrich Marx）、汉斯·格奥尔格·加达默尔（Hans-Georg Gadamer）等，他们从不同的角度和领域为文化转化理论的发展做出了重要贡献。此外，当代的文化人类学者和社会学者在理论和实践方面持续不断地对文化转化理论进行探讨和研究，为这一领域的发展做出了贡献。

文化转化理论是对文化变革和社会变迁的一种解释框架，它认为文化和社会是处于不断变化的状态，这种变化是由文化要素、社会要素和历史发展等多个方面造成的。该理论认为，文化传播需要进行文化转化，即在不同文化之间进行文化信息的翻译和转化，使其适应目标文化的认知和文化背景。该理论强调，文化的变迁和社会的变革是一种相互作用和相互影响的关系，不能简单地用单一因素或者单一模型来阐述。文化转化理论认为，文化是社会演变和变革过程中的重要因素，包括信仰、价值观、知识、技能、文艺、语言、行为等多个方面。这些文化要素常常会受到历史、技术、经济、政治等要素的影响而发生转化；除了文化要素外，社会要素也是文化变迁和社会变革的重要因素。例如，社会制度、权力分配、经济发展、社会结构等要素常常会对文化和社会的演变以及变化产生重要影响；文化转化理论认为，历史是影响文化演变和社会变迁的一个重要因素。历史的发展和变迁，会产生一系列深远影响，可能会造成文化和社会的重大转变。

文化转化理论是一种全面、综合性的文化和社会变迁的解释模型，它强调文化转化和社会变迁是由多种因素共同作用形成的。文化转化理论为我们理解文化和社会变化提供了一个多元化的视角和分析框架。文化差异具有多维度、多角度的表现形式，各种文化差异之间相互联系、相互作用。不同的文化差异理论也从不同角度、不同领域对文化差异进行了阐述和解释。正确理解和应用这些文化差异的理论，有助于推动跨文化交流、跨文化合作和跨文化创新的进程。

二、文化差异对跨文化传播的影响

文化差异对跨文化传播的影响是多方面的。了解和应对文化差异，加强跨文化交流和对话、制定跨文化规范性原则、深度理解受众分布和认知模式，发掘相同点和化解差异属于有效途径和策略。只有处理好文化差异问题，促进跨文化的和谐发展，才能使跨文化交流和传播发挥出最大价值。

（一）理解和接受难度

文化差异导致信息接受和理解出现差异，由于不同文化的受众对文化信息和语境有不同的认知方式，因此文化差异会使跨文化传播的信息理解和接受存在一定难度。由于文化背景的不同，人们使用的语言、表达方式可能会存在大量差异，如果不能理解对方的语言，会产生沟通障碍。由于语言中蕴含了深厚的文化意义，有时甚至会发生言不达意或者误解的现象。

在不同文化背景下，人们的行为和思维方式往往受到不同的价值观和观念的影响。例如，不同文化对时间、空间、身份、权力、责任的理解可能会产生较大差异，而这些差异会对其他文化群体的交流和互动造成困难；不同文化背景下，人们对待礼仪和礼节的方式可能会存在很大差异。例如，在中国文化背景中，年长者和上级常常被赋予更高的地位，因此，年轻者和下级常常需要保持尊重和服从的态度，而在美国文化背景下，个人自由和平等相对重要，较少注重前后辈等级礼节，在跨文化交流中，不了解这些差异可能会造成误解和冲突；不同文化背景下，信仰和宗教的不同也是造成差异的重要原因。信仰和宗教往往会影响人们的行为和态度，不同文化背景下的价值观和对生命、死亡、精神世界有不同的理解，这些差异可能会导致文化冲突。

文化差异在多个层面上对个体和群体在异文化的理解和接受上产生影响，只有尊重不同文化背景的差异，在交流和互动中保持开放和包容的态度，乐于了解和学习不同文化的思想、观念和价值观，才能更好地进行跨文化传播。

（二）表达和传播方式

由于文化背景和传统不同，在跨文化传播中存在表达方式和传播途径上的差异，受众可能难以理解传播媒介或者传达出的含义，要通过交流来加深对其认知。不同文化下人们所使用的语言和表达方式不同，因此文化差异会影响人们对信息和交流的理解和接收。例如，在某些文化背景下，人们可能更加注重语言间的暗示和隐喻。在其他文化背景下，人们可能更注重直接和明确的表达方式。在不同文化背景下，人们对于图像和符号的解释可能存在差异，比如在中西方文化的差异中，一些肢体语言作为表达的方式差异较大等。同样，色彩、图案、标志等在不同文化背景下其解释和使用特点也各不相同。

文化价值观的差异同样对表达和传播方式产生了影响，不同文化背景下的价值观对人们的信息和交流的解读和接收方式会产生重要影响。例如，对于某些文化背景下的话题，如婚姻、家庭、人际关系等，在不同文化背景下可能会采取不同的话语方式和表达风格；不同文化背景下的礼貌、交际和礼仪也存在差异，在表达和传播方面也会因此产生差异。例如，在一些文化背景下，可能更为注重正确的交往方式和礼仪；在另外一些文化背景下，则注重个人表达和自由交往；文化差异对表达和传播方式产生了深刻影响，在进行跨文化交流和传播时，我们应该注重不同文化背景下的差异，尊重接收者的文化背景和解读方式，在传播信息时应采取更加细致和恰当的表达方式。

（三）适应度问题

文化差异会对跨文化传播过程中信息的适应度产生影响。适应度是指信息在传播过程中其能够被接收、理解和应用的程度。跨文化传播过程中，由于文化差异的存在，接收者的背景、经验、文化等都可能会对信息的理解和应用产生影响，因此信息的适应度也会受到影响。

由于不同文化下人们使用的语言和表达方式可能存在差异，可能导致信息在传播过程中出现语言和沟通障碍，出现这种现象会使信息传达变得困难，有些信息可能会无法被准确理解和应用。不同文化间存在的价值观和观念的差异可能会影响信息的适应度。例如，有些信息在某种文化背景下可能被视作普遍正确和正义的，在其他文化背景下则可能受到否定或者质疑。在不同文化背景下，对于图像和符号的解释可能存在很大差异，这会影响信息的适应度。例如，在某些文化背景下，红色代表着幸福和庆祝。在其他文化背景下，红色可能被视为不吉利，这就需要在传播信息时进行适当的解释和说明。不同文化背景下，人们对待礼仪和礼节的方式不同，因此在传播信息时要尊重对方的文化背景和习惯，避免因礼仪和礼节的问题导致对信息产生误解。

文化差异会影响信息的适应度，一些文化特有的信息和内容可能无法顺利传达，因此在跨文化传播过程中，要更加关注接收方的文化背景和需求，同时针对目标社群进行文化转化，调整和适应信息传播方式，以避免外来文化的冲击，保证信息的适应度和信息能够双向流通。

（四）信任度问题

受众依据自己的文化和经验来判断信息的可信度和价值，文化差异会对信息来源的可信度判断产生影响。

由于受不同文化背景、价值观和社会教化的影响，不同文化背景下的人们会有不同的信任观念。一些文化背景下的人们可能比较信任权威，另一些文化背景下的人们则更注重自我价值和独立思考。这种差异会影响受众对信息来源的信任度；由于不同文化背景下人们的认知方式可能存在差异，对于某些信息的理解和确定，可能会存在差异，进而影响受众对信息来源的信任度。例如，在西方文化中，逻辑推理和证据为主要认知方式，在亚洲文化中则更注重情境和整体认知方式等；不同文化背景下人们的价值观和立场可能存在差异，这也会影响对某些信息的接受和信任。例如，一个国家的政治体制，在本国可能会被普遍认为是可行的，但在其他国家则可能会遭到否定和质疑；不同文化背景可能会影响人们的历史记忆，并对信息来源的信任度产生影响。在一个国家的历史长河中，某个事件在本国被广泛信任，在其他国家则可能引发争议或产生互相矛盾的认知。

综上所述，文化差异会影响受众对信息来源的信任度，部分目标社群可能会因为文化冲击和身份认同等原因产生意见分歧，甚至降低信任感。这时需要建立固定的信息来源、了解受众的信仰和心理认知，提高信息传播的信任度，建立符合受众期望的信息传播策略，提升信息传播的有效性和影响。

（五）文化融合度问题

文化融合是指不同文化背景下的元素和特点融合在一起所形成的多元文化现象。跨文化传播是不同文化间交流和互动的方式，人们以此学习、理解和接受不同文化的元素，而文化差异会影响跨文化传播中多元文化的融合问题。

在不同文化之间交流的过程中，语言和表达方式的差异会影响文化元素的实现和适应，从而可能降低文化融合的效果；不同文化背景下的价值观、观念和思维方式的差异，使得人们对于文化元素的理解和接受程度不同，因此不同文化元素的融合程度也不同；礼仪和礼节在跨文化传播中的表现也会影响文化元素的实现和适应，如果礼仪和礼节不能被适当理解和遵守，可能会降低文化融合的效果；在不同文化之间，人们对于文化图像和符号的解读和理解可能会存在差异，这会使得文化元素的融合程度受到影响。

文化差异在跨文化传播中会影响文化融合问题。为了更好地实现文化融合，要理解和尊重不同文化之间的差异，学习和理解其价值观、思维方式、文化元素等，通过交流和对话加深沟通和认知，包容、接纳和消除不同文化背景下的理解差异，达到文化融合的效果。跨文化传播应严格遵循文化多样性的原则，尊重各种文化背景和认知方式，使其达到共存。发掘类似的文化内涵，加强文化交流，推进文化融合进程。

三、文化差异与文化认知

文化认知是指人们对文化元素知识的理解、认知和记忆，是通过观察、经验和交流所形成的一种文化认知模式。文化差异是指不同文化背景、社会环境和历史传统所形成的不同文化特点和元素，这两者之间存在重要关系。

文化差异是文化认知的来源，文化差异是形成文化认知的基础——每一种文化都是通过其独特的历史、传统、经验、价值观等因素所形成的，这些因素共同构成了人们的文化成分和文化认知的基础；文化认知是文化差异的反映，文化认知是人们对于文化差异的理解和记忆方式。人们通过对文化元素的观察、学习和交流来形成自己的文化认知，进而形成文化认知模型。其体现了文化差异的特点和不同文化背景下对事物的各自认知方式和理解，所以文化认知也可以被视为文化差异的一个反映；文化差异影响文化认知，文化差异的存在会影响人们的文化认知方式。由于不同的文化背景、价值观和传统，人们的文化认知方式可能表现出差异性或者更多基于文化背景的特点来理解和记忆文化元素；文化认知可促进文化差异的理解，文化认知的加深和提高会有助于人们更好地理解和认知跨文化之间的差异，促进跨文化的交流和理解。

文化差异和文化认知是紧密相关的。文化差异是文化认知的来源，文化认知是文化差异反映。提高文化认知水平，有助于加深对跨文化差异的理解，推进文化融合进程。

第二节　跨文化传播视角下的文化认知要素

文化认知是指人们对某一种文化背景下的知识、习惯、价值观、日常行为模式等方面的理解和记忆，是文化差异的表现之一，其要素组成主要有语言、社会经验、价值观念、社会心理、文化图像与符号等。对异文化文化认知要素的认识有助于提升跨文化传播的效果。

一、语言要素

（一）跨文化传播中的语言要素

语言是文化认知的基础，不同的语言对于同一文化元素的诠释和表达形式完全不同。语言可以影响人们对文化元素的感知与认知，从而也会影响到文化认知的客观性。语言要素是指影响语言运用的不同方面，包含语音、语法、词汇、语用、语境、文化背景等方面内容。跨文化传播中的语言要素对文化认知有着重要影响，语言是文化认知的基础，不同语言的表达方式和符号意义会影响到人们对文化元素的认知和理解。语言要素在语言交际、语言理解和语言翻译等过程中都具有重要作用，因此需要进行揣摩，并且要进行透彻地交流和认知。

1. 语音要素

语音是语言要素中一个重要的组成部分，包括语音纯音、语音声调、语音节奏和语音重音等，对语言交际和语言理解都有重要作用。

（1）对语言交际的直接影响

正确发音是语言交际中的基础。在语言交际过程中，正确的发音能够确保对话成功，如果发音错误，则会导致交流不畅和造成困难，影响对话双方的理解。不同的语音会产生不同的含义。人们根据不同语音理解不同的词汇和含义，特别是声调的变化，会产生不同的语义含义。例如，在汉语中，"ma"可以表示"妈"或"马"，主要就是通过声调的上升或下降等不同组合来表达其含义。

语音也会影响语气的表达。正确的语音及语调可以表达强调或调侃、语气委婉或强烈表现。语音的音调、重音、音强等变化会影响到说话者的语气表达方式。中文的多音字在跨文化传播中也是一个很有意思的现象，以"乐"字为例，快乐读［lè］、音乐读［yuè］，在地名乐亭中读［lào］。同一个文字符号对应不同的发音，这给跨文化传播符号的接受和使用带来了一定的难度和障碍。

（2）对语言理解的影响

正确的语音能够达到对语言含义的准确理解。在正确发音的基础上，不同语音的变化可能会对词汇含义和句子语境的理解造成影响。如果说话人口齿不清，听者会理解错误，甚至造成理解偏差，这种情况下容易造成信息流不畅或者产生不必要的误解。正确的语音可以提高对语言理解的敏感度。了解语言的语音变化，有助于提高人们对语音的敏感度和理解能力，从而更准确地理解对方的意思和表达。因此，在语言交际过程中，正确的语音发音可以提高交流的质量和对话双方的理解力。

2. 词汇要素

词汇是语言表达的基本单元，根据词性划分，包括名词、动词、形容词、副词等，是人们用于表达自己情感、认知和思维的基本手段。不同语言中的词汇可能会具有不同的词义。相对或迥然不同文化背景下的词汇有着截然不同的含义，这种差异会影响人们在跨文化传播中对文化元素产生误解甚至曲解。在不同文化背景下，词汇的含义可能会出现截然不同的情况，统计分析这种差异性对于跨文化传播中文化元素的理解和交流至关重要。只有在对不同语言中的词汇具有更全面、透彻的认知，才能进一步提升跨文化传播时线上或线下的信息传递效力，推进文化融合进程。

3. 语法要素

语法是指语言的句法结构、词性、时态等方面的规则和原则，它决定了语言的表达方式和句子的组成结构，直接影响语言表达和理解的效果。

（1）对语言表达的影响

语法是决定句子结构和框架的组织。语法规定了不同词性单词的使用方式和位置，它在一定程度上决定了句子的框架和组织方式。一句话表达不清晰，通常是因为语法运用出现了问题。而一些非常规的语法表达，往往能对某些信息进行着重突出，人们常常通过倒装句的使用来强调表达的目的。

语法的调整也会影响语言中语气变化的方式。这种变化经常被用来表达各种不同的情感色彩与意义。陈述语气、疑问语气、祈使语气等都可以通过变换句子结构等方式实现。通常陈述语气往往比较客观，疑问语气、感叹语气等则可以表达字面之外的延伸意义，进而改变信息传达的效果。语法正确是确保交流正确性的基础。在交流中，语法错误往往会导致句子意义不明，甚至会对句子产生误解。如果没有灵活掌握和合理运用语法要素，可能会阻碍双方进行交流。

（2）对语言理解的影响

掌握正确的语法，有助于准确把握句子含义。人们可以通过语法，掌握理解句子意义的框架，实现对语句含义的准确理解，避免发生理解偏差。

避免语义上产生模糊和歧义。语言理解中如果忽略语法规则或者没有准确理解语法要素，同样也会导致理解的偏差。因此，对语法要素的理解和掌握是理解和表达准确、清晰的基础。

在语言使用中，英语中时间顺序和空间位置的表达方式与汉语有较大不同，如果对语言理解不准确，就有可能造成信息上的误解和语言交流上的障碍。

语法要素对语言的表达和理解都有很大影响，在语言的交流和理解过程中，合理运用语法要素能够改善说话者和听者的良性交流循环，提升语言交流的准确性与效果。对不同语言而言，有些词或字的发音方式和形态是相似的，但其意义并不同，这就会在跨文化传播中造成理解误差，影响到人们对文化元素的理解。不同语言的语法结构存在差异，这种差异会影响人们对复杂文化事件的理解。

4. 语用要素

语用是指语言交际中的"意义"和"意图"，它包括语言交际的目的、场合和语境，是语言交际中的重要组成部分。

语用学是研究语言与情境间关系的学科，它探讨在不同的语用情境中，人们如何通过语言进行表达和理解。语用学成果更贴近实际使用和交际背景，对于语言的表达和理解更具有现实意义，其较完整地体现了语言的本质和特点。语用对语言表达和理解的影响主要表现在以下四个方面。

（1）词义和句义的变化

语用上下文会对句子含义产生较大影响。在不同的语境中，单词和短语的含义可能会发生变化，同样的句子也可能在不同语境中产生不同的含义。例如，词语的隐喻用法或特定的语境可以改变它们的词义。这意味着要全面理解一个词语或句子，必须考虑它们在特定语用环境中的含义。

（2）交际目的与语篇的构建

语用情境也与交际目的紧密相关。交际目的是说话人在交流过程中想达成的目标。不同的交际目的会影响到说话人选择什么样的句式、词汇、口吻与态度等，还会对语境的产生以及语篇的构建和组织方式产生影响。

（3）言外之意的影响

在语用上下文中，许多信息在表象上并未明确表示，但是在交流过程中却存在着暗示、隐喻、调侃或讽刺等意思。这些言外之意需要对说话人的语言能力有深刻的理解和识别，并且需要有一定的文化常识和文学底蕴的积累。

（4）社会文化背景的作用

在不同的社会文化背景下，同样的话语、语言风格与礼仪讲究会产生不同的解释和含义。在不同文化环境中，人们可以有不同的言语规范和含义，对话双方相互了解对方的文化背景可以避免发生混乱的揣测或者产生误解。

总之，语用对语言表达和理解的影响是深广而多方面的。理解语言要综合考虑语用背景和情境，并在语言实践中加强对语用方面的学习和实践，这样就可以更好地理解和运用语言，实现有效的语言交流。

5. 语境要素

语境是指语言运用的具体环境和背景，包括时间、地点、人物、文化背景等，可以对语言的理解和表达产生极大的影响。在不同语境下，同样的词汇可能会有不同的意思或能引申到不同领域，甚至会产生歧义，这会影响人们在跨文化传播中对文化元素的理解。语境是指语言发声和接受的上下文环境，包括时间、地点、身份、性别、社会地位、文化背景等因素，以及说话人和听话人之间的互动过程。语境对语言表达和理解的影响十分关键，具体表现在以下三个方面。

（1）反映言外之意

语境有时可以反映言外之意，即那些没有直接表达出来的信息和意图，并且让听话者可以推导出说话者的意图和目的。例如，在不同的情境中，同一句话可能有截然不同的含义，这需要听话者对语言上下文进行推断和解读。

（2）语言的含义

语境对语言含义的解释和理解产生影响。在具体语境中，同样的词和句子可能会有不同的含义。语境的不同可以产生歧义或造成误解。不同的话语、情境下的交际者、时间和地点都会对语言的含义产生影响。

（3）成分的调整

语境能够影响句子的组成。说话者会根据语境和听众来选择词汇、语气、节奏等元素，以创建对话的不同层次。语境越特定，就越需要调整信息。人们的解释和理解是通过语言、句子和语篇等表层文本来实现的，同时也可以使用上下文信息来获取相应的知识和经验。人们对语言的理解遵循着一个自下而上的过程，并会利用语境和综合推断来实现对词汇和句子的最终理解。

综上所述，语境对语言表达和理解具有重要影响。恰当的语境可以帮助人们理解语言的含义并产生更多的信息。因此，在日常生活中，我们需要仔细考虑和理解不同的语言场景和语境，以便更好地运用和使用语言。

6. 文化背景

文化背景是指语言所属的文化环境和文化传统，指人们所生活的社会、历史、地理和政治环境，以及个人所处的族群、语言、宗教、教育等方面所形成的习惯和信仰等。不同文化背景下，同一词汇有可能会产生完全不同的意义，这就需要人们更透彻地理解不同的文化背景，方可准确理解文化传播过程中的信息元素。文化背景对语言表达和理解的影响非常重要，具体体现在以下四个方面。

（1）影响口音和语速

不同文化背景的人使用语言时可能具有不同的语音和节奏，这会影响到语言的听力和理解。比如，中文和英文的读音不同，就需要不同语言背景的人接受不同的语音习惯和听力训练来解决口音差异问题。

(2)运用语言的规范

在同一种语言中,不同文化背景的人可能也存在着不同的语言规范和习惯,这些规范和习惯是由文化和历史背景所决定的。比如,中文地区的方言在语法和词汇上和普通话会有所差异,在交流中要有针对性地对方言进行理解。

(3)基于文化因素的表达

文化背景会影响人们的思维方式和价值观念,因此在表达和理解时也会依赖于文化因素。比如,西方地区的人常用"我"和"你"来表达个人意见和主张,在东亚地区的人则更多地使用含蓄的表达方式,避免直接表达对别人的意见。

(4)文化负荷

语言中的很多词汇和用途都有基于不同文化氛围、历史背景和信仰价值等因素的含义。了解人们的文化背景可以避免对用语和语境产生误解,同时也可以更准确地理解说话人的意图和表达。文化背景对语言表达和理解具有广泛和重要的影响。理解不同文化背景下人们之间的语言差异,帮助人们在跨文化交际中避免误解和冲突,增强彼此间的信任感和理解力,提高语言交流的效率和准确度。

(二)语言要素对跨文化传播的影响

1. 话语与话语分析

(1)话语

话语是语言符号经由一定规则按一定序列构成的形态。福柯(Foucault)从建构主义视角提出话语是一种特殊的实践,"涉及用来建构知识领域和社会领域的不同方式"。[①] 换言之,话语不仅创造了一系列的观念和信念,还建

---

① 米歇尔·福柯:《知识考古学》,谢强、马月译,上海:生活·读书·新知三联书店,1998,第53页。

构了主客体的认同。因此，诺曼·费尔克拉夫（Norman Fairclough）也提出"话语是一种以特有方式构成的知识和社会实践，不同的话语以不同的方式构成社会存在，在具体的社会环境中相互结合，产生新的、具有复杂含义的话语"。①

话语是指一段言语的连续组合，通常指在特定时间和地点中通过口头或书面语言交流产生的言语行为。话语通常是建立在特定的情境、社会背景和语境之上的，在语言学和社会科学领域中扮演了很重要的角色。话语包含了语言形式和使用环境等多个要素。在语言形式方面，一个话语可以由一个或多个单词组成，且通常包含主语、谓语和宾语等语法要素。在使用环境方面，一个话语可以与特定的情境和社会事件相联系，如人们在工作、社交、娱乐等不同情境下使用不同的话语。此外，话语还包括了语言本身的风格和文化因素等。例如，在不同的文化传统和语言环境中，人们使用语言风格及其目的也可能有所不同。在某些语言中，隐喻和比喻等类型的话语很常见，而在其他类语言中，直白表达会更加普遍。

综上所述，话语是一个具有语言形式、语境和文化背景等多个方面要素的语言组合体，它在日常生活中发挥了重要作用，特别在交际和沟通中扮演了重要角色。

（2）话语分析

语言学视阈下，话语主要是指在社会互动过程中呈现出的丰富和复杂的语言和言语，包括口头语言、书面语言及两者的延伸部分。语言心理学家詹姆斯·保罗·吉（James Paul Gee）强调话语是一种文化模式（cultural model），是"一种将语言、行为、价值观、信仰、态度和社会身份融为一体的存在方式或者生活方式"。②

话语分析是指通过对口头或书面话语产生的语言和话语结构，解释和探

---

① 诺曼·费尔克拉夫：《话语与社会变迁》，殷晓蓉译，华夏出版社，2003，第3页。
② 施旭：《文化话语研究：探索中国的理论、方法与问题》，北京大学出版社，2010，第3页。

讨话语背后的意义和含义。在跨文化表达中，话语分析可以探究话语和语境的关系，把握话语中隐含的观念结构、意义、认知和记忆，挖掘其背后的价值立场、意识形态、权力关系以及思维方式。同时，考察参与话语活动的主体与社会事实之间的互动关系。话语分析主要包括以下四个方面：①语言和话语结构。关注言语中的语言和语言结构。例如，语音、词汇、句法、语义和话语结构等；②背景和语言功能。注重研究语言背景、交际者身份、社会情境、交流目的、情感和心理动机等文化因素和社会因素与话语之间的关系；③话语复杂性。关注话语的复杂多层性，不仅要分析话语表面上的字面含义，还要解释话语背后隐藏的含义和参数；④话语的权力关系。包括话语生产和消费过程中涉及的权力关系。例如，话语的授权、背景或情境中的权力、话语的有效性和影响力等。

话语分析的优势在于，它可以揭示文本和口头表述中的复杂含义和隐含意义，探讨隐喻背后的意义，以及分析支配和受支配的权力关系。同时，话语分析方法还适用于分析各种社会情境下的语言和文本。例如，政治分析、媒体评论、心理分析、商业宣传等，为我们了解、干预文化和社会情况提供了专业手段。

2. 语言要素对跨文化传播的影响

语言学话语分析理论认为：第一，说话者会受到特定语境的影响；第二，说话者会有策略的运用语言达到自身的目的；第三，有策略地生成或理解语言活动，受到特定文化的一定影响。因此，话语分析会着重分析话语与语境之间的关系，句子之间的语义联系；语篇的衔接与连贯；会话原则；话语的寓意结构与意识形态之间的关系；话语题材结构与社会文化传统之间的关系；话语活动与思维模式之间的关系等。[①]

基于话语分析，在传播文本的生产与消费过程中，在语言要素的使用中，

---

① 孙英春：《跨文化传播学》，北京大学出版社，2015，第89页。

往往会因为社会文化背景带来的各种障碍导致多种信息接受产生偏差。语言是跨文化传播的重要因素之一，异文化语境的话语实践是跨文化研究的基础，也是话语建构功能是否能够有效发挥的重要保障。语言要素对跨文化传播的影响主要体现在以下六个方面。第一，语言障碍。语言障碍是跨文化传播中最大的阻碍之一。语言能力的差异会导致沟通不畅，甚至产生误解和其他不良后果。如果没有基本的语言理解能力，即使文化传播内容再重要，也无法传达给受众群体。第二，文化观念差异。语言中的很多词汇、书写习惯和语法结构等，都受到文化观念和习惯的影响。对于跨文化传播，语言文化背景的不同会影响到信息和文化的转化，会导致误解和偏见的产生。第三，社会参数。语言背后存在着经济、政治、历史、地理等社会参数。不同的社会参数会导致语言应用方式的不同，这样会再次影响到信息转化的过程。第四，语言的专业性。某些语言表达形式有着特殊领域的功能。在向不同语言背景的跨文化受众传播要素时，要充分考虑不同领域语言专业性的特点和需要，避免产生误解和阻碍。第五，翻译准确性。在进行跨文化传播的过程中，翻译的准确程度会直接影响到人们对文化元素的理解和认知。由于可能存在文化差异和语言的表达差异，即使完成翻译，仍可能导致信息传递不准确。第六，文化隐喻。文化隐喻是表达一种文化概念或思想的一种比喻、象征或暗示方式，这种表达方式是基于文化背景基础之上的。跨文化传播中的语言要素会影响人们对文化隐喻的认知和理解，如果使用语言要素不当，就会出现误解或引起反感。

综上所述，在跨文化传播中，语言作为沟通桥梁起到了至关重要的作用。了解语言的存在与语言的层面差异，可在跨文化交际过程中对语言进行正确定义及对文化意义进行准确传达，增强文化认知的准确性，体现文化差异性并有效地推动文化传播成功。处于跨文化交往中的种种话语，都是分析文化与社会现实构建和变动趋势的重要途径。由于不同话语对应不同的群体、知识、权力关系和意识形态，不同的文化、族群及其成员也都是由话语建构并受话语约束的。借由话语的生产、诠释机制及其与社会关系，可以解释跨文化传播研究所涉及的诸多议题。

二、社会经验

社会经验（social experience）是个人以及群体在不同社会和文化环境中的经验和价值观念的总和，影响人们对其他文化和社会集体的认知和了解。它是文化认知的重要来源，通过社会经验，人们逐渐形成了自己的文化认知。

（一）社会经验与文化包容度

文化包容是一种价值观和能力，这种能力让人们能够充分参与和理解各种不同文化中新鲜的、未知的或者不同的想法和观点。

人们在不同文化背景下获得的社会经验会影响他们的文化包容度。社会经验让人们了解到不同文化之间实际存在着多种不同的生活方式和观点。这样有助于扩大视野、了解和欣赏其他文化，提高文化包容度。文化包容可以引导人们理解其他族群的文化和生活方式以及价值观念。一些特定的社会经验，有助于深入了解其他的文化、信仰和习惯。

文化包容和社会经验的提升可以提高跨文化交流的质量和效率。在跨文化交流中，文化包容能够尊重和理解对方的文化差异，从而帮助我们更好地沟通和理解彼此的观点和想法。同时，社会经验可以让我们更准确地理解和运用对方的语言和文化元素，这有助于改善跨文化交流的质量和效果。这样的交流还有助于建立相互尊重和理解的关系，从而促进国际和谐发展。文化包容可以促进文化创新。在现代化社会中，不同文化之间的交流和融合已经推动了文化创新。在过去，许多世界上的现代艺术和文化理念也是因不同文化的交流和互动而产生的。文化包容和社会经验的提升，可以刺激更多的跨文化交流和创造，促进文化创新的发展。因此，文化包容度和社会经验通常是相互影响和互补的，只有尊重和理解不同文化，增加社会经验和提升文化包容度水平，才能开辟出更广阔的国际交流市场，为构建和谐的跨文化社会奠定基础。这就需要我们通过尊重和理解跨文化差异，吸收其他文化的优点，提高自己的社会经验和提升文化包容能力，从而实现多元文化共存的美好愿景。此外，参与跨文化交流的时间越长，获取的社会经验越多，文化素质也将越高，我们也会更容易适应不同的文化环境和社会模式。

在全球化发展的背景下，社会经验和文化包容度将越来越受到重视。借助先进的信息技术和通信工具，我们可以接触到世界上的其他人群和文化，以此更好地了解不同文化和社会集体，从而增加我们的社会经验和提升文化包容能力。

（二）社会经验与跨文化接受

社会经验在跨文化传播过程中发挥着重要作用，影响跨文化传播的接受和理解。

跨文化接受（Intercultural Acceptance）是指人们在与不同文化背景的人们交往时所表现出的接受和尊重不同文化和生活方式的态度和行为。

社会经验与跨文化接受密切相关。在一定程度上，社会经验和跨文化接受是相互依存的。具有一定的社会经验可以使人更加容易接受新的文化，理解并尊重不同背景的人们，在交往时更加亲近和理解对方。跨文化接受能拓展个人交际圈子和扩大交流机会，使其更容易获得新的社会经验和文化知识。社会经验可以影响人们对其他文化所表现的态度和行为。具有广阔社会经验的个人会更加容易克服跨文化交际中的障碍，理解和尊重不同文化和背景的人们，从而表现出更加积极的跨文化态度。跨文化接受可以拓展和增强个人的社会经验。个人广泛建立社交关系，了解其他文化，了解各种文化的风俗习惯和生活方式，从而使他们的社会经验变得更加丰富。

积极的社会经验有助于个人增进对其他文化的认知。正是通过社会经验，个人了解到其他国家、民族的文化、习俗和传统，获得对其他文化的认知，并通过跨文化接受的态度理解和尊重他们的文化。跨文化接受和社会经验的提升有助于促进国际文化交流。通过这种交流，人们可以分享丰富的文化知识和经验，促进文化的融合和更新。跨文化接受能力的提高将有助于个人成为更好的全球公民。全球公民是指具备尊重多元文化的观念和能力的人。这些人可以顺利地跨越文化实现民族融合，能更好地和不同背景和文化的人们进行交流，为构建和谐的人类社会做出积极贡献。

社会经验的提高有助于个人更好地融入具有不同文化背景的社会，建立合适的沟通和交流方式，维护社交圈子的稳定和健康；同时也有助于文化传播能平和有效进行，不会产生强烈的文化冲突，而且产生更加和谐的文化创新互动和体验；社会经验和跨文化接受是相互依存和相互促进的。通过提高社会经验和跨文化接受的能力，个人可以更好地理解和尊重其他文化和背景的人们，并且促进更广泛的跨文化交流和融合，从而为构建世界多元文化和国际和谐关系奠定基础；社会经验在跨文化传播中发挥着重要作用。对于想要实现有效的跨文化传播的人们来说，合理地利用社会经验，具备开放的心态与不同文化背景的人们进行跨文化交流，有助于更好地适应和融入不同的文化背景，有效提高跨文化交流的质量，更好地促进不同文化和平共存。

在网络传播中，社会经验特别是某些文化体验很容易因其包装的新颖性而掩盖了其真实性。近些年，一些自称"远征军后代"的"缅北网红"在社交平台以及视频平台分享异域生活，以"高收入""高生活质量"且"自由自在""无拘无束"的工作、生活为吸引点，引起了不少缺乏社会经验的年轻受众的关注，他们对其中信息真假不加判断便前往缅甸求职、生活。生活经验与社会阅历的缺失，使年轻人无法对相关信息作出判定，形成盲目的文化接受冲动，进而落入诈骗团伙的圈套。因此，与社会经验相称的信息辨识能力与媒介素养也是跨文化传播与接受中所应具备的能力。

三、价值观念

价值观念是指人们对社会生活中的各种事物的态度、评价和看法，主要体现在审美观、时间观、财富观等，每个文化背景下的人们都有自己的价值观念，而这些价值观念也对文化认知的形成产生了重要影响。

（一）价值观念与文化接受

文化接受是指通过对其他文化的接受和理解，实现不同文化之间的交流和融合。其本质是一个过程，可以影响个人的思想、行为和价值观念。价值观念是人们根据文化和社会环境所形成的关于道德、社会和其他方面的信念和观念。因此，价值观念对文化接受有着深远的影响，具体表现在以下四个方面。

1. 影响文化认识的深度

价值观念是我们认识文化的重要因素。个人通过对文化的了解，他们会对文化中的不同价值观念形成自己的认知。如果个人的价值观念与其他文化接受方的价值观念完全不同，那么接受其他文化将会面临困难；但如果与两种文化中的价值观念基本相似，那么接受其他文化相对容易。

2. 影响文化接受的质量

个人价值观念在文化接受过程中也影响文化接受的质量。如果个人的价值观念对另一个文化完全不适应，那么他们就会拒绝该文化并对其持批评态度。如果个人尝试理解新文化并试图接受它，那么他们会更容易接受该文化。

3. 影响文化传承的方式

价值观念也在一定程度上影响文化对象的传承方式。文化对象包括艺术、习俗等。每种文化都有自己的道德标准和传承方式。文化不同是文化接受过程所面临的难点之一。个人必须了解并接受这些标准和传承方式，才能更深入地了解文化。

4.影响文化的转化

文化交流时，价值观念的巨大差异可能使文化转化或混合。每种文化都趋向于向其他文化固有的价值观念和想法倾斜，这可能导致文化发生转化。许多文化中都有类似巫术和祈祷这样的现象，这些元素可能被吸收或混合到另一种文化中，形成一种与原来文化不同的新文化。

价值观念在文化接受中扮演着重要角色，是影响文化接受质量和实现文化共融的一个因素。在跨文化交流和文化接受过程中，应该充分意识到价值观念对文化接受的影响，尝试理解和尊重其他文化中的不同价值观念，从而营造更加和谐的创新文化建设氛围。

（二）跨文化传播中的价值观念

在跨文化传播过程中，不同文化群体间的价值观念对文化生产、文化传播与文化接受均有影响。跨文化传播过程中的价值观念指的是不同文化之间价值观念的交流和影响。随着全球化进程的加速，跨文化传播中的价值观念交流日益频繁，其影响力不断加深。基于价值观判断的文化接受在跨文化传播中发挥着重要作用，其影响人们对不同道德观念、文化传承、国家政治理念等的认识和理解。跨文化传播中的价值观念对文化的影响具体如下。

1.影响跨文化传播方向

不同文化之间具有不同的价值取向。在跨文化传播中，价值观念的不同可能导致信息传递发生偏转，从而导致信息的失真或误解。在这种情况下，跨文化传播要认识和了解不同文化之间的价值观念，才能更好地传递信息。

2.影响文化融合和对话

跨文化传播中价值观的交流，有助于多种文化进行融合和对话。人们在交流中对于自己和他人的价值观的不同认识和理解，使得人们对不同文化的包容和适应更加贴近实际。这样的交流和对话对于跨文化传播的成功具有重要影响。

3. 影响文化认知和评价

价值观念在不同文化中有着不同的表达和体现。在跨文化传播中，个体所接受的价值观念来自多个方面，包括文化传统、人际交往、国家政治等多个维度。这些价值观念的传递和认知可能带来不同文化之间的认知和评价差异，即文化的多元性。

4. 影响文化创造力

跨文化传播中的价值观念也可能带来文化创新。在跨文化交流中涌现出来的新事物，通常是因跨越文化所带来的价值观变化和美学趣味有所不同等，使其产生了新的创造性。例如，具有现代东方风格的时尚产品，其结合了传统东方文化和西方文化的流行因素，具有全新的审美和文化魅力。

5. 影响文化接纳和适应

跨文化传播中的价值观念也影响个人对不同文化求实的程度。因为每个人对价值观念的认同和理解可能因个人文化背景而异。如果个人价值观与接触到的文化背景适应不同，那么他们可能会对该文化持有怀疑、排斥的态度。因此，所接触到的文化应根据个人价值观问题的出现灵活调整，以加快个人对外来文化的适应程度。

6. 影响文化再生产

跨文化传播中的价值观念也可能促进文化的再生产和再发展。这种再生产和再发展会随着时间的推移而扩大，从而对文化产生更深远的影响。这些影响不断从过去的文化中涌现出来，从而带来了文化的更新和美学上的创新。

7. 影响文化转化

跨文化传播中可能出现文化转化的现象。文化转化往往是因文化间价值观的差异造成的。因为不同文化之间价值取向的不同，会致使文化的一些成分被转化或改变。例如，不同文化中的人权观念、环保观念，可能因接触到其他文化而开始向新的方向演进。

综上所述，跨文化传播中的价值观念是文化传播的一个核心因素。必须实现对不同文化间价值观念的理解和包容，才能充分促进文化传播的互惠共赢和创新发展。人们也应注意达到跨文化传播中价值观念的传承与吸收之间的平衡，优秀文化必须完整地传承并造就新的价值观念。

四、社会心理

文化与社会心理密不可分。文化塑造了人类生活的基本层面，许多重要心理过程受文化的影响。作为心理学概念，文化既是人类心理建构的核心角色，也是个体具有某种共性的"集体心理程序"，其决定了个体的感知、思维和态度，从而塑造了人们的认知结构和行为模式。跨文化传播的行为体具备复杂的情感、意志和动机，这些心理机制是基于文化的特殊人类活动形式，它们受历史和文化传统的制约。

社会心理是文化认知的重要组成部分。在不同文化背景下，人们的心理偏好和习惯各异，这会影响他们对文化元素的理解和认知。

（一）社会心理的意涵

1893年，普列汉诺夫在《唯物主义史论丛观》中指出：社会心理是"一定时期、一定国家的一定社会阶级的主要感情和思想状况""当时流行的信仰、观念、思想方式以及满足一定审美要求的方法"。[1]社会心理并非由单方面的政治或经济因素决定，而是各种社会因素综合作用的结果。科学分析社会心理现象的起源可以追溯到马克思。马克思在研究社会精神生活与社会物质生活的关系时，虽未使用"社会心理"这个概念，但深入探讨了包括人们的感情、幻想、习俗等社会心理现象在内的全部社会意识现象。恩格斯在《路德维希·费尔巴哈和德国古典哲学的终结》以及有关历史唯物主义的通信中将社会意识大致划分为三个层次：最接近经济基础的是人们日常意识（即社会心理），其次是较高级的社会意识形态，如法律、政治理论等，最后是哲

---

[1] 普列汉诺夫:《普列汉诺夫哲学著作选集（第二卷）》，三联书店，1962，第33页。

学、宗教等。因此，社会心理既融合了感性因素又融合了理性因素，且作为一种意识形态，它贴近人们生活并处于最底层。由此，我们可以对社会心理进行如下定义：社会心理是一种基于特定政治环境、经济基础和社会环境的心理状态，能够反映人们的情绪、感情、愿望、诉求、风俗和道德状况。

（二）社会心理的类型

社会心理是在经济生活的基础上形成的，并同样受政治和社会生活的影响。它涵盖了多种类型，包括符合人类历史实践的社会心理和与社会实践相悖的社会心理。除了反映人们的情绪、感情、愿望、诉求、风俗和道德等心理状况外，社会心理还具体表现为时代精神、民族心理和社会思潮等不同类型。可以将社会心理进行层级划分。在较高的层级上，有时代精神、民族心理和社会思潮等，它们反映了整个社会的心理状态和趋势。时代精神是指特定时期下的整体心理特征和价值观念，代表了当代社会的集体意识形态和核心价值取向。民族心理则指代某一民族群体在文化、历史和社会环境中所形成的共同心理特征和认同感，体现了特定民族的文化传统和自我认知。社会思潮则是社会中涌现出的新观念、新思潮和新动向，引领着社会变革和发展。同时，在基层的社会心理层级上，包括情绪、感情、愿望等更个体化和直接的心理体验。这些层级上的社会心理相互作用，在人类社会中共同塑造着文化、价值观和社会行为。

1. 时代精神

时代精神是对社会心理的高度概括和提炼，主要体现在意识形态中。它代表了特定时代下的思想观念、价值取向和文化风貌，具有教育功能、导向功能和凝聚性。第一，时代精神具有教育功能。它通过倡导一种精神力量，在全民族范围内形成共同的精神纽带，促进社会的发展与进步。时代精神作为一种集体意识，能够保障民族团结和谐，塑造国家文化认同的共同价值观。第二，时代精神具有导向功能。它为民族发展指明方向，引导整个社会如何思考问题、解决矛盾，调动和发挥广大人民的积极性、主动性和创造性。时代精神通过在意识形态领域进行引导和影响，引起社会变革与发展，推动历史进步。第三，时代精神还具有凝聚性。它能够使民众产生归属意识、自觉意识等，从而在共同目标、共同利益、共同价值观念的基础上凝聚社会发展的合力。通过寻求社会思想共识，时代精神扮演着凝聚社会团结、增进社会凝聚力的重要角色，人们形成对社会的认同感、自豪感和归属感。

综上所述，时代精神在社会心理中起到重要作用。它不仅是一种思想观念和价值取向的集合，还具有教育功能、导向功能和凝聚性，能够促进社会进步和团结发展。随着时代的变化和发展，时代精神也会不断演进和完善，反映着历史的趋势和社会的需求。

2. 民族心理

民族心理是指一个民族在共同的生活中长期形成的一种本民族心理状态，它反映了民族文化的延续和保持本民族特色的精神力量。不同国家的人对同一个问题可能会有不同的看法，这正是民族心理发挥作用的原因，它使得一个民族能够保持其独特性。

不同的民族心理是由历史条件、经济生活、文化生活和地理位置等多种因素造成的。它主要表现在以下三个方面。第一，民族意识。民族意识指人们对自己所属民族的认同程度，包括对自己民族的社会地位、民族利益以及与其他民族的相互关系等的理解和认识。这种意识使得本民族的成员在情感、态度和意向上能够产生共鸣。民族意识对于民族凝聚力和认同感的形成具有重要作用。第二，民族感情。民族感情指对自己所属民族所处实际地位与其他民族之间关系的情绪反应。它以对本民族或其他民族的爱憎形式表现出来。民族感情可能源自历史事件、经济发展、文化传承等多种因素，对个体和群体的行为和态度都产生影响。第三，民族性格。民族性格是一个民族典型特征的集中反映。这些特征可能涉及个体和群体的思维方式、情感表达、价值观念、行为风格等方面。民族性格在很大程度上是由民族文化、历史传统以及环境因素塑造的。

民族心理对于发展、促进和巩固本民族成员之间的关系具有重要作用。通过弘扬民族历史，民族心理能够在心理上激励、振奋和鼓舞本民族成员。每个社会成员都对自己所属的民族有特殊的情感，每个民族都有自己的文化、风俗和语言。对于祖国的主权、利益和领土等问题，每个人都会怀有强烈的心理情感，并且自觉或不自觉地将本民族的精神财富传承给下一代。民族心理是一个复杂而动态的领域，它随着社会环境和民族关系的变化而不断演变。民族心理与民族的经济生活、文化生活、文化水平以及对外界情况的了解程度密切相关。

3. 社会思潮

社会思潮指的是一种集中反映时代热点的社会意识运动形式、思想趋势，是社会心理在某段时间内的集中表现。社会思潮具有以下特征。首先是历史性。社会思潮在不同历史时期出现，并且与当时的社会背景和时代特征密切相关。例如，近代社会出现了洋务思潮、改良思潮、革命思潮等，这些思潮都反映了当时社会的需求和变革。其次是区域性。社会思潮通常在特定地区或国家产生和发展。不同地区、国家的文化背景、生产力水平等差异会导致社会思潮兴起于不同区域。例如，洋务思潮主要在中国华北地区兴起，三民主义思潮则源于中国南方地区。最后是传播广泛。社会思潮能够在某一阶级或阶层中广泛传播，并引起绝大多数人的共鸣并产生趋同性。它们体现了一定社会利益集团的愿望，并表达了某一阶层相似的目的性。

社会思潮对社会发展和变革起着重要的推动作用。它们能够引领人们思考、行动，影响社会意识形态、价值观念和行为方式。社会思潮的兴起与发展反映了社会的动态变化和不同阶级、群体的利益诉求，同时也促进了社会的进步与发展。

4. 情绪、感情、愿望

我国古代思想家荀子曾指出："生之所以然者谓之性。"他进一步强调道：

"性之好、恶、喜、怒、哀、乐谓之情。"这一观点凸显了情与性的紧密关系，认为情是性的表现形式，而性是自然而然产生的。类似地，达尔文研究了动物的表情，并指出情绪和情感活动与生物的遗传和适应活动有关。

将情绪归于社会心理的基础层面，是因为人是社会的构成要素，社会关系的根本也在于人与人之间的联系。正如古斯塔夫·勒庞（Gustave Le Bon）在《乌合之众：大众心理研究》（*The Croud : A Study of the Popular Mind*）中所指出的，个体构成了群体，个人的需求和情绪构成了群体的需求和情绪。感情通常被解释为对外界刺激产生的强烈心理反应和行为表现，同时也体现了个体对人或事物的关注、喜爱或厌恶等心境。古代思想家就有对感情的解释，例如《孟子·告子上》中提道："恻隐之心，人皆有之；羞恶之心，人皆有之；恭敬之心，人皆有之；是非之心，人皆有之。"这一段例子指出了人们普遍具备同情心、羞耻心、恭敬心和是非心。同时，荀子持有"人之性恶，其善者伪也"的"性恶论"。无论是孟子的"性善论"还是荀子的"性恶论"，都是关于感情自然属性的描述。此外，《道德经》和《论语》等著作也描述了感情，因为感情不仅是个体的自然属性，也是社会心理构成的基础要素，影响着个体的价值观。

愿望是指内心期望实现的想法，通常指向美好的愿景。它体现了个体对某一特定事物或情感的渴望、向往或强烈倾向。文天祥在《指南录·诗序》中提到："云父念本朝，亦愿望之辞。"蒲松龄在《聊斋志异·胡四相公》中写道："因往视弟，愿望颇奢。月馀而归，甚违初意。"这些例子明确表达了愿望的内涵，即美好想法和向往之情。马克思在他的著作中也论述了人类的全面发展理论。作为一种普遍存在的社会心理现象，愿望涵盖了人们的追求和渴望，是分析意识形态和社会心理问题的重要依据。

尽管社会心理在层级上有所区分，但不同层级之间却相互影响密不可分。基础性的社会心理，如情绪、感情和愿望等，源源不断地向社会心理提供意识素材，并且是社会心理最直接、最准确的反映。它们是社会思潮形成的推动力量，构成时代精神的重要组成部分，并且能够沉淀为民族心理。反过来，时代精神、民族心理和社会思潮都会影响着人们的情绪波动、感情偏好和愿望实现。这种相互作用可以解释为个体受到社会环境和文化背景的塑造，从而影响他们的心理状态和行为表现。时代精神代表了特定时期的价值观和思维方式，民族心理则反映了一个民族独特的集体心理特征，社会思潮则是社会中涌现出的一系列观念和思想趋势。这些因素共同作用，塑造了人们的情绪体验、情感取向以及对未来的期望和追求。

（三）社会心理对文化接受的影响因素

每种文化都有其独特的约定俗成的因素，可以被称为该文化的"密码"或"暗码"。这些因素包括语言、符号、象征、价值观念、习俗、传统等，它们构成了一个文化体系内部的共享理念和共同认知。传递这些密码并让尽可能多的人掌握，是文化传播的主要任务之一，成功破译和运用这些密码则是接受该文化的前提。文化接受是指人们通过理解和学习不同的文化特征，尝试理解和接受他人的文化。社会心理对文化接受有着十分深远的影响，在以下方面发挥着重要作用。

1. 态度和信仰对文化接受的影响

1935年，高尔顿·威拉德·奥尔波特（Gordon Allport）提出了关于态度的一个经典定义：一种心理的、神经的准备状态，由经验予以体制化并对个人心理的所有反应过程产生指示性的或动力性的影响。后来的心理学研究陆续提出了很多定义，包括："既定的"倾向或反对特定事物的方式；既成的神志状态，通过对经验的组织，在个人对所有与其相关的对象和情景的反应中发挥一种直接和有力的影响；以一致方式对特定对象所持有一种持续的习得性倾向；等等。作为影响认知的主要因素，态度一旦形成，人们就会用已有的观念体系来对外界事物作出回应。在这个意义上，态度是人和群体完成目标行为的"储备过程"。

在社会心理学的视阈下，态度由认知、情感和行为三个部分组成。认知部分指个体对态度对象的观念和信念，情感部分则涉及个体对态度对象的情感评价，行为部分表示个体的行为倾向或行动与态度的一致性。这三个部分相互作用，共同构成了一种完整的态度。研究关于态度的获得与作用帮助我们找到了研究社会心理现象的主要线索。随着态度的测量和研究方法的发展，研究人员能够更加准确地了解和测量个体的态度，从而推动社会心理学的发展，这也为利用实证数据对复杂的社会心理现象进行实验和数学化的研究提供了可能性。

信仰是人类普遍存在的精神现象，表示个体对超自然世界和无限价值的信念和追求。它对人类文化的发展和进步具有重要影响。随着全球化的发展，不同文化之间的融合越来越明显，信仰成为连接文化差异的重要纽带。多种信仰互相融合，以适应人们对多元文化的需求。例如，在中国，佛教、道教等宗教与基督教节日等节庆的融合展示了信仰的包容性，并加速了不同文化之间的融合与传播。信仰在文化融合中的作用增强了文化的多元性，也代表了信徒对文化多元化的认同和追求。

因此，个体对文化接受的态度和信仰显然会影响文化接受过程中的特征。个体的开放程度和创新态度可能会影响他们对文化接受的看法，从而影响他们接受新文化的速度和方式。这些因素反映了个体在面对文化融合时的心理倾向和态度，对理解和研究文化接受的过程具有重要意义。

2. 人际关系对文化接受的影响

人际关系在社会和文化中是非常重要的，它代表了人与人之间的相互依存和联系。在传播研究领域，人际关系是在社会、文化和其他影响因素的语境中形成的，不同文化下的人际关系存在很大差异，并且在社会化过程中，人们习得了不同的社会规范和观念。

一些西方学者将中国的人际关系视为十分重要的方面，他们特别强调其中的特殊性。他们认为，在更深层次上，"关系"在中国社会中意味着一种方法，即长远地利用关系作为一种社会资源。这种观点突出了中国人对于人际关系的重视，以及人们之间进行特殊联系的重要性。探究不同文化中人际关系的差异及其对传播的影响具有特殊意义，对跨文化传播的研究和实践至关重要。人际关系在社会生活中对文化接受有着巨大影响。家庭和朋友群体的文化背景和认知方式通过互动影响个体的认知和文化交流方式，从而对文化接受产生促进或阻碍的作用。人际关系可以为个人提供文化理解和学习的途径。在与他人的交往和互动中，个体能够接触到不同文化的观念、价值观和行为规范，加深对其他文化的了解和认知。此外，人际关系也可以为个体提供情感支持和社会认同，这在个体接受新文化时起到重要的作用。

实际上，人际关系也可能存在一些阻碍文化接受的因素。例如，某些人际关系网络可能强调传统价值观和规范，限制了个体对于新文化的接受和认可。此外，人际关系中的社会压力和群体期望也可能影响个体对于文化接受的态度和行为。

3. 社会认同对文化接受的影响

具有现代心理学意义的认同概念，大部分学者认为是西格蒙德·弗洛伊德（Sigmund Freud）提出的，即认同是个人与他人、群体或被模仿人物在感情上、心理上趋同的过程。根据个体与社会的关系，认同主要表现为自我认同（self identity）和社会认同（social identity）。自我认同是个体自我的呈现，与个体在社会结构中的地位及扮演的角色紧密相连；社会认同是与群体相关的认同，是群体在社会化和文化适应过程中形成的一致性认同。[①]

在跨文化传播学的研究范围内，不同的文化群体及其成员通过认同感与社会互动，并以此为基础与外部世界进行交流。认同感影响着个体对生活方式的选择，指引着个体的行为。当一个人接受某种认同感时，就意味着他接受了特定的角色和行为规范，从而规范和约束自己的行为。

---

① 孙英春：《大众文化：全球传播的范式》，中国传媒大学出版社，2005，第45页。

其中，社会认同强调人们之间的相似性，以及群体成员相信他们之间具有的某些共同的、相似的东西，它是个体对于所属群体或类别的认知和信念。总的来说，社会认同是众多个体构建的一种"社会自我"形式，帮助我们理解自身是谁，以及他人是谁。社会认同可以包括内在和外在两个方面：前者指的是个体对所属群体的归属感；后者指的是社会对某一社会成员的分类和划分，促使该成员采取特定的行为策略。

类似于生活方式的选择，社会认同既是社会成员可以实现的，也是可感知的外部表现和线索，它是揭示人们角色身份的符号和象征。通过社会认同，个体的价值观、行为规范和思维方式等方面得以形成与发展，从而影响人们在与不同文化背景的人交往时表现出接受或尊重的态度和行为，即文化接纳。举例来说，一个具有强烈社会认同的个体对自己文化的认知和接纳程度会更深入和温和，而对其他文化的接纳程度则相对较低。

4. 情感对文化接受的影响

在影响文化接受的众多因素中，情感是一个十分重要的因素，也是影响文化接受效果的深层次原因。在文化传播过程中，在未接触到文化对象之前，情感反应对文化接受的影响是不可避免的。如果个体先天对文化事物的情感反应激烈，那么接受该文化时也会更容易和深入，反之亦然。

人们在复杂的社会关系中存在着情感认同，这为他们与他人的交往提供了心理基础。情感认同可以是肯定、认同和激励性的，也可以是否定、拒绝和消极的，它们对人们的认知过程以及对文化接受的反应程度产生强烈的影响。在跨文化传播视角下，情感认同成为影响文化接受效果的重要因素。通常情况下，肯定的情感认同往往能够提高文化接受的效果，因此被称为积极的认同。积极认同是一种高度认同的状态，由对特定文化产生积极情感反应的心态构成。在这种情感状态下，人们对相关信息的接受门槛是打开的，心理能动性是积极的，并与文化传播的目标保持一致。否定的情感认同则是基于否定的情感反应形成的固定模式，例如隔阂感、轻视感、厌烦感等。由于它对文化接受产生负面影响,也被称为消极认同。消极认同相当于在人与文化之间加上了一道屏障,关闭了接受的通道,中断了接受反馈的联系。

综上所述,情感对于文化接受的影响力不可低估,值得我们投入更多精力去探索,正如瑞士心理学家卡尔·荣格(Carl Gustav Jung)所说:"没有情感的支持,理性也将毫无力量。"

5. 语言和沟通对文化接受的影响

语言和沟通在文化交流中起着重要作用。语言不仅仅是传递信息的工具,它还承载着文化的价值观、信仰体系以及社会规范等方面的内容。人们通过语言能够表达自己的思想、情感和意图,并与其他人进行有效的交流。语言不仅反映了一个文化群体的特点,而且塑造了人们对客观现实的感知和理解方式。不同的语言结构和词汇选择可以导致不同的思维模式和观察角度。因此,使用不同语言和沟通方式的人,在对待事物、理解世界的方法上可能存在差异。

在跨文化传播和文化接受的过程中,语言和沟通方式对于理解和接受其他文化具有重要影响。语言的差异可能导致信息的误解或歧义,从而影响交流的效果。同时,沟通方式的差异也可能造成文化之间的隔阂和误解。因此,在进行跨文化交流时,了解和尊重对方的语言和沟通方式是非常重要的,这有助于推进相互理解和文化接受的进程。总之,语言和沟通是文化交流的核心,通过适当的语言和沟通方式,人们能够更好地理解和接受其他文化。这也提醒我们在跨文化传播中要重视语言和沟通的作用,并不断努力提升跨文化沟通的能力。

6. 教育和文化认知对文化接受的影响

人类文化具有一个非常重要的特征,即无法通过遗传而获得,只能通过学习来获取。这决定了自从人类文化产生以来,它与教育密不可分。教育是文化传播的重要形式,它使新一代能够快速、经济、有效地继承和延续人类创造的文化财富。如果人类文化无法传递给下一代,那么其传承和发展就不可能实现。

教育的目标之一是通过培养人才来传承文化，为特定社会提供服务，并实现个体的社会化。因此，教育必须根据社会要求和人的身心发展规律选择教育内容，以实现对文化的筛选、整理、保存、传递和创新等功能。教育通过传播文化，促进了不同国家和民族文化之间的交流和融合，推动了文化的优化和发展。国际性的文化交流使各民族文化相互补充，使各民族文化的精华汇聚、融合，逐渐形成了全人类共同的文化财富。

文化认知通常指个体通过信息处理来认识世界的过程，反映了人们获取知识和解决问题的能力。它主要包括感知、记忆、表象和思维等认知活动，与情感、动机和意志等心理活动相互关联。借助文化认知，人类才能有选择地接受周围世界的信息，并对客观世界的刺激做出反应。教育是文化认知和接受的主要途径，教育体系在传递文化知识、塑造个体的价值观念、认知方式以及社交方式方面起着重要作用。个体对文化的认知和接受程度通常取决于其受教育的背景。因此，改善和提高教育体系是提升文化认知和接受能力的关键要素之一。

7. 环境对文化接受的影响

除了人类社会的心理素质外，文化接受和认知还受到环境的影响。地理环境、生态环境、历史和政治因素等都对文化的认知和接受产生影响。同时，各种环境因素也会影响人们对新文化认知和接受的速度和程度。环境对文化接受的影响主要包括两个方面。首先，人们所处的自然环境会影响他们对文化的接受。例如，北极地区的人对雪的感知必然与赤道地区居民对雪的感知有很大差异，赤道地区的人对阳光的看法也与极地的人存在很大差异；沙漠和雨林地区的人与平原地区对水、绿色和沙漠的感知也完全不同。其次，人的文化接受容易与他们所处的特定时期、特定文化背景和特定情感联系起来。人们对文化接受的程度是不同的，适宜的环境能使人心情舒畅、精神振奋，而困苦的环境往往会使人心情沮丧、精神抑郁，情绪的差异对文化接受产生不同的影响。

　　文化接受是一个复杂的社会过程，社会心理因素对文化接受的影响是多方面而深远的。为了更好地促进对文化传统的传播和进行跨文化交流，还应特别注重在社会心理因素和跨文化传播之间建立更多的支撑和沟通机制。另外，还应该包括为人们提供咨询和指导，建立公共平台，提高教育水平，这为促进跨文化传播和提高文化认知和接受提供必要的支持。个人在社会心理方面的多种因素都会对文化接受产生影响。为了促进文化之间的相互理解和传承，在跨文化传播实践中，社会心理因素需要被更加重视。同时，还要尝试建立开放与包容的社会环境，创造更多促进文化交流和发展的机会。

五、文化图像与符号

　　文化图像与符号是人们在文化认知过程中所经历的视觉和图像，文化图像与符号在不同文化背景下具有不同的意义。通过这些视觉和图像，人们逐渐对文化元素越来越熟悉知。

　　（一）文化认知中介：文化图像与符号

　　文化图像和符号是文化认知过程中必要的桥梁和纽带。文化图像和符号通过传递特殊的信息，如传统、语言和思考模式等其他文化要素，使得个体能够获得更全面的文化认知和相关能力。我们从文化图像、符号和文化认知能力的关系出发进行系统分析。

　　1. 文化图像、符号作为文化认知的载体

　　文化图像、符号是文化认知的基础，是人们理解和接受本文化和其他文化信息的主要手段之一。这些图像和符号的传递和理解要具备一定的文化背景和文化知识。所以说，文化图像和符号是文化认知能力的重要基础。

　　2. 文化图像、符号对个体文化认知水平的影响

　　文化图像和符号是人们对某个文化特征的认识，这种认识在一定程度上

可以反映出个体的文化认知水平，能使人们更加深入地理解和认知其他文化的差异和特点。因此，文化图像和符号可以反映出一个人对于不同文化的理解程度，以及对文化差异的敏感性。

3. 文化图像、符号丰富了文化认知能力

文化图像和符号是提高人们文化认知能力的重要途径之一。文化图像和符号有一定的抽象性与概括性，能为人们提供更深刻的文化知识和内容，有利于人们更好地识别和了解其他不同文化的价值观念、信仰、传统和生活方式。

4. 文化图像、符号对不同文化之间起加深理解与沟通的作用

文化图像和符号有助于不同背景的人彼此间增进了解与沟通。文化图像和符号的传递和理解，使得不同文化之间的联系和沟通得以促进，跨文化交流中可能出现的问题和误解得以避免。文化图像和符号是文化认知的重要元素，对于培养人们的文化认知能力和促进不同文化之间的理解和沟通有着重要影响。对此，人们可以通过思考和学习多样化的文化图像和符号来扩大文化知识面，增强文化认知能力。文化认知要素是影响文化认知的关键因素，语言、社会经验、价值观念、社会心理、文化图像与符号在文化认知中各有不同的作用，其中每个要素在文化认知中都可以影响人们对文化元素的理解和认知方式，因此要深化对文化的了解和认知从而缩小文化差异，增强对跨文化的理解和交流。

（二）跨文化传播中的文化图像和符号

跨文化传播的图像和符号形式丰富，其通常由语言、图形、音乐、艺术、服饰和食品等各种因素构成。下面我们从不同的角度进一步探讨文化图像和符号在跨文化传播中的作用。

1. 传递文化特征

文化图像和符号通过视觉的方式传递特定的文化特征，以可视化方式将

传统、语言和思考模式等内在的东西呈现出来。这些图像和符号成为一种文化的标志，促进了文化的传承、认同和交流。通过文化图像和符号的传播，人们能够更直观地了解和感受特定文化的内涵和特征，特别是能代表或象征特定的文化价值观、信仰、传统和身份等信息。这些信息直接或间接地与文化认知和归属感相关，无形中也丰富了人们的文化认知能力。

2. 平衡文化差异

文化图像和符号作为两种文化之间沟通和交流的桥梁，能够有效平衡不同文化之间的差异。在跨文化交流中人们试图理解并尊重对方文化的图像和符号，尝试理解对方的思想和能力，试图更好地与对方进行交流，并尽可能避免误解和冲突。人们通过分享自己文化的图像和符号，以及对它们的解释，促进互相认知和理解，进而建立起共同语言和共享文化的参照框架，从而平衡文化差异。这种平衡不仅是对他者的尊重和包容，也是对其他文化积极的学习与探索，通过这种学习能够达成对跨文化的共识与理解。

3. 促进沟通和理解

文化图像和符号可以促进不同文化之间的沟通和理解。文化图像和符号是一种非语言的传播方式，使人们可以跨越语言障碍进行沟通。无论人们使用的语言是什么，他们都可以通过共享的图像和符号来传达和理解深层含义。这对于多语言社会和跨文化交流非常重要。因此，文化图像和符号可以成为跨文化交流和理解的纽带。当不同文化之间分享和解释自己的图像和符号时，人们也能够更快形成对跨文化的理解和认知。这种交流有助于消除误解、刻板印象和文化隔阂，也有利于加强对文化多样性的尊重和包容。

4. 提高文化竞争力

跨文化传播中的文化图像和符号是具有"杠杆效应"的资源，它通过独特而有吸引力的表达方式，帮助一种文化在全球范围内获得认可。通过引起人们的关注，进而增强其竞争力，推动经济发展。在现代文化产业框架下，文化图像和符号是文化品牌建设和营销的重要组成部分。通过独特的图像和符号，一种文化可以打造出多种具有辨识度和吸引力的品牌形象，通过跨文化传播，将其独特的文化特征传达给全球受众。这有助于吸引更多的游客、投资者和消费者，进而可以提高该文化在国际中的竞争力。文化图像和符号在国际传媒中的展示和传播，同时也在传播该文化的形象和认知。当该文化的图像和符号被广泛传播和接受时，其文化知名度、声誉和文化竞争力均会得到有效提升。

文化图像和符号在跨文化传播中有着重要作用和意义。它们不仅仅是文化认知和沟通的手段，更是国家文化软实力中具有巨大潜力的要素之一。因此，在促进文化传播、传承和交流的过程中，应该重视文化图像和符号的作用，发挥其在跨文化传播中的积极作用，努力推动其能够进一步发展。

第三节　跨文化传播的信息传播和心理学因素

心理学致力于研究心理事实、规律和机制，其主要目标是通过心理分析来解释和预测人的行为和活动。在心理学视角下，文化被认为是个体具有某种共性的心理程序，它决定了个体的认知、情感、需要和态度，从而影响了人们的行为模式。因此，在跨文化传播的研究中，理解心理因素是至关重要的，否则将无法完整地分析这一动态多变的过程。关世杰曾指出：为探索文化与感知形成、文化与选择信息、文化与理解信息、文化与不同文化群体的人的思维特点的关系、跨文化传播对个人和群体心理的影响等问题，离不开心理学的方法。[①]

自科学心理学创立以来，心理学家一直致力于确立个体心理与个体行为之间的因果关系，并揭示心理现象所遵循的规律。他们努力确定心理活动机制和人类心理活动的共性，特别是探索个体行为的心理分析以及个体与整个

---

① 关世杰：《跨文化交流学：提高涉外交流能力的学问》，北京大学出版社，1995，第98页。

社会环境之间的关系。这些心理学的成果和经验为跨文化传播研究提供了必要的检验机制，对相关议题的研究具有重要意义。此外，心理学还深入探究了跨文化传播中文化和认知之间的关系，以及它们在传播过程中的作用。社会心理学方面的研究揭示了信息解码的过程，文化与语言、思维方式之间的关联，以及行为的知觉过程等问题，这对跨文化传播产生了基础性的影响。因此，心理学因素对我们深入理解跨文化传播起着重要的作用。

一、心理因素对信息传播的影响

基于一般观点来看，跨文化传播是一种社会行为，涉及人类心灵和文化心理的表达。无论是在个体之间，还是在群体之间，心理因素都成了一个关键而又难以把握的变量。跨文化传播的问题与可能性存在于人的跨文化心理之中，每破解一个问题，我们就能找到一种可能性，而每预设一种可能性，我们都要面对实际的心理障碍。

（一）跨文化心理

作为一种跨文化物种，人类可以从两个方面观察：生态语境和社会政治语境。在生态语境中，人类与自然环境相互作用，形成一种关系。不同的群体根据其所处的生态环境形成了特定的生活方式和文化。这些文化形成了多样化且可变化的文化生态系统。为了适应环境并实现可持续发展，人类必须调整自己的行为，以达到某种平衡状态。在社会政治语境中，文化和个体行为受到不同群体之间文化接触的影响。例如，殖民扩张、国际贸易、侵略和迁徙等带来了压迫性和竞争性的文化交流。在这种情况下，人们常常通过采取各种跨文化策略来寻求心灵的平衡。

跨文化心理便是人类作为跨文化物种的基本要素，也是"我心"与"他心"沟通的秘诀所在。从个体发展视角来看，"我心"能够从文化层面转变为跨文化的心理基础，原因在于"我心"是一种向外拓展的倾向，具备感知差异的能力。个体需要在同化和适应的动态平衡中与他人建立互动关系，以实现更多的发展。这就是所谓的"跨文化心理"。跨文化心理的典型表现是对本土文化和个体差异的敏感度，它展示了个人在不同文化交汇环境中以灵活方式应对文化差异的能力，并指向情感层面的跨文化交流能力，即个体积极去理解、欣赏和接受文化差异。跨文化心理代表了个体对文化差异的组织或构建倾向，是从民族中心主义向民族相对主义过渡的过程，可分为以下六个阶段。

第一，否认阶段（Denial）。即个体完全以自我民族为中心，很少关注周围人的感受。他们往往不考虑不同文化之间的差异。

第二，防御阶段（Defense）。即个体觉得不同文化之间存在较小的差异。他们意识到文化差异的存在，但对此持审慎态度，认为只有自己所熟悉的文化才可行。处于文化差异抵制阶段的人们遭遇到了文化差异的威胁，所以他们苛责其他文化。

第三，最小化阶段（Minimization）。即个体认为文化差异可以被忽略。他们倾向于将自己的文化世界观视为普遍适用的，将所感受到的文化差异归纳为人类的相似性，例如需求和动机、宗教、经济和哲学观念等。他们认为在交流中共同点远大于不同点。

第四，接受阶段（Acceptance）。即个体感觉个体间的文化差异是中性的，意识到自己所属的文化只是复杂世界观中的一种。基于这样的认知，个体能够通过辨别不同文化之间的差异来建构元认知，体验并平等地看待不同的文化。

第五，适应阶段（Adaptation）。即个体感受到个体间的文化差异呈现积极态势。他们能够产生共鸣，接纳其他文化的观点或转变原有的参照框架，愿意改变自己的行为和态度，以适应不同的文化模式。他们愿意与他人进行互动和学习，扩大对多样文化的理解和认知。

第六，融合阶段（Integration）。即个体感受到个体间的文化差异已成为自身文化身份的一部分。他们不再将自己视为任何单一文化的一员，而是能够自由地在不同的文化世界观之间转换。个体可以在两种或多种文化的边缘之间构建自我身份，不再局限于某一种文化的中心。他们将文化差异作为丰富和充实个体经验的一部分，并通过这种多元文化的视角来认识和了解自己。

（二）心理因素对信息传播的影响

心理因素是信息传播中不可忽视的重要因素之一。人们的信念、态度、社会认同、情感和认知偏差等心理因素，对信息的接受、理解和传播产生着深远影响。我们将从以下五个方面，详细探讨这些心理因素对信息传播的影响。

1. 个人的信念和态度对信息传播起着重要作用

人们的信念和态度是根深蒂固的心理构造，影响着他们对信息的接受和传播方式。一个人持有某种固定的信念或态度时，他们会更倾向于接受和传播与其信念相符的信息，而对与其信念不符的信息持怀疑态度。一个坚定的环保主义者倾向于接受和传播与环保主题、可持续发展和生态平衡相关的信息。他可能会在社交媒体上分享相关新闻、文章或观点，以表达自己的信念。

2. 人们对不同类型的信息有不同的接受力

人们倾向于接受与自己观点相符的信息，而对与自己观点相悖的信息则持怀疑态度，这便是一种"选择性接受"的心理现象。通过对国外政党政治的研究，人们发现一个支持某个政党的人更容易接受该政党提出的政策和观点，并更容易相信支持该政党的新闻报道。他可能会对来自其他政党或与其观点不一致的信息持怀疑态度，并相对较少传播这些信息。

3. 社会认同是一种重要的心理因素

人们倾向于接受与他们所属社会群体一致的信息，并将其传播给其他成员。这种社会心理现象被称为"共识效应"。社交媒体上的某一个小组成员可能更容易接受和传播与该小组立场相符合的观点，他们可能会分享该小组中其他成员的观点或文章，并积极与他们进行互动交流。这种共识效应有助于形成一个封闭的信息圈子，使得信息在该群体内得到传播。

4.情感因素在信息传播中起着重要作用

情感化的信息往往更容易激发人们的兴趣和共鸣，并更有可能被传播。例如，一条感人的视频或一件令人愤怒的事件披露，往往会在社交媒体上迅速发酵、传播。这些信息会触发人们的情感反应，引起他们的兴趣和共鸣，促使他们分享给自己的社交圈，以表达并传播自己的情感。

5.认知偏差对信息传播产生着影响

人们在信息处理过程中存在多种认知偏差，如注意力偏差、记忆失真等。这些认知偏差可能导致人们对信息的理解和解读存在误解，从而影响信息的传播效果。典型性偏差是指人们倾向于将信息归类为某种典型的类型或模式。在信息传播中，这可能导致人们对某个群体、事件或观点造成片面理解，并以此为基础传播信息，这种偏差可能导致误导、误解，甚至引起冲突。

综上所述，心理学在信息传播中发挥了着重要作用，其可以指导和促进信息传播的有效性和可持续性。对于信息传播者和传播平台来说，如何快速而恰当地理解和改善受众的心理认知结构是很关键的。这就需要信息传播者和传播平台恰当地处理好这一难题，以便达到更好的信息传播效果，创造更好的信息传播环境。

二、心理因素对跨文化接受的影响

心理因素是跨文化接受中一个很重要的影响因素，感知和理解外来文化需要受到诸多心理因素的影响。以下是心理因素对跨文化接受的影响。

（一）面对不同文化的焦虑与不安

跨文化接受过程中，受众有可能会对自己的文化产生不安全感和焦虑，面临许多情绪和认知上的挑战，对移情过程产生阻碍。

1. 产生不安全感和焦虑的因素

（1）价值观冲突

每种文化都有其独特的价值观念和信仰体系，这些价值观在塑造人们的思维方式、行为准则和社会规范方面起着重要作用。当受众面对来自其他文化的新观点和行为方式时，他们可能会感到困惑甚至担心自己的价值观是否被威胁或被贬低。一种以个人主义为核心的文化往往会对某些集体主义观念感到不安。

（2）身份认同的动摇

文化是一个人身份认同和社会归属感的重要组成部分。当受众开始接触其他文化并借鉴其中的元素时，他们可能会感觉到自己原有的文化身份受到威胁或削弱，从而产生焦虑和不安。这种身份认同的动摇可能与个体的文化传承、家庭背景和社会环境紧密相关。受众可能会担心失去与自己文化相关的传统、价值观和社会归属。

（3）文化冲突和误解

跨文化接受中经常出现沟通障碍和文化上的误解。不同文化之间的语言、符号、礼仪和非语言交流方式都可能导致误解，这进一步加剧了受众在移情过程中的困惑和不安。误解可能源于对其他文化背后的含义和动机无法准确理解，甚至可能源于对其产生的刻板印象、偏见和歧视。

（4）社会压力和偏见

社会上存在着对不同文化和移情过程的偏见和歧视。当受众感受到来自周围环境的负面评价或压力时，他们可能会对自己的文化产生不安全感，并对跨文化接受持怀疑态度。这种社会压力可能使受众害怕被认为是"背叛"了自己的文化或追求了非自己文化的利益。

2. 克服困惑与不适感的五点建议

（1）加强文化教育

为了帮助受众理解不同文化之间的差异和共同点，提供更多关于不同文化的教育和培训是至关重要的。通过这样的教育和培训，人们可以获得有关其他文化的深入知识和了解，从而打破刻板印象、减少偏见，并促进对其他文化的尊重和欣赏。这将有助于建立一个更加包容和多元化的社会，让人们能够更好地融入全球化的世界。

（2）促进对话和互相理解

鼓励受众与其他文化的代表进行积极、开放的对话。通过分享经验、观点和知识，可以增进彼此之间的相互了解和接纳。这有助于建立跨文化沟通的桥梁，消除误解，并为移情过程创造一个包容和互相学习的环境。

（3）增强自我意识

在跨文化接受过程中，个体需要增强对自己文化和身份的认知。这包括了解自己的文化传统、价值观和身份认同，并理解它们与其他文化之间的关系。通过深入了解自己的文化，个体能更好地筑牢自己的根基，并以更开放的心态去接纳其他文化。这种自我意识还可以帮助个体更好地区分哪些方面是可以被接受和融合的，哪些方面是不可妥协的。

（4）建立支持网络

跨文化接受是一个具有挑战性和复杂性的过程，因此建立一个支持的社群和网络非常重要。这样的社群可以由志同道合的人组成，因为他们进行过类似的跨文化接受过程。成员可以分享彼此的经验、困惑和成功故事，提供情感上的支持和鼓励。这个支持网络可以是线上也可以是线下的，例如参加跨文化交流活动、加入相关论坛或社交媒体群体等。这样的支持网络能够让受众感受到他们并没有被孤立，而是有人可以理解和支持他们的跨文化接受旅程。

（5）接纳不确定性和培养积极的学习态度

跨文化接受过程中，个体需要接受不确定性出现的挑战。这可能包括面对自己的偏见、质疑自己的观念，需要主动去学习和探索其他文化。个体应该保持开放的心态，愿意接受新观点和经验，以增进对其他文化的理解和尊重。这种积极的学习态度可以帮助个体逐渐消除对移情过程的阻碍，拓宽更广阔的视野和提高文化敏感度。

总而言之，在跨文化接受过程中，对自己文化产生不安全感和焦虑是常见现象。个体可以通过加强文化学习、参与对话和交流、增强自我意识、形成支持网络以及接纳不确定性和培养积极的学习态度等方式来克服这些阻碍，逐步实现跨文化交流和融合的目标。

（二）世界观和心智模式的改变

跨文化接受的过程可以引发心智模式和世界观的改变，个体常常会面临对自身观点和信仰进行重新评估的问题。文化差异显现出不同的知觉、情感和行为方式，导致受众开始重新审视自己的观点和信仰，并面临重塑自身文化价值观的可能性。这个过程涉及许多复杂因素和影响，具体影响表现如下。

1. 扩大视野

跨文化接受提供了一个机会，使个体能够超越狭隘的视角，更全面地了解世界上其他文化的价值和特点。通过与不同文化进行交流和互动，个体可以增加自己的知识和体验，认识到每种文化都有其独特之处，并学会尊重和欣赏这种多样性。这种扩大视野的经历有助于打破个人原有的思维限制，并促使个体更开放、宽容和包容。

2. 挑战刻板印象

跨文化接受的经历可以帮助个体摆脱对其他文化的刻板印象和误解。通过直接接触和深入了解其他文化，个体能够更准确地理解其背后的价值观、信仰和行为准则。这种实际体验有助于消除偏见和歧视，并促使个体以更客观、理性的方式看待世界。此外，通过与其他文化进行对比，个体也可以更好地认识到自己文化中存在的刻板印象和偏见。

3. 重新评估个人观点和信仰

跨文化接受引发了个人对自身观点、信仰和行为的反思和重新评估。当个体开始接触其他文化并与其进行交流时,他们可能会遭遇到与自己原有观点不一致的新观点和思想。这种冲突和对立有助于激发个体分析和思考自己的信念,并在与其他文化的对话中寻找共同点和共识。这种重新评估个人观点和信仰的过程可以帮助个体建立更开放、灵活和多元的世界观。

4. 增强文化敏感性

跨文化接受的经历可以增强个体的文化敏感性。个体通过与其他文化的互动,学会观察和理解不同文化之间的差异,并学会适应和尊重这些差异。这种文化敏感性包括对语言、社会习俗、价值观念和非语言交流等方面的敏感性。通过培养文化敏感性,个体能够更好地适应跨文化环境,并避免因文化冲突引发的误解和冲突。

5. 探索身份认同

跨文化接受可能引发个体对自身身份认同的重新思考和探索。当个体开始接触其他文化时,他们可能会面临与自己原有的文化身份认同相关的挑战和困惑。这种探索过程涉及对自己所属文化的理解、与其他文化的比较和交流,其可能导致他们开始调整或重塑个体的文化身份认同。该过程使个体能够更清晰地认识到自己的多元身份,并借鉴其他文化中的有益元素来丰富和完善自身的文化身份认同。在与其他文化进行对话和互动中,个体可以发展出更加具有包容性和开放性的身份认同,能够尊重并欣赏不同文化的存在。

6. 培养共情能力

跨文化接受有助于培养个体的共情能力,即理解和感受他人的情感和经验。当个体与其他文化进行交流时,他们需要倾听和理解其他人的观点、情感和背景。这种共情能力的培养有助于帮助个体超越以自我为中心的视角,增进对其他人的尊重和理解。这种能力对于建立跨文化的连接和促进文化融合非常重要。

7. 增强文化韧性

跨文化接受过程中可能会遇到挑战和困难,例如语言障碍、文化冲突或需要适应新的社会环境等。然而，积极面对这些挑战，个体可以增强自己的文化韧性。文化韧性指的是个体在面对文化冲突或文化差异时能够适应、调整和发展的能力。通过培养文化韧性，个体能够更好地适应跨文化环境，并从中获得成长和发展。

（三）认知偏差与歧视

个人对外部世界的感知往往会受到多方面的影响，尤其在面对与本身文化差异较大的事物、知识和行为习惯时，经常会发生认知偏差和歧视的情况。这些障碍会影响心理过程的内在联结和自我认知的构建，从而阻碍文化交流的深度和广度。以下是一些导致认知偏差和歧视的常见因素。

1. 文化相对主义

文化相对主义是一种观念，其认为每种文化都是独特的，没有普遍标准可供衡量。尽管文化相对主义有其合理性，但过分强调文化差异也可能导致对其他文化产生误解和偏见。例如，个体可能会认为自己的文化观念是绝对正确的，拒绝接受其他文化的观点和价值观。然而，要实现有效的跨文化交流，需要超越文化相对主义的思维，以开放的态度去理解其他文化，并寻找共同点和交集。

2. 社会化和教育背景

个体在成长过程中受到社会化和教育系统的影响。如果教育系统缺乏对其他文化进行教育和培养跨文化意识的机会，个体可能会对其他文化持有偏见和刻板印象。此外，社会化过程中的家庭、朋友圈和媒体也会对个体形成一定的文化观念。因此，重视教育和提供多元化的文化经验，有助于打破偏见和误解，促进文化交流和理解。

3. 个体的认知偏好

每个人都有自己的认知偏好，即对信息的处理和解释方式。这些偏好可能受到文化背景、经验和社会环境的影响。当面临与自身文化差异较大的事物时，个体可能倾向于使用自己熟悉的认知框架和标准来理解和评价，从而导致产生歧视或误解。例如，以自身文化为中心的思维方式可能导致对其他文化的解读出现偏差。因此，个体应该意识到自身的认知偏好，并积极尝试采用跨文化的思维方式，去理解和评价其他文化。

4. 信息过滤和选择性注意

个体在接收信息时常常会进行过滤和选择，倾向于选择与自己已有观点一致的信息，并忽略或排斥与之相悖的信息。这种选择性注意和信息过滤可能导致一个人只看到符合自己预设观点的事实，从而限制了对其他文化多样性的理解和接纳。为了克服这一问题，个体应该保持开放的态度，主动寻求不同文化的观点和意见，并尝试理解其背后的价值观和经验。

5. 刻板印象和偏见

刻板印象是对特定群体或文化的一种过度简化和武断的看法。个体可能基于传统观念、媒体影响或个人经验形成会对其他文化拥有先入为主的刻板印象和偏见。这些刻板印象和偏见可能导致对其他文化产生歧视，并阻碍真正的文化交流和理解。

（四）文化情感和期望

心理因素中的文化情感和期望是跨文化接受中的主要影响因素。它们对个体在跨文化交流和接触中的态度、知识和行为起着重要作用。个体的文化期望会影响跨文化接受的态度、知识和行为，文化情感则会在跨文化语境中显现出来，并影响文化认同和接受的程度。

1. 文化情感

文化情感是指个体对自己所属文化的情感态度和情感联系。这包括对自身文化的认同，具有归属感和自豪感等积极情感，以及可能存在的焦虑、忧虑或敌意等消极情感。在跨文化接触中，个体的文化情感会显现出来，并影响其对其他文化的接受程度。

（1）积极情感

如果个体对自己的文化有积极的情感态度，他们更可能会保持开放的心态去接受其他文化，并愿意从中学习和吸收新的知识和经验。积极情感可以促进个体对多样性和文化差异的理解和欣赏，以及加速文化认同的形成。

（2）消极情感

如果个体对自己的文化存在消极情感，他们可能对其他文化持有偏见和抵触态度。这种消极情感可能源于文化冲突、历史问题和社会压力等因素。在这种情况下，个体可能需要努力克服消极情感，以便更好地理解和接纳其他文化。

2. 文化期望

文化期望是指个体对于自己所属文化的行为规范和社会期待。这些期望可以是基于传统、价值观、道德准则或社会规定等方面建立的。个体在跨文化接触中，可能会将自身的文化期望应用于他人身上，从而产生误解、偏见或误判。

（1）期望对比

个体的文化期望与其他文化的实际行为之间可能存在差异，这可能导致个体对其他文化持有负面看法。例如，某些文化对于礼貌和社交习惯有着不同的期望，如果个体将自己的期望应用于其他文化，可能会导致误解和冲突。

（2）接纳和调整

个体在跨文化接受中，需要认识到自己的文化期望并尝试理解其他文化行为背后的原因和意义。个体需要学会接纳不同文化的行为方式，并在必要时进行调整，以促进有效的跨文化互动和交流。

心理因素对跨文化接受与认知的影响是不容忽视的。在这种情况下，要促进跨文化接受，需要从尊重差异的角度出发，努力默化和稳定情绪，降低焦虑感和歧视性情感，以提升跨文化交流的深度，最终达到开展有效的文化交往的目的。

第四节 媒介融合思维与跨文化传播的方法

一、媒介融合思维对文化生产的影响

媒介融合思维是指将不同媒介的优势相结合，生成创意和知识的过程。在媒介融合时代，因为数字技术的不断发展和网络技术的普及，不同媒介进行跨界融合已经成了文化生产中不可避免的一部分。如何挖掘出这种融合的潜力，有效地进行文化生产，是媒介融合和文化创意发展中需要解决的问题之一。媒介融合思维对文化生产的影响主要体现为以下四个方面。

首先，提高文化生产的效率。媒介融合思维可以跨越不同媒介之间的壁垒，快速整合不同的资源，从而提高文化生产的效率和效果。依据媒介融合思维，不同媒介的融合可以形成更具创新性的文化产品，这可以促进文化传承和发展。

其次，丰富文化生产的内容。媒介融合思维可以使不同媒介之间的内容变得更加丰富和生动，进而使得文化生产内容更具创新性和吸引力。多种原本存在边界的艺术形式可以对话交融、相辅相成，凸显优势弥补劣势。在融合思维的指导下，形成更具多样化和影响力的文化产品。

再次，拓宽文化生产的范围。媒介融合思维可以拓宽文化生产的范围，使个人或团队能够吸收并利用不同媒介中的概念、技巧和想法。图片、视频、音乐和文本等多种原本单一的表现形式可以在视频广告、数字媒体展示、电子商务、文宣和电影等多个领域被充分利用。

最后，促进文化产业的发展。媒介融合思维通过跨越不同媒介之间的界线，利用多种载体从而推动了文化产业的发展。同样地，媒介也借用文化产

业为其内部技术研发、艺术注入、市场推广等方面提供了有力而广阔的平台。

综上所述，媒介融合的思维方式和理念被广泛运用于文化生产当中，其可推动文化的传承和发展。与此同时，媒介融合思维也在不断地创新和发展，为未来的文化生产提供便利和动力。

二、媒介融合思维与跨文化传播

在全球化和数字时代的背景下，跨文化传播已经成了各个领域交流的重要组成部分。此时，媒介融合思维的运用能够有效促进文化的跨界传播与融合，具体表现在以下四个方面。第一，提高传播效率。在跨文化传播中，媒介融合思维可以实现不同媒介之间的无缝连接，这样将大大提高传播的效率。摄影、电影、音乐、文字等不同媒介的融合，不仅能够让信息传递更加直观和生动，而且还可以变化适应不同国家和地区媒介语言的标准和规范。第二，促进跨文化理解。跨文化传播中的媒介融合思维可以缩短跨文化之间实际存在的距离，能够加强各个种媒介之间的理解和沟通。不同国家和地区文化的不同之处通常表现为方式的不同，因此，在跨文化传播中，媒介融合思维可以将这些不同展示出来，使人们能够更好地理解和接受不同国家和地区的文化。第三，增强文化品牌价值。跨文化传播过程中，媒介融合思维不仅能够拉近不同文化之间的距离，同样也有助于文化品牌价值的提升。可视化和数字媒体之间多种形式的结合，不仅可以使文化品牌更具影响力，而且还可以吸引到更多不同文化背景的观众和用户。第四，加强交流活动的推广。跨文化交流活动中，媒介融合思维可以将文化产品的多元化对外展现，进而强化文化交流活动的推广。在国际艺术节等文化活动中，将不同媒介元素嫁接到一起，可以更好地吸引多元化的观众和参与者，从而产生更加优秀的文化产品。

在跨文化传播当中，媒介融合思维的应用可以增强不同媒介之间的双向交流，同时加强跨文化之间的沟通和理解。在未来，随着技术和文化的不断进步和发展，媒介融合思维会在跨文化传播中发挥更加显著的作用。

三、跨文化传播中媒介融合思维的应用

跨文化传播方法中的媒介融合思维，是指跨越不同媒介和文化之间的壁垒，将它们合并为一个新的整体，并在此过程中充分挖掘不同文化之间的相似性和差异性，从而实现文化间的交流和融合。适应媒介融合思维的跨文化传播方案，需要贯彻"平等地进行跨文化对话、有多样性的艺术和文化创意、有共同的文化价值"三个核心要素。也只有这样，媒介融合思维才能真正发挥作用，推动跨文化交流与合作的长期发展。下面我们将从多个角度讨论跨文化传播方法中的媒介融合思维。

（一）整合多种媒介，重视新闻媒体运用

媒介融合思维可以整合多种媒介，如文字、图片、音频和视频等，从而使信息的传播更加立体和丰富。例如，音乐与舞蹈、电影与艺术绘画等多种媒介的融合，可以促进文化的跨界分享，让文化走进更多的人群之中。网络和社交媒体的兴起，为媒介融合思维在跨文化传播中提供了广泛的载体。将不同文化的元素融合在一起，比如利用社交媒体传播多样化的文化元素，可以增加文化之间的相互了解和交流。

（二）挖掘文化差异，增强文化吸引力

在媒介融合思维下，探索异构文化之间的相似性和差异性，可以促进不同文化之间的相互理解和沟通，从而推动文化的跨界传播与融合。例如，国际音乐节上，将不同地域的音乐风格融合，可以更好地增强跨文化之间的交流和理解。媒介融合思维能够在跨文化传播中产生多元化和更具吸引力的文化作品，而更吸引人的作品往往可以更加快速地在全球范围内传播。例如，

通过将不同文化的艺术形式和媒介结合，可以制作更具有创意和吸引力的艺术作品，从而更好地向世界各地的观众展示文化魅力。

（三）建立跨文化团队，推动全球合作

跨文化传播中的媒介融合思维需要有一个具有跨文化意识的团队合作模式。该团队由不同背景的专业人员组成，共同运用媒介融合思维设计和实施跨文化传播方案，从而增强跨文化传播的有效性。媒介融合思维可以构建文化多元化的新框架，推动各国之间的深度合作和交流。通过跨媒介融合合作，搭建平台，推动文化交流、技术交流、市场和产业合作，从而最终达到推动跨文化交流和合作的目的。

（四）增加文化衍生产业，以创意驱动融合

利用媒介融合思维创造新的商业机会，从而增加文化衍生产品的产出和经济效益，这也是跨文化传播中不可或缺的一个环节。例如，在跨文化传播过程中，将不同文化的元素和产品融合，可以开发出新的文化延伸品牌，从而为文化产业带来更大的发展潜力和市场空间。

媒介融合思维是实现跨文化传播的重要手段和途径之一，具有调动文化创意、提高文化交流和媒介传播的效能、促进文化经济发展等多种优势。在跨文化传播中，除了要注重媒介融合思维的应用，还应准确把握不同文化之间的关系，把握文化的真实形态，积极设计创新传播的方式和策略。此外，媒介融合思维也需要在整个传播过程中加强对文化价值和背景的理解、尊重和包容。只有客观地、包容地理解多元文化的差异才能构建一个更加和谐稳定的交流和合作环境，而媒介融合思维在这个过程中扮演了重要角色。

对于媒介融合思维，在跨文化传播中，我们还需要注意以下两点：首先，在媒介融合过程中，必须充分尊重和保护不同文化的独特性，不应强行理解和融合不同文化的价值和特征。媒介融合需要的是在现有的文化基础上，通过探索不同文化之间的相互融合点，打造出新的文化形态和形式。其次，对于不同的跨文化传播方式，媒介融合思维也需要有所适应和调整。在跨国影视制作合作中，媒介融合思维要注意双方电影文化之间的差异，根据各自电影市场的需求和口味制定策略，从而在媒体语言上进行差异化的创新。

在跨文化传播中，媒介融合思维可以在不同文化之间建立桥梁，促进文化交流和媒介融合，从而实现文化的跨界传播。在实践中，媒介融合思维需要不断地完善和创新，并与文化产业、科技人员、媒体从业者等广泛合作，才能更好地推动跨文化传播的创新发展。

综上所述，媒介融合思维在跨文化传播中作为一种思考方式，丰富了文化传播的方式和手段。跨文化传播中的媒介融合思维要不断开拓创新，结合文化特点，研发出符合文化传播和融合的媒介形式。只有这样，媒介融合思维才能发挥出最大的作用，为文化交流和融合打下坚实的基础。

第五章　媒介融合语境下跨文化传播的规划与实践

第一节　跨文化传播的媒介融合战略规划

跨文化传播是一个广泛涉及不同文化之间的交流和融合的领域，而媒介融合则被认为是提升传播效果和成功实施跨文化传播的重要手段。随着中国"一带一路"倡议的开展，中国在海外进行文化传播需要面对不同的民族、复杂的宗教信仰、各国之间不同的经济文化差异，更需要面对极其复杂的文化背景，这些原因无形之中增加了中国跨文化传播的难度。[①] 媒介融合战略规划扮演着关键角色，是跨文化传播中的重要一环，它有助于确保在跨文化传播中充分有效地利用媒介融合策略，以实现更加有针对性、有影响力和成功的跨文化传播。

一、从要素角度规划

跨文化传播规划是一项综合性的计划和策略工作，旨在在不同文化背景下成功实施传播活动。规划过程涵盖了多个方面，其中包括目标文化的明确定位、适当的媒介渠道选择、文化间的有效交流以及推广宣传策略的制定和实施。跨文化传播规划过程旨在确保信息能够在不同文化之间传播并产生预

---

① 尤祥宇、郑菲：《媒介融合背景下跨文化传播应对策略》，《传媒论坛》2021年第8期。

期的影响，同时尊重和理解各种文化的独特性。

（一）研究目标文化

在跨文化传播的媒介融合战略规划中，分析目标文化的受众群体、传播途径以及文化价值观念是非常重要的基础性工作。研究目标文化后，可以制定与目标文化相适应的媒介融合战略，从而更有效地推广跨文化信息。研究所要考量的主要因素有以下几方面。

1. 分析受众群体

在受众分析中，首先，要考虑年龄因素，即了解目标文化中不同年龄段的受众特点。例如，年轻一代更习惯使用社交媒体和在线平台，而老年人更习惯观看传统媒体，如电视和报纸等。其次，要考虑性别因素，即了解目标文化中男性和女性在消费习惯、兴趣爱好和媒体接触方面的差异，以便针对性地定位传播内容。再次，要考虑目标受众的教育水平和社会地位因素，以确保传播活动的语言和风格与他们的需求和期望相匹配。最后，圈层也是受众分析中的重要依据。圈层是指人们根据共同的兴趣、价值观、身份或其他特定因素将自己聚集在一起形成的社会群体或社交网络。圈层可以是基于地理位置、职业、兴趣爱好、文化背景、政治倾向等建立起来的，人们在这些圈层中与其他成员进行交流、互动和共享信息。圈层提供了一个安全，具有文化认同和受众支持的环境，使成员能够交流和分享彼此的经验、资源和知识。社交媒体平台也在促进圈层的形成和维持方面发挥了重要作用，给人们提供了一个虚拟的空间来与外界进行连接、互动和展示自己。

2. 传播途径选择

目标文化依赖的传播途径是由目标文化中受众的媒体接受习惯所决定的。传播途径包括传统媒体（如电视、广播、报纸和杂志），以及数字媒体（如社交媒体、在线视频平台、博客等）。传播途径的选择要考虑目标文化的发展水平、传播技术水平与大众整体媒介素养的水准。可以将研究目标受众在这些媒体上的使用习惯以及他们在媒介活动中的参与度作为参照，以此确定最适合的传播途径。

3.分析文化价值观念

要了解目标文化的核心价值观念、信仰和习俗。每种文化都有其独特的价值观念体系和行为准则，因此要避免使用不适当或可能引起冲突的内容。特别要了解目标文化中的敏感话题、禁忌内容和政治方向，以避免冒犯受众或引发争议。此外，还应考虑目标文化的审美标准和美学偏好，包括颜色、图像、音乐等方面，以便设计吸引力强且符合目标受众审美的传播内容。

4.制定媒介融合战略

根据受众群体分析并选择传播途径，确定合适的媒介融合策略。例如，同时在传统媒体和网络媒体上展示相关内容，这能够覆盖不同受众群体并提高传播效果。另外，要确保传播内容与目标文化相一致，这可能需要进行语言和图像的翻译、文化适应和符号转换等工作，以便更好地传达信息并获得目标受众的认同和接受。在媒介融合战略规划过程中，要时刻保持开放的心态，并与目标文化的专家、代表和当地合作伙伴进行紧密合作。这样可以更深入地了解目标文化受众，确保跨文化传播活动取得成功。

（二）选择恰当的媒介

媒介的选择方案是基于对目标文化充分调研的基础上，既要充分考虑目标文化的整体发展水平，又要考虑受众习惯的媒介传播途径，选取相应的媒介组合。实现不同文化和媒介之间的无缝连接是一种有效的跨文化传播策略。例如，音乐、电影、艺术、文字等媒介的融合可以让信息传递更加直观和生动，跨文化信息更容易被接受和理解。这种策略可以通过多样化的体验、直观生动的表达方式和强烈的情感共鸣来提高跨文化信息的接受和理解程度，以此促进文化交流与互动。

1. 受众喜好的考虑

要了解目标受众的兴趣、爱好和消费习惯，并以此为依据，确定受众可能对哪种媒介形式更感兴趣。例如，年轻人通常更喜欢在网络社交媒体上浏览照片和视频，而中老年人可能更倾向于阅读报纸和杂志。因此，网络社交媒体可能更适合年轻受众，电视、报纸和杂志则可以覆盖更广泛的受众群体。另外，了解目标受众使用不同媒介的频率和方式，可以用来确定如何选择和组合媒介。有些人更喜欢在线视频，而有些人更倾向于听广播节目或阅读电子书。

2. 媒介传播途径的选择

首先，要掌握目标受众当前媒介使用的情况，了解目标受众常用的媒介渠道和传播途径，这对制定有效的跨媒介传播策略至关重要。不仅要根据目标受众在媒介上的行为和偏好选择最适合的媒介组合，也要能够推测何种新的媒介组合可以引起目标受众的兴趣与关注。其次，要熟悉媒介特点，清楚不同媒介形式具有的独特性质和优势。例如，电视具有视觉和声音的优势，网络社交媒体则更具互动性和分享性。了解这些优势可以确定哪种媒介最能有效地传达跨文化信息。

3. 多媒介融合的创意

首先，充分运用多媒介的表达，与不同媒介形式相结合，创造出丰富多样的表达方式。例如，在一个跨文化宣传活动中，可以制作一段视频，通过音乐、视觉效果和文字说明，生动、直观地传递信息。其次，运用好不同媒介特有的叙事逻辑，讲好故事。选择故事叙述的方式，利用多媒介融合来展示不同文化之间的联系和共通之处，呈现出不同文化的价值观念和情感表达。例如，2022年中国共产党国际形象宣传片《CPC》，作为一个具有国家政治意义的跨文化短片，把图像、解说词、音乐等叙事功能充分地调动了起来，呈现了中国共产党一路走来所遇到的艰难险阻，衬托出当代中国人民幸福生活的来之不易，很好地诠释了中国共产党"不忘初心、牢记使命"的精神追求与利国利民的执政理念。

4.无缝连接的实现

媒介间是否能够无缝连接是评价媒介选择是否合理的重要标准。首先，要保证在不同媒体中传播内容和理念具有一致性。在设计跨媒介传播活动时，确保在不同媒介上保持一致的核心信息和视觉风格非常重要。这样可以建立受众对传播内容的信任感，避免给受众留下混淆和不连贯的印象。其次，要保障内容互补，不同媒介之间的内容只有相辅相成，才能够实现无缝连接。例如，在一个跨文化活动中，可以通过网络社交媒体发布与电视节目相关的独家幕后花絮，或是通过报刊、杂志提供更详细的背景信息。

（三）跨文化交流的实现

媒介融合战略规划应着重考虑如何有效实现跨文化交流，促进不同文化之间的相互理解和尊重。近年来，融合多种表达要素的短视频成为跨文化传播的重要载体，其不仅可将实景拍摄、动画建模、虚拟现实等制作技术融合在一起，突破实景拍摄的视听与想象空间，把跨文化信息的独特审美价值与内涵表现出来，还能有效增强跨文化之间的交流互动。着重考虑以下关键因素能够更好地实现跨文化交流中媒介融合策略的落地。

1.注重文化敏感性和尊重其他文化

在媒介融合策略中，应始终尊重和体现不同文化的价值观、信仰、习俗和传统。避免使用贬低或歧视性的内容和容易对其他文化产生偏见或误解的表达方式。同时，积极传递文化信息，鼓励受众对其他文化保持开放和包容的态度。

2.多元化的表达方式

可以利用多种媒介形式来表达文化的差异和共通点。例如，音乐、艺术、电影、摄影等形式都可以传达文化特色和情感。同时，确保所选择的媒介表达方式能够被具有不同文化背景的受众理解和接受。近年来，以互联网为代表的新媒体开始蓬勃发展，文化传播的载体、跨文化交流的形式和方式都发生了显著的变化，新媒体的发展为跨文化交流提供了一个更新更好的环境，运用新媒体对跨文化传播有着显著的作用。①

3. 语言的挑选与翻译

考虑到不同文化之间的语言差异，要选择适当的语言进行沟通和表达。在进行跨文化传播时，需要进行翻译和内容本地化处理，以确保信息准确、清晰，并且贴近受众的文化背景。这样才能够有效地传递信息，让不同文化之间的交流更加顺畅和有效。

4. 文化交流平台的建立

可以创建一个平台或空间，让不同文化的人们可以相互交流，分享经验和观点。例如，社交媒体、在线论坛或文化活动等都可以成为促进跨文化交流和理解的有效工具。为了提高跨文化传播的效果，可以提供平台让受众参与并分享自己的文化经验，加强相互学习和欣赏的能力。

5. 教育与意识提升

可以联合目标文化各界，通过教育和宣传活动提高公众对其他文化的认知和理解。组织文化展览、讲座、座谈会等活动，培养目标文化受众的跨文化意识和尊重不同文化的能力。此外，鼓励创建多语言教育和跨文化交流项目，以推动年轻一代在跨文化交流中形成友好、和谐的关系。

6. 合作与共创

促进不同文化之间的合作与共创，通过共同的项目、活动和倡议，与目标文化各界建立相互信任和合作的关系。这种合作可以在艺术、媒体、科技、商业等领域展开，为促进文化交流与和平发展提供更广阔的机会。

（四）加强推广和宣传

跨文化传播的媒介融合战略规划要重视推广和宣传的工作。制定恰当的推广策略和宣传方案，将跨文化信息传播到有需求和受关注的受众群体中，

---

① 郝良惠：《发挥新媒体优势，提高跨文化交流效果》，《东方教育》2013年第7期。

从而提升跨文化信息的知名度和影响力。

1. 多渠道传播

利用多种媒介渠道进行信息传播有助于提升信息的覆盖率与传达率。还可以结合不同媒介的特点，引导观众使用特定的社交媒体平台进行互动，以增加信息的传播范围和影响力。多渠道传播策略并非一蹴而就，需要在实施过程中不断调整和优化，加强对目标文化受众群体的了解，灵活运用各种传播渠道，才能取得最佳效果。

2. 创新宣传形式

在信息过载的时代，创新的宣传形式和内容能够更好地吸引目标受众的注意力。可以尝试使用故事化的宣传手法，讲述具有情感共鸣的故事，来传递跨文化信息。互动式的活动也是一种有效的宣传形式，可以举办线上和线下的活动，让受众亲身参与，以此增加信息的吸引力和影响力。此外，跨媒体合作也是一种创新的宣传形式，通过与不同媒体、机构和个人（如目标文化的各界名人）合作，共同推广跨文化信息，以扩大传播范围。

3. 合作伙伴推广

与相关机构、媒体、社区组织等建立合作伙伴关系，是推广跨文化信息的重要策略之一。合作伙伴可以为跨文化传播提供资源和影响力，共同推广跨文化信息有利于信息的广泛传播。常见的方式有：与知名媒体合作，在其平台上发布相关内容或举办活动；与社区组织合作，通过社区网络将信息传播给更多的受众。借助合作伙伴的力量，可以扩大信息的传播范围，并增加信息的可信度和影响力。

4. 用户参与和互动

用户参与和互动是跨文化传播中推广和宣传的重要环节。鼓励受众参与和互动可以增加受众对跨文化信息的参与感，进一步提升传播内容的知名度和影响力。通过在线讨论、投票、分享等方式，与受众进行互动，了解他们的反馈和需求，并根据受众的意见和建议对传播内容进行相应的调整和优化。

此外，可以积极采用受众生成内容的方式，鼓励受众分享自己的跨文化经验和观点，增加信息的多样性和可信度。

5. 定期评估和调整

在跨文化传播中对传播策略和方案进行定期评估和调整是非常重要的。定期评估传播和宣传的效果，一般可以使用市场调研、用户调查、数据分析等方式，进行相关信息收集，了解受众对跨文化信息的认知程度、接受程度和满意度。根据评估结果，及时调整推广策略和宣传方案，以提高内容的传播效果和影响力。

媒介融合战略规划是跨文化传播的关键之一，不仅可以提升跨文化传播的效果，同时也能够促进整体文化的跨越性交流和创造出新的文化形态和表达形式。基于这些战略要点的构建，将媒介融合技术和跨文化传播相结合，为每一个行业领域提供丰富且实用的服务，推动文化的包容性和进行多样性发展。

二、从效果达成角度规划

（一）突出多元性和包容性

跨文化传播基于人类文化的大关怀，强调文化间的交往。[①]媒介融合战略规划要重视跨文化传播的多元性和包容性，要在媒介选择、内容制作等方面考虑不同文化之间的差异和特点，注重相互尊重，强调和谐共处，避免制造文化冲突。同时，要注重以客观、公正、平等的视角来进行文化传播，避免因文化差异导致偏见和误解。

多元性是媒介融合战略规划需要重视的一个方面。不同文化具有独特的观点、价值观和习俗，因此跨文化传播中应该尊重和反映这些多样性。要提

---

① 肖珺、胡文韬:《新媒体跨文化传播的难点及其理论回应》,《新闻与传播评论》2021 年第 1 期。

供各种不同类型的内容满足不同人群的需求，如新闻、娱乐、教育等给受众提供的信息价值、精神追求是不一样的，不同受众的接受程度也会有所不同。例如，在电视节目中展示各国的文化传统、美食、音乐和艺术形式，或者在报纸和网站上提供多元的观点和评论，都能够促进不同文化之间的理解和交流。

包容性也是媒介融合战略规划需要重视的方面。跨文化传播中应避免对受众产生歧视、偏见和文化隔阂，确保广泛的受众能够平等地参与和获取信息。采用包容性的语言和形式，可以打破文化壁垒，促进文化交流。视觉化的作品中应避免使用刻板化的文化形象，或者使用有歧视性的图像，尽可能展示多元化的人群和故事，以实现更加具有包容性的传播。

传统媒体往往是单向的信息传递，但在跨文化传播中，更重要的是建立起双向交流的联系。应该鼓励受众参与互动，提供反馈和意见。同时，也应该主动倾听和理解其他文化的声音和需求。特别是利用好网络社交媒体平台的互动功能，通过与受众进行实时交流和讨论，了解他们的反馈和观点，从而加深对不同文化的了解和尊重。

教育与启发也是媒介融合战略规划的重要组成部分。跨文化传播中可以制作具有文化普及性质的文化产品来促进跨文化交流。提供关于不同文化的知识和故事，可以增加人们对其他文化的了解和尊重。比如，可以在电视纪录片中介绍不同国家的历史和文化背景，或者在新闻报道中深入探讨不同文化间面临的共同问题和挑战，这些方法都可以加深人们对多元文化的认识和培养包容的心态。

综上所述，跨文化传播的多元性和包容性是媒介融合战略规划中不可忽视的方面。提升多元性与包容性、加强双向交流以及用好教育和启发的优势，发挥不同媒体潜力，促进文化多样性的传播和交流，从而推动社会的进步和和谐发展。

（二）掌握传播的应用技巧和细节

媒介融合战略规划需要注重跨媒介的应用技巧和细节。比如，在跨文化视频传播方面，要考虑不同文化的语言、习惯和审美观的差异，制作有吸引力并符合当地文化审美的内容。又如，在跨文化音乐传播方面，要考虑不同地域的语言和音乐风格，进行差异化创新，使其具备跨文化传播的能力。

1. 目标受众

了解目标受众的特征、喜好和行为习惯对于有效选择媒体形式和传播渠道至关重要。通过市场研究和分析，可以获取目标受众的相关数据。例如，目标受众群体的年龄、性别、地理位置、兴趣爱好等。这些信息有助于终确定适合与目标受众互动的媒体和渠道。例如，如果目标受众主要是年轻人，那么网络社交媒体平台可能是一个更有效的选择。

2. 信息一致性

确保在不同媒体和渠道中所传递信息的一致性是非常重要的。传播内容的一致性可以避免给受众留下混淆或矛盾的印象。从影视节目到社交媒体内容再到报刊，都应该传达相同的核心信息和价值观。

3. 媒体选择

根据目标受众的特征和偏好，选择适合的媒体和渠道是非常关键的。不同的媒体和渠道有不同的特点和优势，选择合适的媒体可以更好地吸引目标受众的注意力并能有效传达信息。例如，如果想要传达视觉效果强烈的信息，视频内容是一个很好的选择；如果想要与年轻一代互动，网络社交媒体则是必不可少的。

4. 故事叙述

开发一个有吸引力和连贯性的故事线，在不同的媒体和渠道中传递相应的内容，可以增加受众的参与度和兴趣。故事叙述能够引起受众产生情感共鸣，并让他们更容易理解和记住传播内容的核心信息。例如，泰国的影视广告以其别具一格的叙事与夸张的创意在广告界占有一席之地，强大的故事叙事放大了产品的特征，不仅强化了产品品牌理念，也将泰国的人文风情、世俗价值等内涵包容其中，形成了泰国影视广告独特的审美，其具有很强的识别性，成为跨文化传播的典型案例。

在跨媒介传播的实施中，故事线的连贯性非常重要，确保故事在不同媒体和渠道中的呈现方式一致，以避免给受众造成混淆。

5. 媒体互动

媒介融合的一个重要优势是可以促进与受众的互动。利用跨媒介应用的技巧和细节，可以鼓励受众进行参与和互动。例如，随着媒介融合理念越来越深入人心，网站链接或社交媒体账号中往往会植入不少广告，以便让受众能够进一步了解产品品牌，并与其他用户进行互动和交流。这种互动可以增加品牌的曝光度，同时也有助于建立忠诚度和口碑。

在2023年的动画电影《长安三万里》的宣发与路演中，不少在华的外国视频博主穿着中国传统服饰，前往影院观影，并发布朗读古诗的视频，表达对中国传统文化的喜爱。这也充分体现了媒介融合时代，不同媒介形式的串接与互动，以及跨文化媒介内容生产的多元化。

6. 测试和优化

在实施媒介融合战略之前，进行小规模测试是非常重要的。通过对不同媒体和渠道的测试，收集反馈意见并进行优化。监测和分析数据是关键，了解不同媒体和渠道的传播效果，并根据结果进行调整和改进。定期评估媒介融合策略的效果，并根据市场变化和受众需求做出相应的调整，以确保信息能够有效传播。

（三）关注文化定位

媒介融合战略规划需要结合目标文化的定位进行。在制定跨文化传播计划时，要根据文化定位来制定相应的传播策略和媒介选择，以此来确定文化传播的目标和有效传播机制。

文化定位是指了解目标受众所处的文化环境、价值观念和行为模式。在媒介融合战略规划中，文化定位起到确定目标受众、选择合适媒介渠道和内容形式的作用。

首先，文化定位可以帮助确定目标受众的特点和需求。研究和了解目标受众的文化背景，可以获知他们的价值观念、兴趣爱好、消费习惯等，从而更准确地把握他们的需求。其次，文化定位有助于选取适合的媒介渠道。不同媒介渠道在不同文化背景下具有不同的影响力和接受度。文化背景与目标对象所处的社会发展水平密切相关，也会对媒介产业布局产生很大影响。例如，美国公路电影的诞生与二战结束后汽车工业开始在美国迅速发展密切相关。汽车也因此成为当时代表繁荣和青年文化的象征而登上大荧幕。以公路为喻，象征人生的际遇，以及美国人对自我的寻找，寄托了一代人的追求与救赎。对新世纪的年轻人来说，他们更倾向于使用社交媒体进行快速的信息获取，对传统媒体的依赖和需求则较低。因此，了解目标受众的文化背景可以帮助选择最合适的媒介渠道，以提高传播效果和影响力。最后，文化定位对于内容创作和传播方式也非常重要。如果深入了解目标受众的文化特征，可以根据他们的习惯、语言风格和感兴趣的主题来制定相应的内容策略。这样的内容更容易与目标受众产生共鸣，增加其参与度和扩大传播效果。

（四）进行测量和分析

跨文化传播的媒介融合战略规划需要进行定期测量和分析。通过数据分析、用户反馈等手段，对跨文化传播的效果进行监测和调整，不断优化和改进媒介融合战略规划，全方位地掌握信息传播的效果。这样可以及时调整和创造新的跨文化传播形式，从而获得更多新的发展机遇。对跨文化传播的媒介融合战略规划进行定期测量和分析的作用具体表现如下。

1. 评估目标达成情况

定期测量和分析是评估跨文化传播媒介融合策略是否实现了既定目标的重要步骤。首先，要明确目标，例如提升传播内容知名度或改善受众对传播内容的认知等。其次，通过收集相关数据并进行分析，可以衡量媒介融合战略在实现这些目标方面的作用。一般来说，可以跟踪网站流量、社交媒体参与度等指标来评估策略发挥的作用。如果发现目标未能达到，应重新评估策略并调整相应的媒介组合或传播信息。

2. 追踪受众反馈

定期测量和分析还有助于了解受众对媒介融合策略的反馈意见和看法。通过监测社交媒体平台上的评论、在线调查、焦点小组讨论等渠道，可以获取宝贵的受众反馈，这些反馈可以揭示受众对传播信息的理解程度、喜好和态度。基于对这些反馈的数据分析，可以比较深入地反映哪些方面的传播策略受欢迎，哪些需要改进。根据受众的需求和期望，可以进行相应的调整，并制定更具吸引力的传播内容。

3. 识别发展趋势和抓住机会

定期测量和分析过程中收集的数据可以识别并确认新的趋势发展和机会。通过观察不同媒介的表现情况，可能会发现某种特定媒介在某个目标市场上发挥的作用显著。例如，视频在年轻人中更受欢迎，而博客文章在学术专业领域产生更大影响。洞察这些信息，可以重新配置资源和投资。将更多精力放在最有效的媒介上，以最大化发挥传播效果。

4. 节约资源和时间

定期测量和分析可以避免在无效的媒介上浪费资源和时间。通过监测和分析，不仅可以确定哪些媒介对于特定目标受众最具影响力，还可以为媒介选择提供依据，从而确保文化传播者的资源和精力得到更好的利用，进而有针对性地配置预算、时间和人力资源，并制定更具策略性的跨文化传播计划。

总之，跨文化传播的媒介融合战略规划是一项复杂的工作，要根据不同文化和市场的特征制定相应的战略规划,并不断监测和调整以适应传播目标的变化和用户需要。同时,要注重多元化和包容性,强调互相尊重,构建和谐共处的文化交流环境。还要实现多维度和细节化管理,并注重对跨文化传播效果的测量和分析,以此持续推进跨文化传播的创新和发展。

第二节　媒介融合与城市文化建设

城市是地域性文化的重要载体,也是参与跨文化传播的重要主体。因此,城市文化建设与城市文化传播是跨文化传播中的重要内容。随着国际交往的升级与多元化,城市文化建设与城市文化传播也成为跨文化传播中的重要议题,深刻影响着跨文化传播的效果。如何借助媒介融合的契机,做好城市文化传播,进行城市形象塑造与城市品牌打造,助力国家国际传播能力提升已经是现代化城市建设亟待解决的问题。

一、城市文化建设与城市形象塑造

城市文化建设是一项综合性任务,旨在创建以文化为核心的城市,提升城市形象和声誉,吸引人才和外部资源,从而促进城市的经济增长和社会发展。通过创造丰富多样的文化环境和资源,城市可以实现可持续发展,并为居民提供更好的生活质量和发展机会。

(一)城市文化建设的内涵

城市文化建设是城市发展中的一个重要方面,它涉及城市历史与文化的传承、文化艺术的创新发展、公共文化设施和服务的提供,以及文化产业和创意产业的发展等多方面内容。城市文化建设的内涵主要包括以下几个方面。

第一,城市文化建设需要注重历史文化遗产的保护和传承。对于具有历史价值的古建筑、文物和历史遗址等，应该采取有效的保护和修复措施，以确保它们的完整性和可持续使用。同时，应该开展相关的历史文化教育和宣传活动，提高市民对于历史文化的认知和重视程度。

第二，城市文化建设需要加强文化活动和节庆活动的开展。可以通过举办各种文化活动，包括美术展、音乐会、文学交流等，丰富市民的文化生活，增强社会凝聚力。同时，推动各种节庆活动的举办，以春节、端午节、中秋节等传统节日为契机，提高市民的文化认同感和幸福感。

第三，城市文化建设需要加强对公共文化设施的建设。政府可以投入资金，建设各种公共文化设施，如图书馆、博物馆、剧场、展馆等，为市民提供一个良好的文化体验和学习的场所，以提高市民对文化教育的参与度和满意度。

第四，城市文化建设需要促进文化创意产业的发展。政府可以出台相关政策，鼓励和支持文化创意产业的发展，引进和培育文化创意企业和人才，在城市建立文化创意产业基地和文化创意园区，推动城市产业升级和促进经济发展。

第五，城市文化建设还要注重与国际文化的交流和合作。制定具有针对性的政策，鼓励和支持国际文化交流和合作，建立城市之间的文化合作和友谊关系，推动多元文化的交流与融合，增强城市的国际影响力。

城市文化建设不仅涉及城市内部的历史文化传承和创新发展，还包括文化产业和文化创意产业的发展以及国际文化交流与合作等多个方面。通过建立可持续的城市文化建设机制，促进城市文化的全面发展，打造一个充满活力且具有吸引力的城市文化名城。

（二）城市文化与城市形象塑造

城市形象塑造是提高城市品牌形象和城市竞争力的重要手段。城市形象塑造的主要方法包括加大对交通、水利、能源等基础设施建设的投入，打造一个现代化、便捷、绿色、舒适的城市形象；制定相应的城市规划使城市形象更为美观、舒适、宜居；制定城市品牌战略，营造良好的城市品牌形象，提高城市的知名度和美誉度；组织和举办各式各样的市民文化活动，提高市民对城市的信心和认可度；加强反腐倡廉和公共安全的宣传和监管力度，营造一个和谐、稳定、安全的城市环境；加强生态环境建设，保护生态环境和实现可持续发展。

1.城市文化与城市形象塑造互相影响、相互渗透

城市文化是城市的灵魂和血脉，也是城市形象塑造的重要方面。城市文化与城市形象塑造密不可分，互相影响、相互渗透。正确地挖掘和利用城市文化资源，可以更好地塑造城市形象，提高城市品牌的知名度和美誉度，进而提高城市核心竞争力。

（1）城市文化的传承和保护

城市的文化遗产和文化传统是城市形象塑造的重要元素，可以反映出一个城市的历史和文化深度。城市在进行形象塑造的时候应该注重传承和保护城市文化，以此继承和弘扬城市的历史文化遗产，进一步巩固和提升城市形象和品牌的文化内涵和美誉度。

（2）基于城市特色文化进行形象塑造

城市的文化资源来源于城市的地理环境、历史传承、艺术创作、民族传统等多方面。城市在进行形象塑造的时候应该根据自身的特点和文化资源对城市品牌进行深入挖掘，并在品牌营销中加以宣传和营销。北京市延庆区位于北京市西北部，平均海拔在500米以上，夏季平均气温12~25℃，比市区平均气温低约5℃，十分适宜避暑纳凉，素有北京"夏都"的美誉。北京市延庆奥林匹克园区是2022年冬奥会和冬残奥会的三大赛区之一，一流的冬奥场馆融于小海陀山的自然景观之中，被誉为"最美冬奥城"。延庆区的人文底蕴和独特的自然景观成为延庆打造城市形象的理念依据。目前，延庆奥林匹克园区已经成为国家级滑雪旅游度假地、高山滑雪北京延庆国家训练基地，还

被评为 2022 年北京市体育旅游十佳目的地。①

（3）文化活动与城市品牌塑造

城市市民文化活动的丰富程度和多样性，也是城市形象塑造的重要因素之一。城市可以通过文艺活动、体育活动、宗教活动等多种途径展现城市文化特色，增强城市形象。同时，在文化活动中，可以注重营造浓厚的城市品牌氛围，提高市民对城市品牌的认同和支持力度。

西安大唐不夜城推出的"盛唐密盒"成为吸引国内外游客的一档新节目，大唐不夜城也被网民推荐为西安旅游必去打卡点。"盛唐密盒"的即兴表演和互动都深度融合了中国的历史文化知识，让观众在互动答题的同时，也学习了传统文化知识。节目被制作成多种新媒体产品在网络中传播，成为西安城市文化建设与城市形象塑造的"新势力"。

（4）城市文化设施建设

城市文化设施和公共服务体系的建设，也是城市品牌形象的重要组成部分。城市需要建设一批富有文化特色和艺术价值的文化设施，如图书馆、美术馆、剧院、博物馆等，为广大市民提供丰富的文化服务。位于江苏省南京市秦淮区的南京市博物馆被网友列为去南京必打卡景点，是一座综合性的历史艺术类博物馆，是南京市市立博物馆，国家重点博物馆之一。南京博物馆所处的朝天宫是江南地区建筑等级最高，面积最大，保存最完整的古建筑群。朝天宫之名，是明洪武十七年（1385 年）太祖朱元璋下诏亲赐，取"朝拜上天"之意。对一座城市而言，文化遗产是珍贵的资源，在弘扬城市特色、提高城市品味、改善人居环境、发展旅游等方面有着重要作用。城市设施的建设与城市品牌的塑造与市民生活密切相关，可以有效地提高城市文化形象和品牌知名度。南京市博物馆的建设不仅是守护南京历史文化，展示南京在中国各个历史发展阶段的发展轨迹以及南京古都历史文化的成就，也是配合南

---

① 中国新闻网：《北京延庆打造长城脚下森林城 建设生态文明幸福最美冬奥城》，https://www.chinanews.com/gn/2023/07-20/10046950.shtm，访问日期：2023 年 8 月 13 日。

京城市发展建设，把南京建设成"充满经济活力，富有文化特色，人居环境优良"的文化名城。

综上所述，城市文化与城市形象塑造有着紧密的联系并彼此相互影响。正确利用和挖掘城市文化资源，可以更好地突出城市形象和品牌的文化内涵，提高城市的美誉度和知名度，增强城市核心竞争力。城市管理者应该注重城市文化的保护和传承，加强对文化设施的建设和文化活动的开展，推动城市文化与城市形象塑造的有机结合，为城市的发展注入新的活力和动力。

2.依托媒体的城市品牌营销

随着城市之间竞争的加剧，城市品牌的重要性日益凸显。城市品牌不仅是城市形象的代表，也是吸引外部投资和人才的重要手段。因此，城市品牌营销越来越受到城市管理者的重视。借助媒体进行城市品牌营销，如将城市的特色文化和资源、城市形象、城市品牌属性等信息传达给目标受众，可以提升城市品牌知名度和美誉度。城市品牌营销主要包括以下几个方面。

第一，突出城市定位和特色。城市品牌营销的第一步是确定城市的定位和特色。在跨文化的媒介内容生产中，城市正确地展现自己的特点、品质和能力，找到自己在世界舞台上的独特角色，这是城市品牌营销的基础。第二，城市要对自身特色文化、资源禀赋等进行深入挖掘和研究，找到最具吸引力的城市特色，并将其作为城市品牌营销的主要推广点。第三，城市定位要结合城市的全球化和竞争力战略。城市管理者可以选择城市擅长的产业和行业，在全球化和竞争中寻求突破，促进城市的经济增长和城市品牌的提升，打造国际化的城市品牌，在全球市场上扩大城市的影响力。

（1）统一城市形象和口号

在跨文化传播中，由于文化认知的差异，异文化群体很难理解不同文化体系中区域文化之间的区别。例如，在不少外国人的认知中，普通话与各地方言并没有很大差异，不同的地方戏曲也并不具有很强的区别特征。因此，确定城市品牌的形象和口号是媒体营销城市品牌的核心内容。城市品牌的形象要符合城市形象塑造的整体定位和特点，形成鲜明、深刻的视觉印象。同时，城市品牌的口号不仅要符合目标文化群体的语言习惯，更要简洁、朗朗上口、易于记忆、易于传播，以此增加城市品牌的认知度和吸引力。

（2）矩阵化的媒介推广和宣传

得益于媒介技术的发展，全媒体的宣传与营销手段已经成为城市文化推广的重要举措。线上和线下融合可以更好地提升宣传力度，扩大城市品牌知名度和美誉度。依托线上媒介产品在不同平台、渠道进行城市文化推广，结合线下行业大会、博览会、推介会、公告等方式，进一步强化城市文化认知，将城市品牌传达给公众和国际市场。可以将城市的品牌形象和口号应用到广告宣传、城市文化活动等方面，扩大城市品牌的知名度和美誉度。例如，山东省淄博市"淄博烧烤"的矩阵化传播将地方政治理念、经济发展、人文内涵等多方面立体地呈现出来，实现了淄博的"出圈"。

（3）重视公众参与和反馈

当前国内城市文化的跨国传播很难在海外落地，真正"见外"的跨文化媒介产品并不多。除了官方渠道，城市品牌营销也要充分借助个人自媒体的力量，依托海外社交平台建立起多渠道的信息出口，让公众参与成为常态与自觉。同时，重视反馈机制的建立。城市要建立完善的市场调查和分析机制，根据目标受众市场需求，不断调整城市文化产品制作的策略和措施。同时，城市跨文化传播也应该充分考虑公众的意见和建议，鼓励公众积极参与到城市品牌的建设过程中来，以此更好地反映出公众的需求和期望。

在跨文化传播语境中，城市管理者需要注重城市文化传播策略的持续性、统筹性和创新性，精确定位目标受众、不断强化城市品牌的市场占有率和美誉度，以此提高城市的影响力和竞争力，从而在国际市场上赢得更大的发展空间。

二、打造城市媒介形象

（一）城市媒介形象的内涵

城市媒介形象是指城市在媒介中所呈现出的形象，包括文字、图片、视频等多种形式。这些形象是由城市管理者、企业、媒体和市民等利用各种媒介工具对城市形象进行传播和宣传得来的。城市媒介形象是城市形象塑造不可或缺的重要元素，大致具有以下内涵。

1. 城市品牌形象的宣传

城市媒介形象是城市品牌形象的主要宣传和传播手段之一。以文字、图片、视频等多媒体媒介形式展现城市的历史文化、地理优势、社会经济、多元文化等多方面特点，使人们对该城市有更全面、更深入的了解。在传播时，可以增加城市品牌元素，城市形象标志、特征文化点、特色产业、特色景点等，为城市品牌形象赋予更直观、鲜明的形象。

2. 地域文化的推广

城市媒介形象可以体现城市的地域文化，进一步推广和传承城市的文化遗产。在文化产品中展现城市的地方特色、地方美食、地方文化、地方音乐等，引起公众的共鸣，增加公众对城市文化的认知和了解，从而促进文化传承。

3. 定位市场和受众

城市媒介形象可以进行市场定位和对受众进行分析，建立适合各类媒体传播的市场和受众模型，分析受众的需求和兴趣点，并以此定位城市品牌形象的宣传策略和形式。比如，分析不同平台用户群体的喜好，选择适合的图片和视频，制作出更能吸引目标受众的城市媒介形象，强化宣传效果。

4. 彰显城市特点和主题

城市媒介形象可以体现城市的特点和主题，吸引受众的注意力，让他们了解到城市的重要特征和发展方向。比如，某些城市可能在文化、历史方面较为突出，另一些城市则可能更注重科技和创新。城市媒介形象可以根据城市特点进行深入探讨和传播，从而使公众更加了解该城市的特点和发展方向。

综上所述，城市媒介形象是城市形象塑造不可或缺的重要元素，通过对城市品牌形象的宣传、地域文化的推广、定位市场和受众、彰显城市特点和主题等多方面进行塑造和传播，以此增强城市形象的品牌知名度和美誉度，提高城市的核心竞争力。

（二）媒介融合与城市媒介形象

媒介融合为城市文化建设提供一种有力的手段和途径。城市文化建设注重的是城市自身文化的挖掘和体现，其体现的是城市的人文魅力和文化气质。媒介融合作为一种新兴的文化创新方式，对于城市文化建设有着独特的作用和贡献。最近，在抖音"海外版"Tiktok以及视频社交平台油管（Youtube）上"Chongqing"（重庆）成为一个热词，国外视频博主分享的重庆生活方式从多角度展示了重庆的"山城"属性，例如，颇具魔幻的城市建设以及闲适好客的生活态度等多方面的呈现为重庆打造了独特的媒介形象，重庆因此成为颇具国际吸引力的"网红打卡地"。在媒介融合技术的推动下，城市媒介形象塑造越来越国际化。

1. 文化元素与多媒介融合，更加完整地呈现出城市文化的特点和魅力

将不同媒介之间的元素进行融合，以当地地方元素为基础，可以创造出更为独特和生动的文化场景以及更多样和有创意的文化产品，从而增加城市文化的吸引力和影响力。将数字技术应用于城市文化建设中，可以构建属于城市文化的数字化板块，以数字化体验、数字展览等方式创造出更丰富和更具体验感和参与感的文化产品，还可以创造出异彩纷呈的文化氛围，这不仅能够提升城市的知名度和吸引力，还能够吸引人们进行关注和参与。通过深度挖掘文化元素，从而扩大城市文化影响力。

2. 媒介融合可以在有效传播城市文化的过程中发挥作用

通过跨媒体合作、融合传媒资源、构建互动性文化交流平台等多种方式，可以更加深入地传达和推广城市文化主题，增强人们的认同感和归属感，促进城市文化固化形态的形成和时代交流下更好的传承和延续。跨媒体整合可以将城市文化以更加具有吸引力和趣味性的形式展现出来，传播线上及线下受众的相关信息和扩大相关空间，促进城市文化特色和文化项目的推广，从而影响到更多的人。同时，从更广泛的角度来说，通过媒介融合的传播方式，可以形成一种直观且互动性强的文化态势。在文化构建过程中，专家、文化创业者以及公众将会投入更多的文化创作和交流之中，让城市文化产业在跨媒介传播中得到显著推进和发展。

3. 媒介融合能够促进城市文化建设的可持续发展

在各类媒介形式的互相衔接和充分利用下，城市文化建设将得到更广泛、更多样化、更有创意的发展。在跨媒介的交流中，广大市民也将得到更多的文化滋养，深刻感受到文化的价值和意义。多媒介形式通过强化城市人文基础和文化底蕴，进一步推进文化创新和文化发展，进而实现城市文化建设的可持续发展，为城市的生态和进步做出更大的贡献。媒介融合还能够打造出具有多元化的城市文化场景，通过融合各种媒介形式创造出互动性、趣味性和变革性更强的城市文化场景。这些文化体验场景中，能够增强人们之间的互动交流，促进文化交流和创新，从而使城市文化建设的规划更加灵活和多样化。

因此，在城市文化建设过程中，要注重跨媒体的整合和创新，深度挖掘城市文化资源。在未来的城市文化建设中，通过媒介融合实现跨越多元文化的交流和文化创新，使城市文化可以更好地展示自身特色和形象。构建一个更加富有活力、创意、多元和包容性的城市文化生态体系，同时也为城市形象、城市品牌建设做出更大的贡献。

第三节　媒介融合语境下跨文化传播的设计和实现

一、跨文化传播方案设计

在当今媒体融合的背景下，我们需要深入思考跨文化传播的设计问题。设计跨文化传播方案时要求我们不仅传达信息，还要在促进不同文化之间的理解和沟通方面发挥关键作用。在这个复杂的环境中，设计者面临着多重挑战，这需要综合运用跨学科的知识和技能，以确保传播活动能够实现其目标。对此，我们应重点解决以下几方面的问题。

（一）文化差异的分析和理解

在跨文化传播设计和实现过程中，要充分了解并分析不同文化之间的差异和特点。包括语言、信仰、价值观、行为和习惯等方面的差异和特点。只有深入了解不同文化的特点，并根据这些特点来制定相应的跨文化传播策略，才能够成功地实现跨文化传播的目标。

以话剧《白毛女》为例，这部剧在我国解放战争中发挥了重要作用。被俘的国民党士兵观看该剧后，他们的思想得到了迅速的转变，积极加入解放军。这部剧在教育上取得了非常显著的成效。然而，当被俘的美国士兵观看电影《白毛女》后，他们却持有不同的观点，认为杨白劳欠债就应该偿还，自杀并不值得同情，他们的心中无法产生类似中国观众的共鸣和共识。很明显，中、美受众对同一文本的不同解读，是因为各自的文化背景不同，建构的人生观、价值观不同所致，说明同一个文本在不同文化中传播时得到的效果是不一样的。

（二）媒介的选择和整合

在跨文化传播设计和实现过程中，媒介的选择和整合是至关重要的。不同的媒介具有不同的特点和优势。因此，要根据文化特点和传播目标来选择最合适的媒介，进而结合不同媒介之间的优势来实现跨媒体的整合，以满足不同地区和传播对象的需求，从而达到最佳的传播效果。除了对目标受众群体的媒介使用习惯与偏好、传播内容特征的判断以及预期效果的预判外，还需要考虑以下因素。

1. 多样性和整合

综合考虑多种媒介形式以增加传播的覆盖范围和效果，结合使用网络社交媒体、电视节目和户外广告牌等，可以在不同的渠道上接触到更多的受众。确定如何整合不同的媒介形式，以确保它们在传播过程中相互补充和协调。

2. 文化敏感性

在选择媒介时要考虑不同文化之间的差异和敏感问题，某些图像、色彩或语言可能在特定文化中具有不同的含义或可能引起误解。因此，要提前进行目标文化研究和咨询时，确保所选传播内容在目标文化中是适当且有效的。

3. 可用资源

设计跨文化传播方案时要考虑可用的预算、技术设施和人力资源等因素。不同媒介形式的成本和资源需求可能不同，需要根据可用的资源来做出选择，确保所选媒介在实际操作中可行，并符合项目的预算限制。

（三）内容的制作和策略

在跨文化传播设计和实现过程中，内容的制作和策略也是至关重要的。通过制定相应的目标和内容制作策略，以有效地传达信息并实现跨文化传播的目标。华语电影《刮痧》以中医刮痧疗法产生的误会为主线，讲述了华人在国外由于东西方文化的冲突而陷入种种困境的故事。对中国人来说习以为常的中医疗法刮痧，在国外很容易引起"虐待"或"家庭暴力"等联想。影片最后因人们的诚恳与爱心，使得困境最终得到化解。但影片给予跨文化传播的启示是：在跨文化传播中要特别关注这些"习以为常"的言行在不同文化中传播时所带来的效果。因此，需要综合考虑以下因素，并采取一些关键步骤，以帮助设计和实施跨文化传播的内容。

1. 对目标对象进行背景分析

定位文化市场的目标受众，把目标文化对象的语言、价值观、信仰、社会习俗和行为模式等方面做比较细致的调研。在跨文化传播中，对目标受众文化背景的分析对传播效果具有决定性作用。了解受众的文化特点，可以帮助跨文化传播者更好地定制内容，以便与受众产生共鸣，确保信息能够被准确理解。

2. 本土化策略的采纳

在制作内容时，采用本土化的方法是一种常用的策略。本土化意味着根据目标受众所在的文化环境，调整和适应符合本地内容的形式和语言风格，使其更符合当地人的习惯和偏好。这包括使用当地的语言，采用当地的符号、图像和隐喻，或者根据文化差异进行传播内容的重新编辑和调整。

3. 避免文化误解

在跨文化传播中，如何避免引起文化误解或冲突是一个重要问题。这需要对潜在的文化敏感性问题保持警觉，并避免使用可能会被误解或容易引起冲突的语言、象征或隐喻，在影视作品中避免采用容易引发误解的形象与行为。一个词语、一种行为、一个物品等在不同文化中可能具有不同的含义或情感色彩，因此需要特别注意并确保传播内容中的表达能够准确传达出所需的信息。

4. 多样性和包容性

在跨文化传播中，传播者要始终尊重和展示多样性和包容性的价值观。考虑到目标受众来自不同的文化背景，因此要确保文化内容传达出尊重各种文化背景和观点的态度。避免传播内容产生歧视、偏见和刻板印象，要积极促进文化平等交流。

以电影《刮痧》为例，由于时空上的差异造成的文化观念的不同以及行为的冲突是必然的。这种差异性不可避免地存在便衍变为冲突。但由于全球化的形成和人类文化的共趋性将使这种差异性最终走向互解和融合。《刮痧》中主人公的名字"大同"既寄托了作者的理想与愿望，又是异质文化最终的必然走向。[①]

（四）监测和调整

在跨文化传播设计和实现过程中，同样要定期进行监测和调整，以优化和改进跨文化传播的策略和效果。借助社交平台的数据分析、用户反馈等手段，对文化产品的传播效果及反响进行审慎的监测，不断检查传播内容和传播方式，并根据新的趋势和市场因素进行及时调整，努力优化和改进媒介融合战略规划，使得文化传播发挥其作用和影响力。

首先，在跨文化传播中，应确定选择大众化传播还是细分市场精准传播。在开始传播之前，明确制定目标并了解想要实现的结果，这将有助于评估传播的效果和成功程度。在跨文化市场中，增加文化产品品牌知名度、扩大市场份额和改善在特定文化中的形象都是期待达成的目标，明确好具体的目标将有助于更好地衡量传播活动的成果。

其次，监测和测量是持续跟踪传播效果的关键步骤。一般可以使用定期收集数据、分析社交媒体参与度等方法来监测传播活动的效果，获取有关受众反应和传播效果的宝贵见解。根据这些数据提示面临的风险或机遇，为进一步调整提供指导。跨文化传播更需要密切关注目标受众市场的反馈，及时做出相应的调整，尽可能规避跨文化传播中可能存在的各类风险，及时化解一些因文化背景或国际利益冲突带来的意外。

---

① 孙莉莉，卢新欣:《电影〈刮痧〉折射的中西文化冲突和差异》,《电影评介》2009 年第 15 期。

再次，根据监测结果和数据分析，评估传播策略是否达到预期效果。如果发现传播活动与目标存在差距，就要考虑调整策略以更好地满足受众需求和缩小文化差异。这可能涉及修改内容、调整传播渠道或改变语言风格等。在跨文化传播中，某种传播方法在一种文化背景下可能很有效，但在另一种文化中可能不太适用。因此，灵活性和适应性是非常重要的。

最后，与当地专家合作可以加强跨文化传播的效果。当地专家的意见和洞察力对于了解目标文化的特点、价值观和偏好至关重要。他们可以为跨文化传播者提供宝贵的建议，并确保传播策略在当地得到正确理解。与当地专家合作还可以避免传播内容在文化方面出现失误，可以与受众之间建立起信任和产生共鸣。

需要注意的是，持续学习和改进是跨文化传播成功的关键。随着跨文化交流的深化，不断学习和改进跨文化传播的策略是必不可少的。持续监测和评估传播效果，了解受众变化和新趋势，并根据需要进行适当的调整和改进。灵活性、敏锐性和不断学习的心态对于成功地应对文化差异和变化非常重要。

在媒介融合语境下，跨文化传播的设计和实现需要以文化为核心，充分了解并分析不同文化之间的差异和特点，以此制定合适的跨文化传播策略，并选择最合适的媒介和整合方式，不断优化和调整跨文化传播的效果和影响力。

二、跨文化传播实现路径

随着全球一体化进程的加快，跨文化传播也面临着新的问题和挑战，具体表现在以下几个方面。第一，文化认知定势。不同文化背景下的民族或国家的民众，基于其意识形态、文化背景和认知环境，对他国文明与文化形成了固有的认知和观点，这对国际文化交流互鉴产生了一定影响。第二，文化圈层隔阂。受到不同国家和民族特定的自然环境、政治制度、法律体系、宗教信仰、意识形态、风俗习惯和文化传统的影响，人们有时会以自己圈层的文化作为评判其他文化的标准，这会导致在理解和认同上产生障碍。第三，传播方式固化，需要满足提升国际话语权的文化信息需求。第四，文化交流合作机制有待完善。在国内，跨文化传播的合作机制仍需进一步完善，需要加强鼓励性政策和措施；在国际层面，不同国家的文化基础存在较大差异，这在一定程度上影响了跨文化交流与合作的展开。因此，需要进一步加强机制性合作，促进文化交流与合作的健康发展。在媒介融合语境下，跨文化传播的设计和实现需要不断创新文化传播理念和运行机制，以实现跨文化传播成功。

（一）推进跨文化共兴

继续推行和平合作、开放包容、互学互鉴、互利共赢的理念，以促进和保持多元一体、和而不同的文明共荣和文化共兴。同时，努力减少认知定势和圈层隔阂对不同国家之间文化传播和交流的负面影响。避免因为文化价值观、评价标准以及对外传播策略的差异而产生跨文化冲突。在相互尊重、互利互惠的基础上，应该理性看待文化的多元性、包容性和交融性，以宽容友好的态度，求同存异，既坚守本国文化的独特性和创新传承，也要认同其他国家文化，从而实现文化的和谐共存和多元发展。要促进各国间的文化交流与合作，致力于在开放包容的环境下实现共同发展，让世界各国人民更多地分享现代文明成果，实现文化的发展与繁荣，同时实现世界和平与人类共同发展的目标。

（二）扩大跨文化传播的辐射范围

在尊重各国文化特色的基础上，我们应以中华优秀传统文化为核心，与其他国家文化进行交流与互鉴。结合国际化跨文化传播要素，打造既具有中华文化鲜明特色，又符合国际受众需求的文化产品和服务。为了创作更具吸引力、感染力和影响力的文化精品，并扩大跨文化传播的辐射范围，需要加大文化产品创新和提高品质。通过海外展播、演出和评奖等方式，让中华文化的优秀基因和精髓走向世界，从而推动文化产业化。此外，还应鼓励文化企业到其他国家投资文化项目，促进政府间和民间的文化贸易交流与合作，提升本国文化产品在世界市场的竞争力。

（三）实现传播媒介转型整合

为了展现真实的中国形象，提升国际话语权，我们需要提高中华文化的国际传播能力。在移动通信和数字化趋势下，可以通过新技术应用实现跨文化交流的传播变革和创新。构建融通中外的新概念、新范畴、新表述，营造互动、开放、共赢的传播局面。

在传播内容方面，需要注重对外话语体系的转换和构建，兼顾本土特色和各国文化习俗的跨文化传播内容体系。同时，要克服文化差异、思维差异、语言差异和信仰差异。在内容表述上，应运用平民化视角，注重人文关怀，以各国民众易于接受和理解的方式讲述中国故事，传播中国声音，展示中国特色。在传播方式方面，充分利用移动互联网的优势，通过多媒体传播平台实现跨文化交流的传播。

随着网络传播的发达，个人依托海外社交媒体进行跨文化传播已经是普遍性现象。自媒体账号"滇西小哥"是油管（YouTube）平台上活跃度较高的中国账号之一，也是在同类型跨文化自媒体账号中粉丝比较多的账号，其主要向海外传播地方美食文化。截至 2022 年，账号在 YouTube 上粉丝数量已达 827 万。

（四）构建跨文化交流合作的长效机制

为了扩大交流规模和拓展文化交流的领域，需要畅通交流渠道，打造交流品牌，并构建跨文化交流的长效合作机制。各省（区、市）应发挥自身优势，整合力量，构建国内文化交流合作机制。同时，重视我国与世界各国民间交流渠道的畅通和完善，建立民间文化交流的桥梁。政策措施方面，政府相关部门应制定政策，加大鼓励民间跨文化交流的力度。此外，还需制定中长期发展规划，开发和共享文化资源，促进文化窗口额形成，并拓展合作领域，推动文化交流和互鉴，增进各国之间的理解和信任。

第六章　跨文化传播案例：国际传播与对外报道分析

第一节　新时代，如何向世界讲好中国故事

中国共产党的十九届中央委员会第五次全体会议审议通过的《中共中央关于制定国民经济和社会发展第十四个五年规划和二〇三五年远景目标的建议》对我国在"十四五"时期"繁荣发展文化事业和文化产业，提高国家文化软实力"的目标进行了全面系统的阐述。该建议明确提出了"以讲好中国故事为着力点，创新推进国际传播，加强对外文化交流和多层次文明对话"的时代新要求。在当今国际社会中，通过跨文化传播塑造良好的国家形象，为中国的和平发展创造有利的国际舆论环境十分重要。在激烈的国际文化软实力竞争中，故事背后的文化因素越来越受到关注。因此，向世界讲好中国故事、传播好中国声音、阐释好中国特色成为增强国家文化软实力和建设社会主义文化强国的重要任务。

传播力决定影响力，话语权决定主动权。客观地说，近年来，我国在国际传播事业上已取得重要突破和进展，也取得了许多历史性成就。然而，我们必须清醒地认识到，我们所使用的话语体系不够通俗易懂，表达方式也时常被曲解和难以被接受。与我们日益提升的综合国力相比，我们在国际话语

权方面仍相对较弱。因此,讲好中国故事成为增强我国国际传播能力的基本方法。在我国扩大开放和深化交流合作的现实需求下,世界对我们的期待和关注前所未有。因此,如何向世界讲好中国故事成为一个重要课题。

一、跨文化传播视角下讲好中国故事的必要性

国际传播的功能之一是沟通。对于沟通,人们的关注点是如何"消除各国人民之间的误解"及"如何促进不同文化背景的人相互理解"。[①] 讲故事是一种平等、生动、贴近生活的话语方式,有助于通过具体事例答疑解惑、消除误解,让不同地域的人跨越文化藩篱,引起共鸣共情,从而促进民心相通。

(一)讲好中国故事是文化自信的体现

随着我国综合国力的日益提升,中国人民的民族自豪感与文化自信进一步增强,研究如何讲好中国故事的过程,也是深挖中国文化内涵、展现当代中国发展现实道路的过程。讲好中国故事是文化自信的重要体现之一。文化自信指的是对本国文化传统和价值观的自信心态,包括对本国文化的认同、自豪和自信。展示和传播中国独特的历史、文化、传统和价值观的过程,也是增强国内外人士对中国文化理解和认同的过程。同时,讲好中国故事也对国内文化发展具有重要意义。通过弘扬和传承优秀的中华文化,同样可以增强国内人民对自己传统文化的认同感和自豪感。这有助于培养国民的文化自信心态,推动社会发展和建设创造性的未来。

综上所述,讲好中国故事,可以展现出文化自信的态度,促进国际的交流与理解,同时也对国内文化发展具有重要意义。这种文化自信是中华文明发展的基石,也是中国走向世界的重要支撑。

---

① 李彬、吴风、曹书乐:《大众传播学(修订版)》,清华大学出版社,2009,第225页。

（二）讲好中国故事是对外交流的需要

中国拥有悠久的历史和灿烂的文化，其中包含着丰富的哲学思想、文学作品、艺术表达和传统习俗等。讲好这些故事，可以向外国观众展示中国独特的文化魅力，向世界传递中国人民的智慧、情感和共同价值观，增进与其他国家和民族之间的友谊和合作。通过传递积极正面的价值观和深入浅出的讲述方式，我们可以打破文化隔阂，消除误解，促进各国人民的友谊和认知。

随着中国的持续发展，国际社会对中国的关注日益增加，不少人对中国在经济、国家治理等方面取得的成绩产生浓厚的兴趣。尤其是近年来，逆全球化思潮日趋激烈，贸易保护主义、单边主义抬头，国际社会希望看到能够解决国际热点问题的中国智慧，讲好中国故事为中国方案的输出提供了更为具象化的渠道。讲好中国故事，可以塑造积极向上的国家形象和品牌形象。以中国故事为媒介，向国际社会展示中国的经济发展、科技创新、社会进步、文化繁荣等方面的成就，提升中国的国家形象和全球影响力。良好的国家形象有助于吸引外国游客、投资者和学者的关注和兴趣，从而推动与其他国家进行合作与交流。

（三）讲好中国故事是国际传播的必要

当前我国发展仍处于重要战略机遇期，在百年变局与世纪疫情交织下，我国面临的外部环境充满不确定性。与此同时，长期以来"西强我弱"的国际舆论格局仍没有发生根本性变化。另外，讲好中国故事是阐释中国之本、树立良好国家形象的重要方式，有助于提升国际传播能力，打破西方舆论垄断，从而促进国家形象从"他塑"向"自塑"转变。

中国作为一个大国，积极推动与其他国家的合作与发展是十分重要的。讲好中国故事可以促进民间与政府间的交流与合作。通过分享中国在经济、科技、环境保护、减贫等领域的成功经验，激发向其他国家学习的欲望，并为各国提供有益的借鉴。这种合作和交流有助于推动全球共同发展，共同应对挑战。

在信息时代，对外传播面临着许多挑战，其中包括信息碎片化、传播渠道多元化以及舆论容易被引导等。讲好中国故事可以增强信息传播的可靠性和真实性，消除谣言和刻板印象，促进客观公正的信息流通。这有助于建立更加开放、透明的国家形象，增强国际社会对中国信息的信任。总之，讲好中国故事是国际传播的必要，其可以促进文化交流与理解，塑造国家形象与品牌，推动共同发展与合作，同时也能应对信息传播的挑战。通过积极有效地讲述中国故事，我们可以为构建一个更加和谐、友好的国际环境做出贡献。

目前，对于如何讲好和传播中国故事已经引起了广泛的研究、探讨和实践。例如，中国外文局主办了"讲好中国故事"创意传播大赛，该比赛面向全国征集故事类短视频作品；中国外文局与华中科技大学合作建立了中国故事创意传播研究院，利用华中科技大学新闻与信息传播学院进行相关研究。"90后"方晔顿还创办了"歪果仁研究协会"，借助外国青年的第三视角，以短视频形式展示中国故事；一些视频博主在海外社交媒体平台上传播中国文化，收获大量粉丝，甚至实现现象级文化输出。新闻出版机构、高等院校、民间力量等主动作为，向世界展示中国，都取得了良好的成效。

二、中国提升跨文化传播能力的紧迫性

提升我国的跨文化传播能力，不但非常必要，也越来越紧迫。近些年，中国在世界事务和国际舞台上的影响和地位迅速上升，已经被公认为是一个政治大国和经济强国，中国的一举一动备受世界瞩目。但与此同时，许多国家的公众对中国、对中华文化、对中国的核心价值体系还很不了解，中国面临的误解、误读甚至诋毁仍然较多，尤其一些西方舆论，始终戴着有色眼镜看待中国的发展成就。这一情形又影响到中国在国际事务中的地位和所能发

挥的作用。因此，大力而有效地提升中国的跨文化传播能力，向世界传播中国文化，已变得十分迫切。

华东师范大学与美国纽约州立大学曾联合进行过一项针对美国大学生的问卷调查。该调查旨在了解美国公众对中国文化价值观的认知、态度，以及他们接触、获取和了解中华文化的主要途径。这项调查从一个侧面反映出了美国公众对中国、中华文化以及中国传统理念和价值观的认知状况和看法。

（一）大部分美国公众不了解中华文化的理念

该调查结果显示，美国的大部分公众对中国、对中华文化以及对中国的传统理念和价值观，目前仍然基本处于了解很少、不了解或者很不了解甚至是有着不同程度误解的状态。比如，在问到"你认为你有多了解中华文化价值观"时，把回答"很了解"和"有所了解"的人加在一起，也只有十分之一而已。

根据调查结果可以发现，即使对那些回答认为自己对中华文化价值观"很了解"和"有所了解"的人来说，其实他们也未必是真的"很了解"或"非常了解"，很可能也是并没有多少了解、不太了解甚至是存在着误解的。比如，在具体问到"你认为中华文化价值观最主要的内容是什么"时，答案五花八门，许多回答与文化价值观可谓是风马牛不相及。这反映了美国公众接受中华文化价值观的途径异常杂乱，接受到的有关中华文化价值观的内容也是十分肤浅和支离破碎的。

（二）很多美国公众对中华文化的理念存在严重误解

在这项调查中，许多参与的美国大学生对中华文化的价值观持有比较负面的印象，甚至存在严重误解。他们列举了25个他们认为不太认同的方面，其中一些主要观点包括：性别歧视、对父母的绝对服从、不尊重个人自由、以惩罚为手段、计划生育、不会享受生活、法律不健全、过于强调集体主义、过于强调纪律、过于依赖父母、物质主义、不敢挑战权威、过于崇拜权力、过于传统等。由此可以看出两个问题：一是大部分美国人对中华文化价值观很不了解，而把文化价值观与社会现象以及一些政策混淆在一起了；二是虽然大部分美国人对中华文化价值观很不了解，但他们却对中华文化价值观存在相当多的负面印象。这些问题也进一步表明大力推进中华文化国际传播是很紧迫的。

（三）冷战思维仍在影响美国公众对中国的认识和态度

由于大学生们对中美文化价值观的认识情况和了解程度存在严重不对称、不了解甚至误解的情况，他们在回答"你认为中华文化价值观与美国文化价值观之间最主要的区别是什么"时，答案令人深思并值得关注。例如，回答最多的是"教育方式"。看来，中国家长和老师对学生特别强调"成功""成人"这一教育方式，尤其这些年来中国不断涌现出来的那些被当作成功典型的"虎妈""虎爸"们的教育模式，已在世界范围内产生了广泛的负面影响。此外还有不少人的回答也值得引起我们的深思。比如，有相当一部分人回答是中美两种文化对"和平"的态度不同，也有一部分人回答是中美两种文化对人的权利的"尊重"态度不同。另外，还有一部分人回答是中美两种文化对"自由"的态度不同，等等。

这些观点说明，很多美国普通人对中国的认识还停留在冷战时期的思维模式，这种认知方式对中国在世界舞台上发挥更重要的角色构成了无形阻力。这些调查结果显示，大多数美国公众对中华文化价值观认知匮乏，存在过时、不了解甚至严重误解的情况。为改变这种状况，加强中美文化交流、教育和宣传至关重要。通过更广泛的交流和正面宣传，帮助美国公众深入了解中国文化，矫正过时观念和消除误解，促进相互理解与沟通。这将有助于消除文化隔阂，推动中美关系的健康发展与合作。

在当今世界，中国以其前所未有的速度、广度和影响力进行发展，创造了罕见的壮举——中国式现代化。然而，由于许多西方社会对中国缺乏基本了解并持有根深蒂固的偏见，中国的形象在全球范围内更多呈现的是外界塑造的形象而非自身呈现。面对当前世界百年来前所未有的重大变革，我们亟须提升跨文化传播能力，加强和改进国际传播工作，这比以往任何时候都更为迫切和必要。我们需要充分认识到，这不仅是为了改善我国的国际舆论环境，也是为了承担起全球传播平衡发展、构建人类命运共同体的国际责任。

三、新时代如何向世界讲好中国故事

中国共产党的十九届中央委员会第五次全体会议审议通过的《中共中央关于制定国民经济和社会发展第十四个五年规划和二〇三五年远景目标的建议》中明确指出，在国际文化软实力竞争中，讲好中国故事，创新推进国际传播，加强对外文化交流和多层次文明对话成为时代的新要求。为了促进中国的和平发展，塑造良好的国家形象，我们需要营造有利的国际舆论环境。其中一个关键是要向世界讲述好中国故事，传播好中国声音，解释好中国特色。因此，如何有效地向世界传播中国故事成为增强国家文化软实力、建设社会主义文化强国的一项重要任务与必备能力。

（一）调动国内外一切积极力量

2017年，习近平总书记在中国共产党第十九次全国代表大会上进一步指出："推进国际传播能力建设，讲好中国故事，展现真实、立体、全面的中国，提高国家文化软实力。" 2018年，习近平总书记在全国宣传思想工作会议上再次强调要"讲好中国故事、传播好中国声音"。讲好中国故事不仅是我国对外文化传播工作的重要组成部分，也是建设社会主义文化强国的必然要求。在对外文化传播中，讲好中国故事具有广泛的覆盖面和多种领域，是一个综合性、整体性的系统工程。要实现"牢记联接中外、沟通世界的职责"的历史使命，我们必须自觉承担起讲好中国故事的责任，并统筹整合社会各

方资源和力量，以构建起协调有序的对外宣传工作格局。这需要全社会的共同参与，共同努力，共同推动中国故事走向世界。只有这样，我们才能更好地展示中国的风貌和魅力，提升国家的文化软实力，实现文化交流与对话的目标。习近平总书记强调指出，讲中国故事，"不仅中央的同志要讲，而且各级领导干部都要讲；不仅宣传部门要讲、媒体要讲，而且实际工作部门都要讲、各条战线都要讲""要树立大宣传的工作理念，动员各条战线各个部门一起来做"。

1. 政府机构和民间组织共同发力

讲好中国故事是一项具有战略意义的工作，它涉及党和国家事业发展的全局，关乎中华民族伟大复兴的大计。在这个过程中，政府文化传播部门需要发挥领导和主导作用，充分利用国内主流媒体作为主要传播渠道和平台。然而，仅仅依靠政府部门的努力是不够的，还需要发掘和激发非政府组织、企事业团体、智库、媒体等力量的活力，拓宽参与渠道和途径。每个人都应成为传播中华美德和文化故事的主体。国家之间的交往关系建立在人民之间的相互了解基础之上。因此，在对外传播中国故事时，必须将社会组织、普通民众等非政府主体纳入传播体系，让他们成为中华文化的使者。只有政府机构和非政府主体共同作用，形成上下协同、多方发力的"组合拳"，才能充分展现中国故事的精彩。

2. 把"自己讲"和"他人讲"结合起来

一般而言，传播中国故事有两种方式：自我宣传和他人传播。自我宣传指的是自己讲述和推销自己的故事，而他人传播则是通过他人代为传播，成为中华文化的代言人。相较于自我宣传，他人传播具备独特的优势，更容易在国际社会上获得认可。首先，他们对所在国家的文化背景和语言习惯更加熟悉；其次，由于他们拥有较高的知名度和社会影响力，作为中国的"发声人"，他们能够吸引更多的关注、获得更多的认同和信任，从而对主流社会、媒体舆论以及所在国对华政策的制定产生影响。因此，我们应该充分开发、利用和发挥第三方力量，如国际非政府组织、地区合作组织、在华外国人、国外中国文化研究学者、留学生、海外华人与机构以及访华学者等。这些人群不仅拥有广泛的人脉和社会影响力，还能够扩展中国故事的社会关系网络规模，提升故事的影响力和吸引力，从而事半功倍地传播中国故事。

（二）打造新旧媒体融合发展的传播平台

要讲好中国故事，我们需要依赖特定的媒体平台和载体。媒体作为传播主体，承载着舆论信息和文化知识传递的作用，它包括传统媒体和新媒体两种形式。传统媒体主要包括报纸、杂志、广播和电视，新媒体则以微信、微博等移动媒介为主要代表。20世纪90年代，迅猛发展的信息网络技术打破了过去报纸、广播和电视三者之间的均势格局，同时也催生了新的媒体形态，给传媒领域带来了全新的变革。

对此，习近平总书记在首届世界互联网大会上明确指出："当今时代，以信息技术为核心的新一轮科技革命正在孕育兴起，互联网日益成为创新驱动发展的先导力量，深刻改变着人们的生产生活，有力推动着社会发展。"在讲述新时代的中国故事时，我们需要满足以下要求，以适应媒体格局、舆论环境和传播方式的深刻变革：首先，重视提升传统主流媒体的传播力、引导力和影响力，以适应媒体环境的变化。同时，也要主动顺应媒体发展的趋势，将注意力集中在互联网这个主战场上，并保持创新思维。其次，积极整合新旧媒体资源，利用新媒体技术，努力打造一批形态多样、手段先进且具备竞争力的新型主流媒体。这样可以构建一个资源集约、结构合理、差异发展和协同高效的全媒体传播体系。只有通过这些措施，我们才能真正将中国的文化优势转化为传播优势和竞争优势，更好地传递中国故事。

1. 坚持移动优先原则，建立多功能网络平台

微博、微信和博客等自媒体平台代表了广大"草根"群体获取社会信息和发布内容的重要渠道。作为移动互联网时代的热门选择，新兴媒体已经取

代了传统媒介。为了有效传播中国故事，我们必须紧跟技术发展步伐，积极构建立体、多元化的自媒体传播矩阵，并抢占微信、微博、客户端等移动网络公共平台，使其成为全球分享中国故事、展示中国特色和形象的新平台和新阵地。通过这些媒体平台，我们可以更全面、客观地让世界认识、了解和理解中国。

2. 优化国际传播布局，推进重点网站海外"本土化"战略

在新媒体时代，社会文化思潮日趋多样化，受众对文化内容有更多选择。要增强受众对"中国故事"的吸引力，重要的一点是积极推进重点网站向海外发展的战略。首先，可以有组织、有计划、有针对性地在目标国家设立独立的网站，与海外用户进行更频繁地互动，使其成为了解中国的重要窗口。其次，可以通过跨国并购、与国际媒体合资或合作等方式，在主要国家和地区建立专门的网站。通过与各类媒体合作，特别是新媒体线上和线下的广泛合作，实现内容策划、信息发布和运营管理等方面的本土化，让反映中国文化价值理念的"中国故事"借助海外主流媒体和传播平台，牢牢占领舆论引导、思想引领和文化传播的关键位置，并最大程度地展示中华文化的魅力。这有助于加深彼此间的理解，促进民心相通，改变中国文化在国际社会中的被动局面，发挥对外文化传播的最大化和最优化效果。

（三）创新中国故事的叙事和表达方式

讲故事是国际传播中最有效的方式之一。讲好中国故事，可以让承载中国精神和价值观的文化理念在故事受众中产生情感共鸣和认同，进而提升中国国际话语权的吸引力、感召力和影响力。然而，由于中国故事的受众在历史传统、文化理念、价值认知和道德审美等方面存在差异，因此，在对外讲好中国故事时，我们需要坚持以受众为本的理念。

要讲好中国故事，我们需要根据受众的文化理念和行为方式进行定制，因势利导，探索不同的叙事语言和表达方式。适宜而得体的故事叙述不仅有

助于讲好中国故事,而且也更有利于故事的传播和被认同,从而达到"润物细无声"的传播效果。

1. 叙事内容要"共情感"

讲故事是一种文化对话和思想碰撞的方式,它发生在讲述者与倾听者之间。为了实现中国故事的跨文化传播,我们需要积极寻找双方的共鸣点。由于听众都是现实中具有感情的人,因此,要讲好中国故事,我们需要选择那些能够被不同国家和社会群体共同认知的、能够生动反映普通人情感体验的故事作为起点。通过唤起听众的同理心,激发他们自愿去探索中国人民现代生活故事背后的生存智慧和文化哲理。另外,我们可以降低因文化价值差异而产生的文化隔阂,进一步缩小宏大主题与普通受众之间的心理距离。这样做将有助于促进跨文化的理解和共享。

2. 话语表达要"接地气"

语言是故事的媒介。为了讲好且成功传播中国故事,必须与国际受众建立情感共鸣,用他们能听懂、愿意听的语言表达。这要求我们能准确判断出中国故事受众的特点,提炼出适应国际受众的新范式、新概念和新领域。我们需要用符合他们语言特点和习惯的方式来表达。只有将我们想要传达的与他们想要听到的结合起来,才能适应个性化和分众化的趋势,满足不同国家和地区听众的差异性需求。相反,如果我们忽视其他国家听众的审美趣味和心理倾向,只是一味自我推广,采用千篇一律、强行销售的方式,将产生相反效果。

3. 故事呈现要"多元化"

中国故事的鉴赏者是受众。故事的核心内容决定了其是否能打动听众,而故事的呈现方式也极大地影响了听众的接受程度。在新旧媒体融合、国际传播多样化的背景下,要成功讲好中国故事、传播好中国声音,不能再仅囿于以整齐划一的文字语言进行叙述,因为单一、枯燥的叙述方式已难以引起听众对故事传播内容的兴趣。因此,我们必须勇于创新故事的呈现方式,充分利用新媒体技术提供的想象空间。我们可以综合运用声音、图像、游戏、动漫、短视频、VR等多种表现形式，以多角度、多维度向听众展示真实、立体、全面的中国，展现中国文化形象。使用多种表达形式，我们能够给受众带来全新的多重视听体验，使中国故事更加有吸引力和感染力。这样做不仅可以实现中国文化的战略目标，还能提升国家的文化软实力。

（四）培养在国际上会"讲故事"的能人

人才是讲好中国故事的基础和关键。为了培养国际传播人才，应将其作为基础性战略工程来重视和推进。首先，需要大力培养复合型人才。虽然我国拥有许多会讲外语的人才，但需要更多既擅长外语又精通中国文化的人才，使他们既了解外部世界，又深刻理解中国国情，同时又具有较强的文化解读能力。其次，应鼓励学习和研究中华文化。学习是提高认知深度和广度的唯一途径。文化和历史知识对于国际传播工作者来说至关重要。他们需要对中华文化怀有深厚的情感，并且能够理解中西方文化差异和认知差异。国际传播是一门学问，应该引导国际传播工作者研究实际问题，不断增强他们把握国际传播规律的能力。此外，还应该鼓励国际传播工作者深入社会生活实践。中国拥有五千多年的文化历史积淀，同时当代中国的丰富实践活动为我们提供了无尽的故事资源。因此，国际传播工作者应该主动地走进丰富多彩的现实生活，观察伟大时代，以增强中国故事的丰富性、生动性和针对性。

（五）拓展对外传播的有效新渠道

在当前世界，缺乏强大且有效的传播渠道将无法产生深远的影响。随着互联网的普及，媒体格局发生了重大转变，新媒体的出现为我们在新时代讲述中国故事提供了便捷高效、广泛传递的方式。媒体需紧握信息网络化时代的新机遇，积极推动新媒体的融合发展和构建网络传播平台。我们应充分发挥集中力量办大事的优势，建设我国以媒体为主导的对外传播矩阵。传统媒体应善用其内容优势,充分运用新技术,创新国际传播平台和渠道。不同媒体在定位、主体业务和资源等方面存在差异,因此在建设国际传播平台和渠道时应理性选择路径、方式和手段,同时坚持有所为有所不为,走差异化发展道路。

(六)提高外宣策划能力

一次成功的宣传离不开策划。策划能化被动为主动,变报道为引导,使其更具针对性、精准性、有效性,可以增强国际传播的影响力和渗透力。在策划中要注重新闻要素的内涵和外延,结合本土特色、城市文化,巧妙构思,展现出新时代中国人民的精神追求、文化自信,让中国形象逐步走入海外受众的心中,使其春风化雨,润物无声。在这方面,广西壮族自治区北海市便为我们提供了良好的借鉴。

广西壮族自治区北海市是一个地级市,城市影响力不大,要想聚集海外媒体的目光不是一件容易的事情。近年来,广西壮族自治区北海市立足市情,挖掘新闻亮点,加强外宣策划,以"一带一路·北海遇见北海"系列文化交流活动为载体,在全球寻求多个与北海同名的城市,以水域开展外宣传播,至今已走进俄罗斯、日本、英国、比利时等国家。每到一个国家,就会积极邀请海内外各类媒体在各平台全程同步报道,挖掘所到国家、城市与北海的历史渊源与经济文化的共通点,讲述北海作为古代海上丝绸之路重要始发港之一的故事,展望"一带一路"倡议下国家、城市之间人文交流与共同繁荣的美好愿景。一时间北海聚集了海外关注的目光,大大提高了城市的知名度和美誉度。

(七)打造国际辨识度较高的中国媒体品牌

随着国际传播竞争的激烈加剧,我们确实在媒体内容建设和机制改革方面投入了很多努力。但相对而言,对于媒体品牌建设的重视程度还不够,投入的资源也还不足。我们应该认识到，媒体品牌是一种重要的无形资产，而媒体的影响力是由品牌知名度决定的。但打造媒体品牌是一项需要持之以恒、坚持不懈的工作，需要长期的积累和努力。首先，我们需要提高我国媒体在国际传播舞台上的参与能力。在重大时刻和关键议题上，我们应该充分展示中国媒体的存在和作用，以增强国际社会对我国媒体的认知和信任。其次，我们要发展好传统媒体品牌。我们应该充分发挥传统媒体的公信力优势，以传统媒体品牌为依托，积极开展网络传播平台的建设，使传统媒体品牌得以延伸和拓展。最后，我们始终将媒体产品建设视为媒体品牌建设的基础。我们要始终坚持"内容为王"的原则，展现出我们的专业优势，打造出独具特色的媒体产品。只有这样，我们才能进一步提升媒体品牌的品质和影响力。

总之，要向世界讲好中国故事，需要关注多个方面。同时，在推进中国文化走向世界的过程中，我们也需要坚守本来的文化底蕴和特色，对外传播更多积极、真实、鲜活的中国文化，持续发挥中国经济的优势和竞争力，为全世界人民创造一种更加多彩、和谐、开放、繁荣和共享共赢的新文化趋势。

第二节　2022年北京冬季奥运会：发掘传统文化中强大的国际传播力

2022年北京冬季奥运会（以下简称北京冬奥会）可谓一场中华传统文化的盛宴。这是优雅博大的中华美韵，是中华民族面向世界的又一次文化展示。奥运会作为全球规模最大的体育盛会，其为东道主提供了展示自我的机会，也为多元文化的跨领域交流提供了重要平台。本节以北京冬奥会为例，分析其在中华传统文化表达和跨文化传播中的创新实践，以此分析中华传统文化跨文化传播路径为今后我国的跨文化传播提出建议。

由于东西方文化的差异性和高语境文化的复杂性，中华传统文化在跨文化传播中可能面临被解构和误读的风险。体育运动作为一种拥有多项运动规范和专业术语的活动，提供了一种约定俗成的符号系统。这些规定性符号在不同文化之间的交流和交融中起到了重要作用，它们为具有不同文化背景和不同文化圈层的人们提供了共同的意义基础，从而在一定程度上弥合了文化差异，减少了在传播过程中产生障碍和隔阂。作为全球最大规模的体育盛事，奥运会成为了世界各国进行跨文化传播的重要平台。北京冬奥会以中华传统文化为背景，将高科技融入文艺表演环节中，通过顶级的吉祥物"冰墩墩"等中国符号来表达中华文化的世界化，展现了中国的创意和智慧。对于在新的语境中探索中华传统文化跨文化传播的新路径而言，这具有重要意义。

一、中华传统文化跨文化传播的新语境

随着传播技术的不断发展和变革，中西方文化交流呈现出了新的冲突与融合态势。中华传统文化在跨文化传播方面正面临着新的语境，同时也带来了新的机遇和挑战。北京冬奥会开幕式的成功不仅给全世界留下了深刻印象，也为中华传统文化在跨文化传播方面开辟了新的领域和迎来新的机遇。

（一）奥林匹克文化的全球性和中华文化的民族性

当前，奥林匹克运动已经成为全球规模最大的体育盛会，并形成了独特的现代奥林匹克文化。每届奥运会都会通过赛事口号和主题将举办国的文化传统与奥林匹克理念结合起来，旨在本土化地解读和发展奥林匹克文化，这也是开幕式所要表达的文化理念之一。中华文化源自中国悠久的历史和独特的政治、经济、人文环境，具有鲜明的民族特色。北京冬奥会开幕式成功地将中国"以人为本"的文化理念融入相互了解、友谊、团结和公平竞争的奥林匹克精神中，削弱了中西方的文化差异和意识形态的对立，赢得了国际受众的广泛认同，可以说这是中华文化跨文化传播的一次成功实践。

(二)直播业态的演变和文化符号解读的积极性

奥运会开幕式的转播权归属以及拍摄和解说方式都可能对文化符号的意义产生影响,从而直接影响跨文化传播的效果。近年来,国内直播行业得到了迅猛发展,其为北京冬奥会开幕式的成功传播打下了坚实基础。中央广播电视总台的专业主持人和解说员在帮助国内外观众深度理解冬奥会开幕式的文化内涵方面起到了重要作用;同时,视频网站等新媒体平台的同步直播也为观众提供了在线交流的机会。在多样化的媒体形式共同传播的过程中,中华文化成功地树立了国家形象,并赢得了观众的认同,达到了预期效果。

(三)短期聚焦的流量声势和逆全球化背景下的舆论环境

一次成功的跨文化传播是不同主体之间跨越社会圈层的互动结果。北京冬奥会开幕式通过庄严的媒体仪式将来自不同文化背景的观众汇聚到一个共同体中,并注入了具有相似共识空间的情感投射,这在短时间内引起了社会广泛的关注,同时也吸引了国际观众的注意,促进了本国文化的跨文化传播,并为中华文化在国外媒体上获得正面展示提供了机会。尤其是在逆全球化背景下,北京冬奥会开幕式能够在舆论环境中获得积极回应,反映出中华文化的影响力和吸引力。

但是也应看到,近年来,随着新冠肺炎疫情的急剧变化,逆全球化趋势显现,世界各国的文化交流趋于保守,此种态势易引发激烈的价值观博弈和文化冲突。一些西方国家政府及媒体对北京冬奥会开幕式文化符号过度解读,恶意炒作开幕式的防疫措施,试图扭曲西方普通民众对我国的客观认知,同时阻碍他们对中华文化的接受。这些问题有可能演变成负面舆论,对中华文化跨文化传播造成障碍。[①]

[①] 何子豪、刘兰:《中华文化符号的美学表达与跨文化传播研究——以北京2022年冬奥会开幕式为例》,《国际传播》2022年第2期。

二、"冰墩墩"的走红对我国跨文化传播的启示

作为一项全球性的媒体事件，北京冬奥会不仅传播了奥林匹克文化，也成为中华文化走向世界的重要机会。在与北京冬奥会相关的传播实践中，吉祥物"冰墩墩"的表现十分出色。其可爱的形象设计以及引发的热门话题如"求墩心切""一墩难求"等，在社交网络上广受关注，展示了"冰墩墩"在本届冬奥会中的重要传播价值。吉祥物"冰墩墩"的走红是新媒体时代国家形象宣传的典范。下面我们以"冰墩墩"为例，从话语维度出发，探究其在跨文化传播过程中采用的策略，为新媒体时代下的国家形象高效传播提供了借鉴。

（一）人格化的形象包装

将吉祥物设定为具有人类特征的形象是拉近与观众距离的第一步，这种人格化不仅体现在外形的呆萌上，而且还遵循人类的社交互动方式，通过各种行为塑造立体化的性格特征，并在现实的人偶扮演中得以展现。[1] 比如，"冰墩墩"能够展示与人类一样的各种行为，甚至能够挑战花滑的高难度动作如"4A"。它还能在遭受打击时反击人类，这种淘气顽皮的性格让其显得更加真实。此外，"冰墩墩"还经常在同一个地方上演"卡门"，这进一步加深了它在人们心中留下的可爱天真的印象。所有这些都满足了观众对吉祥物的心理期待，让人们愿意相信"冰墩墩"是真实存在的，有意识地忽略了它只是一个商业化的形象包装。由此可见，赋予吉祥物人格化的形象是开展跨文化互动的重要手段。

（二）追求人类价值共识

不同国家或民族之间存在文化差异是不可避免的，这可能导致跨文化传播中出现文化误读的现象。为了减少这种差异，我们需要强调最普世的人类

---

[1] 周浒：《重塑关系、真实记录与理性到场——网络视频访谈节目《十三邀》的模式创新》，《青年记者》2018 年第 5 期。

价值观，并构建具有亲近感的文化场域，以形成情感共鸣。除了可爱和丰盈的形象外，"冰墩墩"还代表着中国文化与冬奥会的精神内核。在赛场内，无论奖牌的颜色如何，荣耀版的"冰墩墩"都是金色的，这代表着我们中国尊重任何国家和运动员的待客之道。在赛场外，"冰墩墩"挑战"4A"，不断失败却从不放弃，这正代表着坚韧不拔、勇往直前的奥林匹克精神。冰墩墩展示的美好品质，正是我们所呼吁的"一起向未来"的心愿，既传达了我国的优秀文化，又最大程度地获得了他国观众的认同和共鸣。[①]

（三）挖掘国外意见领袖

在奥运会这种全球性盛事中，如果我国媒体过于偏向以自我讲述的视角展开报道，难免会缺少说服力，并会带有自我宣传的意味。因此，需要引入更加客观的"他者"视角来展示中国，同时外籍人士出于自身文化视角进行的报道更能够抓住受众心理。随着中国逐渐走进国际舞台的中心，越来越多的外国人来到中国旅游、留学和工作。在社交媒体平台上，出现了一个新的群体，被称为"洋网红"，他们凭借自己的双重生活经历和文化背景，将中国的故事传递给世界。主流媒体应该加强与这些"优质洋网红"的合作，鼓励他们创作更多优质的原创内容，并对其进行监管，使他们成为中国对外交流的窗口。

总体而言，冰墩墩等冬奥会商品的火爆是我国跨文化传播的一个典范。它展示了我国综合提升的文化软实力，并成为全世界共享的记忆符号。我们希望随着这一顶级知识产权（Intellectual Property，简称IP）的成功国际化，会有更多中国的知识产权走向世界，将中国文化与奥运精神传播得更深远、更广泛，从而构建起更强大的中国形象。然而，在冰墩墩走红背后，涉及版权问题和销售骗局等问题也应引起我们的注意。我们应该支持正版原创，同时谨防上当受骗。

---

① 金小琳：《跨文化传播视域下冰墩墩走红原因探析》，《中国地市报人》2022年第4期。

三、中华传统文化跨文化传播的路径探析

在媒介融合视阈下，中华传统文化的跨文化传播面临着前所未有的挑战和机遇，如何提升传统文化的传播力已经成为一个重要的问题。北京冬奥会为我们积累和留下了丰富的跨文化传播经验。在进行跨文化传播时，我们应该立足于传统文化，同时创新传播理念，优化传播话语表达形态。通过科技与文化符号的完美融合，我们可以与异域文化之间构建良性的互动关系，从而提升中华文化在国际上的认同感。

（一）打造中外受众共情的文化标识，激发传统文化的活力

传统文化的活力是传承和发展文化的关键。我们不能仅仅满足于保存这些文化元素，还需要让这些元素在新的背景下焕发出新的活力。通过新媒体手段，如微信公众号、短视频、直播等，来展现传统文化的精髓和魅力，增强传统文化的吸引力和感染力，使更多的人对传统文化感兴趣并接纳传统文化从而将其生动地展现出来。

与此同时，我们还要打造能够引起中外受众共情的文化标识。长期以来，我国在跨文化传播中形成了一些具象化的国家形象符号。北京冬奥会的吉祥物"冰墩墩"成为国内外受众熟知和喜爱的公共符号，在奥运周期中扮演着重要的角色。我们应抓住这一契机，在跨文化传播中进一步深入挖掘自身优秀传统文化的价值内涵，打造"冰墩墩""大熊猫"等文化标识。[1] 通过共情传播，我们可以不断丰富中国文化的符号意义，在海外观众中打造可信、可爱、可敬的中国形象。一个可行的方法是，在北京冬奥会闭幕后，通过商业手段持续推出与"大熊猫"相关的电影和动漫作品。这些作品可以以"大熊猫"为主角，系统而全面地向国外观众展示中国的历史和文化，并根据具体

---

[1] 宋文利、姚小林、李智鹏等：《国际传播视角下冬奥会开幕式文化展示的路径探析》，《武汉体育学院学报》2021年12期。

的社会情境对中华文化进行新的诠释。利用非语言文化符号作为国家形象标志的传播方式，能够在不同文化圈层中建立情感上的亲近感，弱化国家、民族和意识形态之间的界限，进而营造我国跨文化传播中多元融合的氛围。

（二）强化技术应用，构建虚拟与现实融合传播

在全球新冠肺炎疫情大流行背景下，通过互联网实现文化符号的"云端交互"成为新趋势。北京冬奥会开幕式对"5G+4K/8K+AI"超高清直播技术的应用，确保了受众实时观影的流畅度、清晰度，增加了画面景深。以增强现实（Augmented Reality，以下简称为AR）、VR为代表的虚拟现实技术，拓宽了视角广度，给受众带来沉浸式的虚拟体验。[①] 数字化技术的广泛应用为北京冬奥会开幕式创造了璀璨的文化景观，并为中华文化的跨文化传播开辟了新的途径。

首先，我们应该加强技术与艺术的创新融合，使中外不同个体能够在现场和网络空间上进行对话，围绕中华文化展开交流。其次，通过多媒体、数码成像、AR、VR等技术，我们可以创建中华文化的线上体验馆，以数字化、游戏化、视觉化和沉浸式的方式，让人们更直观地了解和感受中华文化的魅力。最后，我们应鼓励中国的数字技术团队与文艺团体走向世界，在海外定期举办中华文化的数字艺术表演。这些演出可以将实景和虚拟场景有机结合，通过多媒体艺术形式广泛传播。这样能够增强国外观众的直观体验和精神感受，提高他们的参与度，并激发他们对中华文化产生浓厚的兴趣。

（三）选取合适的叙事文本，提高内容的价值和质量

内容是新媒体时代传播的核心和基石，传统文化也不例外。传统文化需要在内容中呈现出优美、深邃、生动的特性，以及时代感和个性化的特点。

---

① 郭晴、杨茜:《使命、机遇与挑战：对北京冬奥会国际传播的思考》，《体育科学》2020年第11期。

同时，传统文化的内容也需要紧密贴合受众的需求，给受众留下深刻印象，自然引起传播。为此，传统文化的传播者需要不断地深入研究和挖掘这些文化，再进行精加工、包装、呈现，以提高内容的价值和质量，得到受众的信任和认可。

在跨文化交流中，除了深入挖掘内容，选择合适的叙事文本也非常重要，这样可以避免因为表达不当而导致国外受众对本国文化意义和价值观念的误解。平和、亲切的符号互动可以拉近与受众的距离，达成异质文化之间的认同。视觉符号更容易刺激人们的感官系统，其在人群中的广泛可接受性能够最大限度地规避文化差异带来的理解障碍。讲故事作为一种经典叙事手法，其丰富性、连贯性、情节的多变性和丰富的想象空间等特点能够深刻而富有感染力地诠释符号的内涵。[1]

在北京冬奥会开幕式的相关报道中，运用了丰富的叙事文本，讲述了众多开幕式参与者的成长和生活经历。通过普通人的微观视角，实现了跨文化传播的突破。例如，通过将小号手的生活和成长经历转化为灵活、动态的视觉文本，讲述了《我和我的祖国》这首歌曲所蕴含的爱国情感。这种叙事方式既具有民族特色，又具备共性，有助于促成异域文化符号之间进行互动。实际上，国外观众对冬奥会开幕式志愿者已有了一定的了解。如果能运用大众化的叙事手法，将志愿者的工作与中华文化联系起来，创作出生动有趣的志愿日记，形成沉浸式的精神共鸣，就能够提高中华文化在跨文化传播中的亲近度和表现力。

（四）创新传播策略和手段，拓展受众范围和广度

在传统文化的传播过程中，需要合理使用新媒体平台来展示传统文化的内涵和特色。优秀的传统文化内容可以通过微信公众号、短视频、直播等多种形式进行展示。务必要注意不同平台之间的特性和特点，根据不同的传播

---

[1] 刘兰：《中国体育纪录片的国际视角与国际表达》，《中国电视》2015年第11期。

平台特性精细地输出内容，规避平台的限制，提高传统文化的传播力和影响力。特别是在短视频平台等用户特别多的平台上，更需要制作有创意、有吸引力的视频来吸引观众，从而推广传统文化。

传统文化的受众群体并不仅限于老年人和专业人士，还需要吸引年轻人群体和大众群体的关注和参与。这就要求传播者在传播策略和手段上要有创新和变化，同时保障内容本身符合年轻人和大众的口味和需求。例如，可以在微信公众号等新媒体上展示革新的、注重现实意义的传统文化，增加趣味性和新意，吸引更多的年轻人去关注传统文化，使其对传统文化产生美好的情感。

（五）营造传统文化氛围，开展传统文化普及活动

营造传统文化氛围，可以利用一些传统节日等机会，如春节、端午节、中秋节等，开展系列活动，如文艺表演、传统手工体验、传统美食展示等。同时，劳动节、母亲节等民俗节日，通过"寻根之旅"等活动，让年轻人更深入了解传统文化，感受传统文化的魅力。在这样传播的过程中，营造传统文化的氛围，增加人们对传统文化的认同感和传承文化的自豪感。

为了促进对传统文化的传承，同时让更多的人参与其中，可以在学校、社区、机构等公共场所设立"传统文化普及计划"，通过讲座、研讨会、知识普及活动、实践体验等方式，让更多的人接受、传承和发展传统文化。

（六）转变观念、更新理念，和谐共生、共创未来

在新时期、新语境下，中华文化在跨文化传播中面临着诸多机遇和挑战。我国可以充分发挥体育在国际交流中的平衡与缓冲作用，利用北京冬奥会开幕式塑造的良好形象，积极开展主场体育外交。[1] 我们可以通过加强与世界体育大国的文化交流来促进合作。举办国际体育赛事和展开文化交流，不仅

---

[1] 鲍明晓：《"十四五"时期我国体育发展内外部环境分析与应对》，《体育科学》2020年第6期。

可以为第三世界国家的体育事业发展提供帮助，同时也能展示"人类命运共同体""和谐共处""共克时艰""共创未来"等时代理念。积极与全球各国合作，共同应对各种全球性风险和挑战，为中华文化的跨文化传播创造一个良好的国际舆论环境。

总之，在新媒体时代下，中华传统文化的跨文化传播面临新的挑战和机遇，因此提升传统文化的传播力需要诸多因素的推动和互动。只有坚持走各国文化互相合作交流的道路，中华传统文化的传播和传承才能不断获得新的活力和动力，实现传统与现代的有机融合。

四、新媒体时代中国优秀传统文化的机遇与挑战

（一）新媒体时代是中国传统文化传播的机遇

新媒体传播是一种全新的传播方式，通过数字化技术和终端设备的发展，突破了时间和空间的限制，开放和丰富了文化传播。新媒体传播为中国传统文化的传播提供了新的机遇和广阔的发展空间，同时技术进步也为新媒体传播提供了前所未有的便利。

新媒体网络和手机客户端平台为我国传统文化的传播和发展提供了新的可能性。在人类文化和文明发展史上，新的文化介质的出现必然会引起文化传播的革命性变革，并带来一些新的文化特征。当代文化传播的态势和演进以互联网技术和数字技术的发展为基础，并渗透到人们生活的各个方面。随着人们阅读和生活方式的改变，全新的传播媒介和手段对传统文化的传播和发展产生了深远的影响。

（二）新媒体时代中国传统文化传播面临的挑战

新媒体传播具有双重性，既可以成为传统文化传播的有力工具，也可能因其形式对内容施加压力而扭曲传统文化。因此，新媒体传播必须遵循传播

规律，文化传播应符合现代传播技术的要求。只有在规范的框架下弘扬传统文化，才能确保传播有序进行。同时，新媒体传播不仅为传统文化提供新的表达方式，也肩负着传承传统文化的历史责任。在实际的传统文化传播过程中，我们应该摒弃对传统文化简单的解释和堆砌，充分利用数字技术语言的优势，探索中国传统文化在新媒体时代深度延伸的可能性。在利用新媒体传播中国文化时，我们应当充分认识到"内容至上"的原则，并坚持传播传统文化的基本底线，将中国灿烂辉煌的传统文化资源与当代文化成果转化为数字化产品，以优秀的传统文化占据网络资源的优势，实现世界文化的交流。

中华文明拥有悠久的历史，在5000年的历史传承中，每一次技术的更新都会带来传播方式的变化，而新的传播方式又会推动文化传播、文明进步和传播技术的更新。北京冬奥会是中华文化向世界展示的一次卓越表演，向国内外观众展示了中华民族的文化自信和创新能力。北京冬奥会的开幕式通过视觉传递和文字解释相结合的方式，在符号的动态聚合中不断转换视角，拓展了人类共通的意义空间，完美地诠释了中华文化的精髓和形象。我们应该抓住北京冬奥会这个绝佳机会，丰富中华文化的内涵，提升中华文化的亲和力和感染力，掌握跨文化传播的主动权，从而取得更好的国际传播效果。

第三节 《闽南二十四节气文化》：基层媒体讲好外宣故事的创新尝试

近年来，国际传播工作从中央媒体下沉到基层媒体并借力民间自媒体的传播举措对提升我国国家海外影响力发挥了重要作用，特别是一些地方事件的报道也成为国际舆论形成中国认知的依据。可以说，地方媒体在塑造我国国家形象方面已经承担起越来越重要的角色，是近年来我国国际传播的一个关键渠道。

在新兴媒体技术的助力下，地方媒体的国际传播实践也成为国外媒体、国外民众观察我国的一个重要渠道。地方媒体在对外的国家形象塑造中发挥着越来越重要的作用，国家也越来越重视地方媒体的国际传播能力建设。我国的媒体管理结构是四级媒体，分别为中央媒体、省级媒体、地市级媒体、县区媒体。与中央媒体、省级地方媒体不同，地市级媒体所具备的媒介传播能力与媒介资源均较弱，但与县区媒体相比又具有更强的传播资源统筹能力，具有承上启下的"腰部作用"。因此，增强地市级媒体在国际传播中讲好中国故事的能力，是提升我国基层媒体国际传播话语能力的重要举措。

一、我国地市级媒体国际传播的基本情况

我国地市级媒体在国际传播节目制作与传播方面的工作取得了一定的进展，但仍面临着一些挑战，如缺乏足够的市场份额、经营管理水平较低、技术瓶颈问题等。为了提高国际传播的效果，地市级媒体需要继续加强节目制作能力，增加篇幅和频次，丰富节目类型，积极拓展跨媒体平台传播，并努力克服语言和文化障碍。一是，我们可以看到节目制作能力的显著提升。在国际传播领域，地市级媒体正逐渐提高其制作节目的能力，这不仅是一项令人瞩目的变革，更是对其专业水平的巨大提升。他们着重加强了专业团队的建设，招募了国际上杰出的制作人员、导演和编剧，同时引入了最新的技术和设备，以致力于提升节目内容的质量。这一系列措施使得他们能够制作更具吸引力、更具国际水准的节目，为观众呈现更引人入胜、令人难以抗拒的视听盛宴。这个过程也标志着地市级媒体对于自身实力和国际竞争力的自信提升，他们正在逐步确立自己在国际传播市场中的重要地位。

二是，地市级媒体扩大了国际传播节目的篇幅和频次，为观众提供更多深度报道和呈现国际事务的机会。这表示他们不仅在数量上增加了国际节目的制作，更是在时间和空间上给予更多深入的关注。这种举措是对观众需求的积极响应，因为观众对国际新闻和信息的需求不断增长。地市级媒体的目

标是为观众提供更全面、深刻的国际视角,使他们能够更好地了解世界各地发生的重要事件和趋势。这不仅有助于地市级媒体在国际传播领域中产生更大的影响力,还为他们提供了更多展示自身实力的机会。

三是,地市级媒体正在积极推动节目类型的多样化,超越了传统的新闻报道。他们不仅致力于制作新闻节目,还着眼于制作和传播纪录片、文化艺术节目、旅游推广节目等多种类型的节目。这一多元化的内容呈现不仅有助于展示中国的丰富旅游资源、深厚文化遗产和精彩艺术表演,还通过地方性文化的生动呈现,加深了国际观众对中国的深入了解和认知。这种多元化的节目制作不仅丰富了内容,还扩大了地市级媒体在国际舞台上的受众群体,使他们在国际传播领域更加引人注目。这些多样化的内容呈现不仅能够满足不同观众的兴趣和需求,还有助于跨越文化和语言的障碍,使中国的声音更广泛地传播到世界各地。

四是,地市级媒体逐渐将焦点转向了跨媒体平台传播,这是一项重要的战略举措。他们积极地利用互联网、社交媒体以及主流媒体平台,将节目内容传播到国际观众中。这一多渠道传播策略的实施成功扩大了他们的受众群体,使境外观众更加便捷地接触和了解中国的地市级媒体节目。这全面性的传播方式不仅增强了地市级媒体的国际影响力,还有效地强化了他们的国际传播战略,使他们更具竞争力。通过与全球范围内的观众建立更紧密的联系,地市级媒体不仅可以分享中国的声音,还可以更好地理解国际社会的动态和反馈,为建设更加和谐的全球传播生态系统做出贡献。

五是,地市级媒体在国际传播中仍然面临语言和文化挑战。为了在国际市场上获得更大的影响力,他们需要不断加强多语言节目的制作,同时根据不同文化背景调整节目内容,以确保内容更好地适应国际观众的口味和文化需求。这需要地市级媒体不仅拥有多语言制作和翻译的能力,还需要深入了解不同文化的特点和差异。只有这样,他们才能真正打破语言和文化障碍,使自己的声音在全球范围内被更广泛地听到、理解和欣赏。这是一个持续努力的过程，但也是地市级媒体在国际传播舞台上取得更大成功的关键。

二、地方媒体的国际传播新实践

2022年3月至2023年3月，漳州新闻网与闽南师范大学媒体融合研究发展中心联合制作，推出英语版《闽南二十四节气文化》系列短视频。目前除了北京市、上海市、深圳市、成都市、南京市、杭州市等国际化程度较高的城市外，在国内地市级媒体层面以常规化制作进行国际传播新闻产品生产的新闻实践尚属少见。该系列短视频是国际传播中地方媒体参与的典型案例，表现出地方媒体在国际传播实践中的积极态度与创新热情，在一定程度上也代表了市级媒体在国际传播实践中的水平，节目制作的得失对地方媒体的国际传播实践有一定的借鉴意义。

《闽南二十四节气文化》系列短视频（以下简称《闽南节气》）在漳州新闻网的自有平台上刊播，也通过新华社的新华丝路网对外发布。节目在每个节气日当天推出，在长达一年的节目制作中形成了较为具有识别性的节目特征，在对外讲好中国故事的过程中形成了独特的讲述方式。《闽南二十四节气文化》系列节目表，如表6.1所示。

表6.1 《闽南二十四节气文化》系列节目表

播出日期	节目内容	节目时长	推介的地标产品或文化习俗	播出平台
20220320	春分日：享春色渐来	2′21″	民间俗语"春不分不暖，夏不至不热""春水糜雨，卅九日乌""春蟳冬毛蟹，春鲍冬加腊"	漳州新闻网视频号、新华丝路网、学习强国漳州学习平台
20220405	清明：春和景明	2′17″	扫墓踏青习俗；闽南润菜饼	漳州新闻网视频号、新华丝路网、学习强国漳州学习平台
20220420	谷雨：雨生百谷，春夏交	2′11″	仓颉造字与谷雨传说；闽南俗语"清明谷雨，寒死虎母"；谷雨茶采摘	漳州新闻网视频号、新华丝路网、学习强国漳州学习平台

第六章 跨文化传播案例：国际传播与对外报道分析

续表

播出日期	节目内容	节目时长	推介的地标产品或文化习俗	播出平台
20220505	立夏：熏风带夏，万物长	1′36″	地理标志农产品诏安红星青梅	漳州新闻网视频号、新华丝路网、学习强国漳州学习平台
20220521	小满：万物渐丰，小得盈满	2′18″	闽南俗语"小满乌，大水满草埔"；福建省非物质文化遗产漳绣及漳绣文创产品	漳州新闻网视频号、新华丝路网、学习强国漳州学习平台
20220606	芒种：忙之所向，希望之光	2′08″	端午吃粽子；闽南俗语"未食五月粽，破裘不可放"	漳州新闻网视频号、新华丝路网、学习强国漳州学习平台
20220621	夏至：丹荔俏枝头，夏意浓	2′00″	民间俗语"吃过夏至面，一天短一线"；荔枝与荔枝酒浸泡	漳州新闻网视频号、新华丝路网、学习强国漳州学习平台
20220707	小暑：暑意兴，夏繁盛	1′46″	漳州消暑名小吃四果汤	漳州新闻网视频号、新华丝路网、学习强国漳州学习平台
20220723	大暑：时光无垠，炎夏有尽	1′48″	地理标志农产品：程溪菠萝	漳州新闻网视频号、新华丝路网、学习强国漳州学习平台
20220807	立秋：暑意未尽，秋在望	1′52″	闽南俗语有"六月立秋秋溜溜，七月立秋秋后油"；"立秋温不降，庄稼长得强"	漳州新闻网视频号、新华丝路网、学习强国漳州学习平台
20220823	处暑：露蝉声渐咽，秋日景初微	2′26″	闽南龙眼	漳州新闻网视频号、新华丝路网、学习强国漳州学习平台
20220907	白露：秋高气爽，玉露生凉	2′16″	漳州市平和县琯溪蜜柚；闽南中秋博饼习俗	漳州新闻网视频号、新华丝路网、学习强国漳州学习平台
20220923	秋分：寒暑平分，丰收忙	2′09″	闽南俗语"白露水毒，秋分暝冷"；南靖土楼梯田水稻丰收	漳州新闻网视频号、新华丝路网、学习强国漳州学习平台
20221008	寒露：天寒露降，秋染风华	1′30″	漳州古城菊展；正秋茶采摘；秋蟹上桌	漳州新闻网视频号、新华丝路网、学习强国漳州学习平台
20221023	霜降：秋尽冬来，凝露为霜	1′23″	漳州城市秋景；南靖土楼秋景	漳州新闻网视频号、新华丝路网、学习强国漳州学习平台
20221107	立冬：树落繁华，寒信至	1′49″	闽南"补冬"习俗；闽南名小吃姜母鸭	漳州新闻网视频号、新华丝路网、学习强国漳州学习平台

271

续表

播出日期	节目内容	节目时长	推介的地标产品或文化习俗	播出平台
20221122	小雪：冬腊风腌，蓄以御冬	1′49″	闽南千岛湖；闽南风味腊肠制作	漳州新闻网视频号、新华丝路网、学习强国漳州学习平台
20221207	大雪：寒冬适补，瑞雪丰年	1′32″	闽南俗语："十一月东北风，清明好天空"；"小雪清肠，大雪进补"	漳州新闻网视频号、新华丝路网、学习强国漳州学习平台
20221222	冬至：数九寒天，静待春来	1′49″	闽南冬至搓汤圆、吃汤圆、粘汤圆习俗	漳州新闻网视频号、新华丝路网、学习强国漳州学习平台
20230105	小寒：雁北乡，腊柳领春来	1′29″	民间传统节日"尾牙"	漳州新闻网视频号、新华丝路网、学习强国漳州学习平台
20230120	大寒：凌波贺岁，送春来	1′38″	民间俗语"大寒迎年"；漳州水仙花	漳州新闻网视频号、新华丝路网、学习强国漳州学习平台
20230204	立春：姹紫嫣红万象新	1′34″	闽南"咬春"风俗；闽南甘蔗产业	漳州新闻网视频号、新华丝路网、学习强国漳州学习平台
20230219	雨水：草木萌动，鸿雁来	1′29″	地理标志农产品：云霄枇杷	漳州新闻网视频号、新华丝路网、学习强国漳州学习平台
20230306	惊蛰：春雷响，万物长	1′29″	漳州龙海西红柿春收	漳州新闻网视频号、新华丝路网、学习强国漳州学习平台

数据来源：本研究搜集整理。

（一）突出节目定位的差异性

该节目以"二十四节气文化"推介为选题，首期于2022年3月的春分推出，这与北京冬奥会开幕式的二十四节气宣传片息息相关。开幕式上，宣传片以唯美的镜头呈现了中国传统的节气文化，以及中国百姓应时的劳作生息，生动地展示了中国传统文化对中国人生活的深刻影响。二十四节气是中国古人智慧的结晶，具有很强的科学性。它是古人与对天文地理的认识，以及对人与自然关系的理解。人们以此为依据指导人类对自然的改造，并在生存中调适自我适应自然。

北京冬奥会之后,二十四节气随之成为一个热词,各级媒体也纷纷制作节目展现节气之美。自然风光、节令风物的唯美呈现成为各地竞相展示的主要手法,在技术表现手段上追求精益求精。精致的画面带来的感官愉悦是直接的,但不可否认,这些节目之间的识别度并不高。

我国地域辽阔,各地在不同节气总结出来的生活经验又各有特色。闽南地区背山靠海,具有农耕文化与海洋文化融合的特性,有突出的地域特色。漳州新闻网推出的《闽南节气》系列短视频凸显出闽南当地节气的特色,并进行差异化节目定位,表现具有地方特征的节气物候,呈现出独特的自然景观与人文景观。《闽南节气》系列节目不仅展示了当地当季的唯美风光,还融入了古典诗词与民间节气俗语、民间习俗,进而为节目注入了更为丰富的文化内涵。

此外,节目是以英语解说作为主要语言进行节目制作,这样的处理方式也使得的节气产品显得更为"标新立异"。这在全国的地市级媒体中并不常见,其为打造城市品牌另辟蹊径。

(二)强调节目结构的精巧性

系列节目的制作节目模式相对固定。该节目为短视频形态,由片头与正片两部分构成,呈现出比较清晰的结构化特征。

1. 声画有机搭配

节目片头以童声朗读古诗引出节气名。首期片头以二十四节气歌为总领,接下来的二十三期节目选取有代表性的节气古诗。片头稚童软萌的声音也成为吸引耳朵的策略,为节目增色不少。同时,略带闽南腔调的稚嫩童声,与正片的英语朗读形成鲜明的对比,既淡化了节目的知识传输目的,也增强了趣味性,同时也体现出传统文化"正在传承"的意味。这也是对营销广告"3B 原则"中"baby"的应用。

前两期的片尾部分使用了古诗翻译贴片，意在与片头古诗形成呼应。不过节目使用横屏制作。事实上，大部分受众也不会把手机打横放使用大屏幕观看。受限于画幅与时长，贴片上的英译古诗并不容易看清，贴片的信息传递作用比较局限。节目片头的古诗选择比较有代表性，增加古诗片尾也显得累赘，所以第三期以后的节目就不再使用古诗贴片片尾，画面风格也更为简洁。

2. 时长灵活机动

该系列节目在时长方面也突出了灵活性。与传统媒体系列节目制作强调相对固定的时长不同，依托新媒体平台发布的系列作品对时长同一性要求没有那么严格。这一节气系列作品，第一期时长最长 2′21″，最短时长为 1′23″。单期节目长短取决于不同节气的表征差异，不同节气中，相关习俗与特色农产品、特色旅游景点数量多寡不一。弹性的节目时长符合网络传播对用户体验感的关注，"有话则长，无话则短"的原则更吻合用户的信息接受心理。

弹性节目时长对传统媒体而言会影响节目编排，但相对宽松的时长限定反而给网络发布短视频节目以更自由的表现空间，体现以受众为核心的用户生产。因为在受众端，如果内容能够引起受众足够的兴趣，受众对几十秒的时长变化感知并没有那么敏感。可以说，网络传播的节目编排更强调固定发布时间，以形成较好的接受期待，对固定时长的要求没有那么严格。

（三）注重内容表达的实用性

作为外宣产品，地方文化是基础，讲好中国故事是目的。《闽南节气》在叙事中呈现家乡魅力，目的是为家乡"引流"，提升城市认知、带动地方经济。节气文化与农耕生活相关，这与大部分观众的生活产生了一定距离。但在文旅融合的背景下，对地方传统文化的推介往往出于为人们的城市生活推荐另一种生活可能的目的。这一系列节目很好地体现了地方媒体服务地方经济与文化建设的意识。

传统文化的传承很重要的是找到文化与现实生活的关系，形成传统文化的现代认知。该系列节目也在试图让传统文化与现代城市生活与城市发展实现串联。该节目不仅描述当地的节气特征，突出本地景观特质，还多次融入地方特色产品。以《小满》这期节目为例，制作团队找到小满与蚕神节之间的关联，介绍完闽南的小满节气特征后，节目介绍了非物质文化遗产漳绣以及现代漳绣的文创产品。明清时代的漳州大面积植桑养蚕，漳纱、漳绒漳绣曾是漳州织造史上著名的三大工艺，也是当时出口海外的重要产品。"蚕神节"这个切入点在节气内容产品的生产中无疑是相当出彩的视角，不仅很好地介绍了漳州的文化历史，也推介了漳绣文创，其叙事串接自然不突兀。

节气与农时有紧密的联系，应时应季农副产品的带入也是水到渠成。节目把地域性节气文化的推介作为载体，突出节气文化的当代价值。节目多次推介当季漳州旅游景区的自然风光，推介当季适游地、当季的国家地理标志物产。让人们了解节气对生活的影响，而且不再把节气作为一种"知识遗产"留在童谣中，更重要的是凸显地方媒体助力乡村振兴、服务地方建设的意识。

三、地市级媒体参与国际传播的意义与影响因素

党的十八大以来，党和国家越发重视我国媒体国际传播力的提高与国际影响力的提升，多次出台相关政策支持媒体机构加强国际传播，提高国际影响力。习近平总书记也多次在重要场合讲话时强调要加强宣传工作和国际传播，推动中国声音在国际上更有影响力。地市级媒体处于我国四级媒体架构中的"腰部"，在中央、省级媒体与区县媒体中间发挥着承上启下的作用。当前，我国地市级媒体因地制宜，积极探索自身发展模式，在国际传播的阵地中也迈出了尝试性的步伐。

漳州新闻网主动创新，参与国际传播，不仅是基层媒体提升国际传播力的积极探索，更是媒体融合时代，我国媒体提升整体国际传播影响力的必然之举。

（一）地市级媒体参与国际传播的优势

国家对加强媒体融合发展和国际传播能力建设，培育一批具有国际影响力的媒体品牌，增强文化自信，加强国际传播和对外宣传工作，提高中国话语权和影响力，推动中国文化在国际上更好传播等方面作出明确的要求。这给地方媒体的国际传播实践提供了政策支持，这样的机遇也给了漳州新闻网这样的地市级媒体以更大的探索空间与创新可能性，有利于更好地发挥其传播优势。

1. 拥有独特的人文资源

地市级媒体因其突出的地方性人文特征，在国际传播实践中具有独特的地域优势。作为"腰部媒体"，地市级媒体特殊的位置使其在国际传播中显出特别的优势。与省级媒体相比，地市级媒体并不具有资金和规模的优势，但对地方经济、文化、社会等方面的了解更深入；与县级媒体相比，地市级媒体虽然没有那么"接地气"，但却有更强的资源统筹能力、信息解读能力与加工能力。因此，地市级媒体在国际传播中，更容易实现地域资源的整合。

《闽南节气》介绍的闽南节气文化，与具有明显黄河流域气候特征的节气物候有很大的差异。在表现"咬春"习俗时，节目选择有"节节高、节节甜"寓意的甘蔗，也反映了闽南是重要甘蔗产地的地位。

2. 题材选择贴近民生

地市级媒体的国际传播实践可以更贴近民生。与中央媒体、省级媒体对政治、经济的关注重点不同，地市级媒体在国际传播中对当地民生问题的关注更加密切，这也使其能够在国际传播中更好地反映当地人民的需求。以普通百姓的视角讲好中国的发展故事，更具人文感染力，更能增强中国故事的可信度，拉近国外普通民众对中国生活的认知距离。《闽南节气》的题材选择特别关注当地民众的生活，节目中大量出现不同节气里当地普通百姓应时应季的劳作与生息习惯，呈现出真实的百姓故事。

3. 细分领域传播更精准

地市级媒体在某些领域更具有资源优势，在国际传播中，可以针对细分领域进行精准的宣传策划。我们国家地域广阔，城市风情各异，不同城市在城市规划、旅游资源等方面各有优势。这些独特的城市资源，可以打造城市人文特征，在垂直领域以专业报道吸引国际受众的关注。《闽南节气》作为一档文化类外宣栏目，着眼闽南文化与闽南生活，对具有典型闽南特色的民间俗语进行解释、推介，体现出人们对闽南民间文化的关切。

4. 本土元素阐释更充分

地市级媒体在本土化传播方面具有优势。地市级媒体能够更充分地运用本土文化元素和语言来进行文化传播，更好地呈现本土文化的特征，更深度地阐释文化内涵，也更容易被国际受众接受和理解。《闽南节气》节目制作中植入闽南地理标志农产品，不仅有地标指示作用，也带出了这些作物在闽南人生产生活中的重要地位。在促进地域认知的同时，也展示了当地的风土人情。

可以说，正是有了这些传播优势的驱动，地市级媒体也更积极地参与到了国际传播实践中。在服务中国式现代化的话语框架下，这些国际传播的基层参与实践也具有了更特别的意义和价值。

（二）地市级媒体参与国际传播的影响因素

媒体参与国际传播会受到国际政治、文化、经济、技术和政策等多个方面因素的影响。这也是地市媒体在传播中需要考虑的因素。第一，国际政治因素。国际政治环境是国际传播实践的首要影响因素。国际关系以及国际政治格局的变化等均会影响媒体的宣传策略。虽然地市级媒体在国际政治传播中的影响力很难企及中央媒体和省级媒体，但是是否参与国际传播以及如何参与国际传播等方面的决策同样取决于当前的国际政治环境。第二，国内政策环境。政策环境对媒体参与国际传播起着决定作用。国家和地方政府的政策支持、法律法规的制定等因素会影响媒体的传播自由和传播效果。目前，国家和地方政府出台诸多政策，给各级媒体参与国际传播提供了政策依据。市级媒体自身也对国际传播给予了重视，他们积极参与国际传播，并制定措施来提高品牌影响力和传播效果。第三，地方文化环境。地方文化环境对国际传播的效果与受众接受有重要影响。不同国家和地区的文化差异、语言障碍等因素会影响跨文化传播中的信息接受，进而影响传播效果，甚至会反作用于国际关系与国际政治格局。地市媒体的国际传播实践对选题的把握以及内容的呈现均要有大局意识，避免因文化误解引发争议。同时，地市媒体也要主动了解国际受众的文化习惯与接受习惯，更好地进行跨文化传播。第四，传播技术水平。传播技术水平同样对国际传播实践有着重要影响。新媒体技术的发展、互联网的普及深刻影响了各级媒体的信息传播方式与传播效果。网络传播使各级媒体新闻发布都有了跨境传播的可能，这也要求各级媒体在新闻传播实践中应更主动地思考国际传播中的问题，以此获得国际传播的主动权和话语权。

因为各地文化因素、经济与技术条件差异较大，各地市级媒体在国际传播中需根据自身实际情况，对不同的影响因素进行针对性的策略规划与实践，以切实提升国际传播的品牌影响力，优化国际传播效果。

四、地市级媒体参与国际传播的制约因素与未来着力点

地市级媒体作为国际传播的基层参与实践主体，在迅猛发展的同时也面临着重重制约，出现了诸多问题和挑战。这些难题主要集中在发展模式的可操作性、参与社会治理的实效性和以思维、制度、人才协同为主的内部建设等方面，而这些也将决定地市级媒体国际传播实践的未来发展。

虽然全国各地的地市级媒体建设已探索出多种经验模式，但这些模式带有浓重的地方烙印，并不具有普遍性，其角色明显较为被动。如果地市级媒

体缺乏必要的创新,媒体建设极易成为"业务堆砌""机械融合"的形象工程。自主探索模式也并非能全然推广,其最大的问题在于可获得的上级政策支持有限,中心内部相对封闭,县域各部门间存在体制壁垒,这些在很大程度上影响了融合的深度和广度,无法"自上而下"地推动相关改革。[①]市域联动的区域合作模式则忽视了各地市级县级媒体发展的不平衡性及自主探索成果,同质化的区域合作模式难以达成媒体融合的目标。[②]

(一)地市级媒体参与国际传播的制约因素

作为一个文化类外宣产品,《闽南节气》力图通过创新的内容表达与形式,对外"讲好中国故事"。但漳州新闻网在这一档节目制作中遇到的制约也是地市媒体参与国际传播中遇到的普遍性困难与障碍。

1. 资金和人才不足

除了部分经济发达的地区外,大多数地市级媒体尚未获得太多的财政支持,规模和财力相对较弱,难以承担大规模的国际传播工作。同时,市级媒体在人才储备方面也存在不足,难以满足国际传播的专业需求。另外,媒体竞争的关键是人才竞争,媒体优势的核心是人才优势。而地市级媒体由于受到地方财政等原因的限制,人员编制较为不足,新闻思想宣传理念粗放,扎实开展队伍建设的力度不够明显。此外,地市级媒体的新闻从业人员在综合素质方面参差不齐,新闻工作者学历层次不高、专业不对口的情况也较为普遍,必然会影响到新闻采编工作的质量。地市级媒体在管理模式上也较为落后,且待遇一般,难以留住高质量的新闻人才。这些都严重影响外宣新闻工作的报道。

---

① 田丽、石林、朱垚颖:《县级融媒体中心"全省部署"和"县级探索"建设模式对比——以A省Q县和B省Y县为例》,《出版发行研究》2018年第12期。
② 黄雪娇:《中部地区县级融媒体发展的创新路径研究——以2018年中部六省经济十强县为样本》,《出版发行研究》2019年第4期。

漳州新闻网选择"闽南二十四节气"作为切入点，进行国际传播内容生产，一方面是小切口容易把握，另一方面也是出于资金问题，不能进行较大型的国际传播策划。此外，漳州新闻网目前并没有国际传播专业人才，该系列节目与闽南师范大学媒体融合发展研究中心联合制作，该中心不仅为作品画面把关，也对英语翻译把关，由此解决了国际传播人才欠缺的问题。

2. 语言和文化障碍

国际传播需要掌握多种语言和文化，地市级媒体在这方面的优势较小，较难与国际媒体和受众建立有效的沟通和合作关系。跨文化传播要解决"文化折扣"的问题，因此如何对地方文化习俗进行恰当而正确的描述成为跨文化传播必须解决的首要问题。诗词歌赋、民间俗语、文化专有名词等翻译的"信、雅、达"也给地市级媒体带来了很大的制作困难。

此前，漳州新闻网曾推出周期性英语新闻节目《漳州新闻周报》，该系列选取漳州当周本地重要新闻4—5条。也曾在特殊时间节点——世界遗产大会在福建省福州市召开之际，推出世界遗产土楼的英语推介视频。在这些制作中，对专业名词、民间俗语、民俗活动等翻译实践的累积，也为后续推出的《闽南节气》系列打下了较好的基础。

3. 影视化表达欠缺

短视频制作是当前传播的重要手段，也是普遍使用的方法。漳州新闻网是新媒体，其动态影像制作并非强项。在"全媒体"语境下，擅长文字与图片表达的地市级新媒体面临着素材库建设不健全、自有素材欠缺的巨大挑战。

转型中的漳州新闻网加强了视频新闻的制作与传播。但就目前而言，漳州新闻网的拍摄能力并不能与擅长影视表达的电视台相匹敌，由此带来的自有素材库素材不足成为制约其内容制作能力的重要因素，其会影响内容生产。由于节气风物的特征需要节气到来时才有表征，而节目制作往往要提前于节气到来之前，因为气候因素，每年物候也不一定会按时出现，这就要求有强大的素材库支撑，但这恰恰是漳州新闻网的弱势所在。可以说，《闽南节气》

的画面叙事偏弱，在画面承续上具有比较明显的风格差异。这正是因为要弥补自有素材的不足，借助网络商用素材库造成的结果。

4. 国际传播平台缺乏

地市级媒体在国际传播中缺乏有效的平台和渠道，较难与国际媒体和受众建立广泛联系，国际影响力也较为有限。漳州新闻网的外语节目主要通过新华丝路网以及香港商报海外社交平台账号实现。借力其他媒体平台，也是当前地市级媒体的普遍做法，虽然在一定程度上增加了运营难度与监管的风险，但在一定程度上也影响了新闻发布的自主性与发布频率。另外，国际传播涉及政治和法律等多方面的限制和规范，地市级媒体在这方面的自由度较小，这也使得地市级媒体较难在国际传播中发挥出更大的作用。

综上所述，地市级媒体参与国际传播面临的困境较多，需要通过加强资金和人才的投入、提高语言和文化素质、寻找更多的国际传播平台和解决政治和法律限制等途径来逐步克服。

（二）地市级媒体参与国际传播的未来着力点

随着国家国际传播体系的完善，地方媒体国际传播能力建设也将成为重要一环。未来国际传播语境下的地市级媒体对外讲好中国故事可在以下五个方面着力。

1. 努力实现精准传播和有效传播

要探讨地市级媒体的国际传播问题，我们必须深刻认识新形势下的两个重要背景。首先，当前世界面临罕见的大变局，这是一个世界上从未有过的时期。其次，移动互联网时代带来了国际传播的全新生态。如今，中国正在逐渐走向世界舞台的中央，但同时也面临巨大的挑战。中国的某些地方吸引了越来越多来自世界各地的关注，因为这些地方是中国智慧的孕育之地，也是中国方案的实践场所。地方媒体具有最直接的接触这些孕育地和实践场所的机会和优势，因此，讲好这些地方的中国故事，成为地方媒体义不容辞的时代使命。

另外，我们也应意识到，互联网技术带来的信息革命，深刻地改变了国际舆论生态和传播格局，地市级媒体完全能够凭借网络技术在国际传播中发挥更大的作用，其所面临的机遇更多、任务更重，挑战也更大。在这种背景下，地市级媒体的作用日益凸显，但同时也必须注意到其存在的一些短板和问题。例如，在传播理念方面，常常存在内宣与外宣混淆、宣传与传播不加区分等情况；在传播方式上，常出现单向宣传较多而双向沟通较少的情况；在传播渠道方面，缺乏"走出去"的平台，并且渠道拓展的方法较为有限等。因此，在讲述中国故事的过程中，地市级媒体需要在媒体融合发展的背景下，有效解决传播内容、传播方式和传播效果等环节的问题，以实现更加精准和有效的传播。

2. 优化表达方式，做活生产链

对地市级媒体来说，讲好中国故事的着力点应放在优化表达方式、做活生产链之上，可以采取旧事"新"说、新事"融"说和大事"小"说、小事"大"说等策略。首先是旧事"新"说、新事"融"说。旧事指的是那些已经被公众熟知并且已经被报道过的人物、事件等；而所谓的"新"说则是指在当前背景下，这些旧事出现了新的内容和变化。在这种情况下，媒体有必要进一步深入挖掘，以新的表述方式激发出它们新的意义。当今，微博、直播、短视频等丰富了地市级媒体的传播方式，我们应综合运用融媒体矩阵，开创国际传播叙事方式，新事"融"说，这也是近年来地市级媒体实施较多的策略。地市级媒体通过这些方式，便让中国故事拓展了新内涵、触发了新情感、带来了新收获，这对展示真实、全面、立体的中国更具说服力。

其次是大事"小"说、小事"大"说。近年来，我国各地频繁举办各种国际盛会，为当地媒体提供了展示舞台。例如，G20峰会、上海合作组织青岛峰会、金砖国家峰会等，先后在杭州、青岛、厦门等城市举行。这些城市的媒体充分发挥了主场优势，在大的主题下努力寻找细节切入点，立足本地实际，抓住国际盛会这样的重大机遇，进行了一系列具有特色的策划和报道，展现了中国城市的魅力。在国际盛会中，当地媒体积极发挥自身优势，通过深入报道和专题策划，展示了城市的文化底蕴、发展成果和人文风貌。

至于在国际交流合作中出现的小事件或普通人，我们姑且称之为"小"事。然而，我们可以小事"大"说，将所要讲述的故事放置在适宜的场景中，挖掘并放大故事所蕴含的价值，以此产生良好的传播效果。

3. 在国际视野中讲述有价值的故事

在国际传播的背景下，地市级媒体要处理国际传播的首要问题——讲什么。地市级媒体要立足当地实际，准确地把握国际舆论的特点和受众的口味，选取具有区域和文化特色、城市特质的故事，来讲给世界听。近年来，诸多地市级媒体发挥地域和人文等方面的优势，挖掘出了很多鲜活生动的好故事。

地市级媒体不仅要精选好故事，还应当拓宽国际视野，树立大局观，在"有意义"的重大主题中有所作为，也就是要向世界讲述有价值的中国故事。地市级媒体要在国际视野中考量所讲故事的价值，以展示中国的治理能力与水平，这些故事越能为世界发展提供中国方案、反映中国方案的地方实践，就越有传播价值。比如，中国特色社会主义、"一带一路"倡议等，很多地方有着丰富的实践，有许许多多故事可以讲述，应尽力向世界真实地展现一个面临挑战、充满希望的中国。

在向世界讲述中国故事时，地市级媒体不能因强调"有意义"而过于空泛，也不要为了追求生动而一味地猎奇，应当以小见大，于细节中见大义，这样的故事才是值得去讲述的。

4. 寻找连接纽带，掌握话语权

地市级媒体想要成功讲好中国故事，并让全世界都能"听见"，离不开有效的传播渠道。而要确保信息能够被目标群体真正理解和接受，就需要进行深入的目标群体研究和传播效果分析，努力实现精准传播和有效传播的目标。然而，对于地方媒体来说，实现这一目标是一个需要持久努力的过程，对此，可以从以下两个方面来寻求突破。

（1）借船出海，扩大影响

借船出海，就是指地市级媒体借助当下已有的传播渠道"走出去"，包括进驻央媒平台和海外大型社交平台等。例如，地市级媒体可以在脸书（Facebook）、推特（Twitter）、油管（YouTube）、照片墙（Instagram）等海外社交平台上开设并管理官方账号，以整合内容生产、平台运营和二次传播等功能，直接面向海外受众，讲述中国故事。这样做可以将信息传递给更广泛的观众群体，可提升地市级媒体的国际知名度和影响力。

（2）造船出海，合作共赢

造船出海，不仅指开发建设国际传播平台，亦指与国际媒体展开深度合作，共同推出栏目、节目等，用英文报道中国的发展，服务海外用户以及在华的国际友人。长此以往，一定可以取得良好的传播效果。

5. 培育国际传播人才

国际传播需要具备专业知识和技能的人才，这包括精通外语、了解国际政治、传播理论等专业背景的知识。作为地市级媒体，制定国际传播人才建设计划并从可持续发展的角度出发，调动各种资源和要素，构建多元化的人才培养模式是非常重要的。

（1）国际合作培养

国际合作培养是跨文化能力培养最直接有效的方式，可通过合作办学、项目合作、派遣访问学者等多种形式，实现国际化人才跨文化能力综合培养。通过与国外高校或机构的合作，学生可以接触到不同文化背景的教育、学术和实践环境，提升他们的跨文化交流和合作能力。

（2）建立实训基地

可在政府、院校、媒体、国际组织等机构建立国际化人才实训基地，开展多种形式的国际化人才培养实训项目，大力促进政产学研对接合作，发挥优势互补的协同效应，推动国际化人才培养链条布局，形成语言专业教育和国际交流实践有机结合的培养体系。

（3）开展专题课题研究

重视智库研究与人才培养工作的密切配合，开展跨文化能力培养的前瞻性课题研究，通过专题研究创新实践，形成业界反哺学界的人才培养反馈机制，探索多元路径，培养复合型跨文化交际人才。

近年来，国家鼓励各级媒体机构加强融合发展，鼓励媒体机构加强新媒体的运用和开发，提升媒体的整体实力和国际传播能力，这也给地方媒体的国际传播中提出了新的要求。漳州新闻网积极响应国家的宣传号召，以《闽南节气》系列的创新制作凸显了地市级媒体在国际传播中积极主动作为的责任与担当。

从"发出中国声音"到"讲好中国故事"的提出，体现了我们国家宣传策略的调整。"声音"代表的是观点、意见，"发出声音"代表着观点输出，传者本位意识突出。而"讲好故事"正是受众本位意识的凸显，不仅事件更加具体可感，也充分考虑到了受传者的接受习惯，作为传播链条中的主体地位也得到了最大程度的尊重，判断权力交回给了受众。在国际传播中，让国际受众听到好的中国故事，作出正确的判断，形成友好的国家判断，这也是中国媒体应该发挥的作用。地市级媒体在传播活动中应该把国际传播意识植入日常的传播活动中，在内容产品中把中国发展的故事、中国独特的文化故事、中国百姓的生活故事等生动、有效地传递给国际社会，共同助力国家外宣体系的完善。

第四节　社交媒体：讲好中国城市故事的利器

在全球化不断深入的形势下，各行各业逐渐呈现出了融合发展的特点，媒介融合就是其中一项重要的内容。在媒介融合过程中，除了传统媒体在一定程度上实现了融合，社交媒体也逐渐朝着融合的趋势发展。社交媒体在国际社会当中已经不是传统意义上的单纯具有社交功能的媒介了。近年来，借助社交媒体平台实现地域文化"走出去"，已经成为跨文化传播的重要手段。借助社交媒体发出中国城市好声音，传播中国城市新变化，也是中国地域文化走向世界的必由之路。因此，我们要立足多个角度，用发展的眼光看待问题，为促进社交媒体在国际传播中更好地发挥作用创造良好的条件。

一、媒介融合下社交媒体在国际传播中的现状

（一）社交媒体

社交媒体（Social Media）的发展历史可以追溯到20世纪六七十年代产生的Usenet网、阿帕网（ARPANET）和BBS论坛系统，甚至可以追溯到电脑时代来临之前的电话时代，如美国曾出现过电话入侵时代（Phone Invasion Era）。然而，直到20世纪90年代，随着计算机和互联网的发展，社交媒体才得到了广泛发展。到了20世纪90年代末，博客已经具有了一定的影响力。特别是在2003年之后，Web2.0运动兴起，社交服务网站开始蓬勃发展，社交媒体由此成了一种不可忽视的媒体力量。社交媒体一词开始成为互联网中炙手可热的话题，这一现象始于2008年，自此也引起了学界的广泛关注。

1. 社交媒体的概念

传播学者安德烈·开普勒（Andreas Kaplan）和迈克尔·亨莱因（Andreas Kaplan）对社交媒体所下的定义是：一系列建立在web2.0的技术和意识形态基础上的网络应用，它允许用户自己生产内容的创造和交流。[1]安东尼·梅菲尔德（Antony Mayfield）于2007年在其著作《什么是社会化媒体》（*What is Social Media*）中对社交媒体的定义为："社会化媒体是一系列网络媒体的总称"，并将社会化媒体的基本形态分为：社交网络、博客、维基、播客、论坛、内容社区和微博。[2]

社交媒体彻底改变了传统媒体一对多的传播方式，变为了多对多的对话方式，并且鼓励人们评论、反馈和分享信息。

虽然社交媒体的定义表述方式不一，但均有着共同内涵。基于以上界定，可以看出社交媒体是建立在互联网技术，特别是Web 2.0的基础之上的互动社区，它最大的特点是赋予每个人创造并传播内容的能力。它是用来进行社会互动的媒体，是一种通过无处不在的交流工具进行社会交往的方式。[3]

2. 社交媒体和传统媒体的差异

传统的社会大众媒体，如报纸、广播、电视和电影，通常由专业的编辑团队策划和制作。他们追求大规模制作和发行，旨在为广大读者、听众和观众提供普遍的娱乐和信息服务。然而，传统媒体的内容通常相对单向，缺乏与受众之间的实时互动和个性化定制的能力。

而新兴的社交媒体则主要出现在网络上，允许用户自主选择和编辑内容，具有分众化或小众化的特点。它更加强调用户之间的互动和社群形成，例如贴吧、微博等网络论坛。社交媒体为用户提供了先进和多样化的服务和功能，

---

[1] Kaplan A M, "Users of the World, Unite! the Challenges and Opportunities of Social Media," Business Horizons 53, no.1(2010): 59-68.

[2] Mayfield A, "What is Social Media," Cibmtr Org (2008).

[3] 曹博林：《社交媒体：概念、发展历程、特征与未来——兼谈当下对社交媒体认识的模糊之处》，《湖南广播电视大学学报》，2011年第3期。

而且通常费用相对较低甚至免费提供，使用起来也更加方便。因此，它在现代年轻人中广受欢迎。社交媒体和传统社会媒体之间的差别主要有以下五个方面。

第一，传播结构：社交媒体和传统媒体都有能力进行全球传播。然而，传统媒体通常采用集中化的组织结构，负责生产和销售。相比之下，社交媒体通常呈现扁平化的特点，没有明显的层次结构，并且没有依据多元的生产或使用需求分为不同类型。

第二，可调用性：绝大多数传统媒体的使用权，通常掌握在拥有该媒体的政府或私营业主手中。举例来说，某大报的头条新闻由该报编辑室决定，某电影的集资拍摄则由政府或民间出资人作出决定。相比之下，社交媒体为社会大众提供了廉价或免费的使用渠道。比如，网络博客可以免费申请，而申请人可以自主创作博客内容。

第三，专业要求：进入传统媒体行业需要具备较高的专业素养。除了媒体素养外，还需要掌握全职记者、摄影师、编辑、财务部门和法律部门等相关专业技能，以应对消费市场的挑战。特别是由于传统媒体市场竞争激烈，面临竞争压力，对专业能力的要求可能更高和多样化。相比之下，社交媒体的专业门槛相对较低，通常只需要中等水平的媒体素养。此外，为了吸引更多关注和实现经济利益，社交媒体倾向于设计更加便捷简单的用户界面。

第四，即时程度：一般来说，传统媒体根据节目内容的规模不同，通常需要几天、几周甚至几个月的制作时间；社交媒体由于偏好轻量级的图文发布，因此制作时间可大大缩短至一天、几小时甚至几分钟。部分传统媒体也开始向社交媒体看齐，希望实现新闻的即时发布。它们也意识到社交媒体的即时性和快速传播的优势，积极探索在传统媒体平台上实时发布新闻的可能性。

第五，可更新的程度：传统媒体的内容一经发布，修改就较为困难，例如新闻报纸、广播、电视、电影等，若需要回应或修正，通常需要等待下一个版本，例如第二天的报纸、下次广播等，这需要耗费大量人力和时间。相比之下，社交媒体具有实时性，实现内容的修正的便捷性，其可以随时进行更新和更改内容。

（二）媒介融合下社交媒体在国际传播中的现状

1. 没有充分利用国际热点

社交媒体在海外市场的发展当中并没有充分地利用国际热点，而是比较依赖于国内的内容进行传播，所以在一定程度上降低了传播的能力和影响力。一些国际热点事件和问题，在整个海外市场当中都是有着重要影响的，如果不及时地对这些国际热点事件进行追踪和报道，那么就无法有效地黏合用户，可能导致用户的流失。虽然社交媒体在国际市场当中，依然要发挥出社交的功能，但是在传播的功能上也需要多元化发展，利用国际热点就是其中重要的途径。

2. 缺乏自信的文化展示

在文化自信展示的内容上，社交媒体并没有充分重视起来。虽然当前进入国际市场中的社交媒体数量不在少数，但是能够充分地利用文化自信的社交媒体并不多，大多数社交媒体都是把精力放在休闲、娱乐等相关内容上，缺少对文化自信的展示。虽然一些有趣的事件在短期内能够引起反响，但是长期来看，缺乏文化自信的展示，会导致在文化体系上没有强有力的支撑，从而造成影响力下降。文化自信内容的展示是打造独特本土化内容的重要途径，在文化自信的支撑下，才能让内容更加具有创新性和独特性，从而使社交媒体拥有独特的魅力。

3. 缺少与用户的互动

在国内的发展中，社交媒体与观众的互动非常丰富，超话、社区、直播等形式已经非常普遍。通过这些形式，社交媒体与用户的联系也变得日益紧密。基于紧密的联系，社交媒体对用户也产生了巨大的影响力。但是在海外市场当中，社交媒体并没有充分地发挥出这些优势，也没有利用多种形式与用户进行互动，这导致了在海外市场当中，社交媒体的传播能力较低。想要提升社交媒体在国际中的传播能力，就需要探索与海外用户的互动形式。通过增强互动，加强社交媒体与用户之间的黏性，进而增强社交媒体的影响力，促进社交媒体在海外市场中提升传播能力。

4. 国家应加大支持力度

从国家层面来看，对于社交媒体的支持力度还应加大。许多社交媒体在进入到国际社会后，由于其他国家本土社交媒体的恶性竞争，严重地阻碍了我国社交媒体在海外市场中的发展。对于这样的情况，国家应出台相应的政策来充分地维护社交媒体的权益。在政策和资金上，国家也应给予相应的支持，这样社交媒体在海外市场的发展过程中才能得以保障。

5. 人才队伍有待建成

社交媒体想要在海外市场当中实现传播能力的提升，就需要专业人才的支持。但是在当前阶段，国内社交媒体的人才队伍不足以支撑社交媒体在海外市场的发展。海外市场具有一定的特殊性，许多国家的官方语言以英语为主，并且在宗教、政治、经济等内容上所关注的角度也不同。所以，社交媒体在海外市场当中就需要充分了解这些背景内容，而这些都需要对当地文化有深入了解的人才的加入。在技术上，其他国家的技术发展水平不一，这也需要专业技术人才给予支持，才能实现海外端口的运行。虽然在国内许多社交媒体已经有了非常成熟的人才队伍，但是在海外市场当中，这些社交媒体仍然缺乏专业性的人才队伍，从而影响了社交媒体在海外市场的发展和传播能力的提升。

二、把握社交媒体传播策略，对外讲好中国城市故事

2023年3月，山东省的"淄博烧烤"成为各大社交媒体平台上被广泛传播的热点话题，成为一种现象级"围炉夜话"。"淄博烧烤"的走红最初是因大学生群体大量发布的"种草"笔记分享和短视频带动的，相关内容在社交媒体

平台特别是短视频平台上持续传播，给淄博市带来了巨大的流量。大量年轻人组团到淄博吃烧烤，诸如"淄博火车站打卡""淄博烧烤手势"，各种花式打卡引发网民集体模仿，前往淄博吃烧烤的人"自主发圈"，成为一时之景。

随后，各大媒体迅速捕捉到这一新闻现象，山东广播电视台、大众日报等地方媒体火速跟进，新华社、光明日报等媒体也纷纷加入，发布各种评论和深度报道等。同时，淄博当地邀请网红大V、外国友人到淄博体验美食文化，各媒体传播矩阵开始广泛传播，使得淄博烧烤持续火爆，其为各地讲好中国城市故事提供了典型的范例。

在2013年获得诺贝尔经济学奖得主的罗伯特·希勒（Robert J. Shiller）在他的著作《叙事经济学》（*Narrative Economics*）中曾说："社交媒体能病毒式地传播故事，引起广泛的情绪共鸣，影响甚至改变人们的判断，会让'共识'快速凝聚，也快速消失。"通过梳理淄博烧烤出圈的脉络，我们不难发现，各种社交媒体改变了"淄博烧烤"的传播方式和传播速度，它在其中起到了极大的推动作用。

（一）拥抱短视频，牢牢抓住流量密码

移动互联网时代，短视频最为直接、最具效率、最易传播，与文字、图片等相比，短视频拥有更大的信息量以及更强的交互性。同时，不管是专业媒体，还是自媒体，都可以随时拍摄、随时上传，更加容易形成舆论影响力，更加容易产生网络爆点。

"淄博烧烤"如此火爆，有相当大的原因在于短视频平台裂变式传播的助推。在一系列以短视频为主的社交媒体平台上，有大量的美食博主、网红、自媒体等内容创作者，通过拍摄和发布淄博烧烤的制作过程、食用场景、口感评价等视频或图文，展现淄博烧烤的特色和魅力，吸引了大量的网友关注和点赞。例如，早在2021年5月，有美食自媒体探店淄博烧烤，并发布了《淄博大哥："我保证，这烧烤你一看就想吃！"》的视频，截至2023年6月在某视频平台上的播放量突破了600万；某短视频平台上有一位美食博主，他专门介绍淄博烧烤的各种花样吃法，视频点击量累计高达数百万。这些内容创作者不仅为淄博烧烤提供了免费的宣传，也为消费者提供了丰富的参考信息。媒体要充分发挥短视频的作用，既要通过专业手段，提高短视频策划、制作的水平，也要充分借鉴自媒体推出的优秀短视频内容，紧跟热点，进而引导舆论。

（二）多角度运营出圈话题，反复引流

从贵州"村BA"的典型案例看，其之所以能够一次次登上热搜、话题层出不穷，因为除了土味十足、激烈火热的比赛外，还有各种奇葩观赛的"死忠粉"、当地农副特产、苗语版《一生所爱》、苗族传统歌舞、接地气的获奖奖品等，具有当地特色的创意点吸引着广大网友。淄博烧烤的成功，也结合了时事话题和社会热点进行话题营销，与贵州"村BA"有异曲同工之妙。

淄博烧烤通过出圈话题和网络热点，将线上流量引到线下门店，带动商品销售。而且，淄博市借助热度持续性地宣传，让事件不断地强化、破圈，再加上社交媒体平台的多角度宣传，让年轻人对淄博烧烤心向往之，并且引导大家在评论区与自己的亲朋好友计划相约淄博。

因此，从淄博烧烤的事件可以看出，把握大众更易接受的形式，通过社交媒体等线上推广流量，是当今跨文化传播、讲好中国故事必不可少的一环。

三、媒介融合下社交媒体进行国际传播的策略

社交媒体在媒介融合的时代扮演了非常重要的角色。它们为人们提供了一个即时、互动和全球化的平台，使得信息传播和交流更加方便快捷。通过社交媒体，个人和机构可以轻松地分享文字、图片、视频和链接等内容，与朋友、家人以及全世界的其他用户进行交流和互动。这些平台包括脸书（Facebook）、推特（Twitter）、照片墙（Instagram）、领英（LinkedIn）、油管

（YouTube）等，它们都成了国际传播的热门渠道。社交媒体的普及使得个人、组织和政府有能力直接影响和塑造公共话题和舆论。新闻事件、政治问题、文化趋势以及商业品牌等都可以通过社交媒体广泛传播，并且能够在全球范围内引发讨论和引起共鸣。

此外，社交媒体还为跨国公司、媒体机构和非营利组织等提供了广告推广、品牌建设和市场营销的机会。通过精确的目标定位和个性化的广告投放，这些机构可以更好地吸引目标受众并与其进行互动。同时，社交媒体的广泛使用也带来了一些问题，比如信息过载、隐私保护和虚假信息的传播等。因此，在利用社交媒体进行国际传播时，我们需要谨慎判断信息的真实性，同时也要注意对个人隐私和数据安全的保护。

（一）利用国际热点，营造舆论氛围

利用国际热点营造舆论氛围是一种常见的传播策略，它旨在吸引人们的关注并影响他们对特定问题或议题的看法。这种策略可以在政治、经济、社会和文化等领域中被广泛应用。其具体表现如下。

第一，敏锐把握热点事件对于营造舆论氛围至关重要。及时了解和分析国际热点事件的发展动态、影响和可能产生的舆论效果，可以帮助传播者更好地制订传播策略和选择媒体平台。

第二，利用多种媒体平台可以扩大信息的覆盖范围。社交媒体、新闻网站、博客等都是传播国际热点事件信息的有效渠道。通过在多个平台上发布有关热点事件的信息，运用文字、图片、视频等形式，可以吸引不同人群的关注和参与。

第三，发布有关热点事件的分析、评论、观点等内容也是营造舆论氛围的重要手段。这些内容可以包括专业的报道、权威人士的观点、公众的反应等，以引起读者的兴趣并引导他们进行思考。通过提供多样化、有深度的信息，传播者可以在舆论中占据一席之地。

第四，制造话题营造舆论氛围可以引发持续关注。传播者可以提出引人注目的观点或问题，激发公众的讨论。这可以通过发布挑战性的言论、推出争议性的调查、组织专题活动等方式来实现。通过引发公众关注和参与的话题，传播者可以引导舆论走向并影响公众的看法。

此外，传播者还可以积极参与和引导讨论，以进一步创造舆论氛围。回应读者的评论、发布相关消息和文章，以及与意见领袖、媒体机构等合作，都是有效的方法。通过积极参与和引导讨论，传播者可以加强对舆论的影响力。然而，在利用国际热点营造舆论氛围时，诚信和客观是不可忽视的原则。传播者应提供准确、全面和有价值的信息，尊重不同观点，并避免散布虚假或误导性的信息。只有以真实性和可靠性的信息为基础，才能建立起公众对传播者的信任和认同，进而影响舆论走向。

（二）打造多元平台，创新优化文化展示内容

国内社交媒体在海外市场当中，不仅需要实现传播效率上的提升，也肩负着传播文化自信的使命。我国的文化源远流长，在海外展示文化自信，不仅能够扩大国家的影响力，也能树立良好的国家形象。因此，在社交媒体当中需要充分展示文化自信，在获得影响力的同时也提升自身的传播能力。其实从以往的案例中可以发现，海外市场对于我国的文化内容是非常认可的，比如有些网络博主的视频在海外市场引起了强烈反响，短短时间里就获得了上亿的播放和转发，这体现的就是我国文化的魅力所带来的传播能力的提升。国内的社交媒体也需要在展示文化自信的内容上不断地创新和优化，打造多元的平台，从而有效地提升传播能力。

（三）利用媒介资源，加强与用户的直播互动

想要有效地提升社交媒体的传播能力，就需要增强与用户之间的黏度。在这个过程中，加强与用户的互动是其中的关键环节。在国内，社交媒体已

经发展得比较成熟，所以在与用户的互动上形式多样，其中以直播为主。通过直播与用户进行互动，不仅能够实现效益上的提升，也能拉近与用户之间的距离，从而有效地提升用户黏性。比如，在某直播平台当中，俄罗斯、巴基斯坦等国家的大使馆利用平台进行直播，不仅收获了大批的粉丝，也让其本土商品销售到中国，这就是在提升传播能力的效应下带来的经济发展。因此，在海外市场当中，国内的社交媒体也需要通过直播等形式来增强与用户之间的互动。在海外市场也可以建立起相关超话或者社区，增进用户之间的交流和沟通，为提升社交媒体的传播能力奠定良好的基础。

（四）实施矩阵联动策略，达到传播力度的最大化

在设置海外传播官方账号时，要形成一个以点带面的矩阵式账号群体，如淄博美食文化和淄博北京戏曲文化等各相关账号强强联手，对某一个问题进行爆发式传播，达到传播力度的最大化。各个账号之间加强互动，对于共同议题，可以形成议题网络，以便有效利用舆论力量。如果"中心微博"陷入"口水仗"中，这些围绕中心媒体账号的"子账号"可以起到澄清、安抚的作用。例如，国家旅游局将"美丽中国之旅"确定为中国旅游整体形象，为了提高这一整体形象，各个城市官方媒体创建账号时可以形成关联，做好内部构建。此外，不仅要有政府主导的官方媒体账号，还要扩展内部工作人员的个人账号，从而支撑信息能够向外传播。这样，内部工作人员的个人账号可以对主媒体账号形成支撑。

（五）完善战略体系，切实维护社交媒体利益

目前，国内社交媒体在进入海外市场时主要是自主进入的，由于不了解海外市场的规定和制度，所以在发展中很容易带来不利的影响。因此，为了更好地促进国内社交媒体进入海外市场，国家需要出台相关的制度和政策来支持。国内社交媒体走向海外市场，通过相关的政策和制度，能够进行统一

规范和管理，这不仅能够有效地保护社交媒体的权益，也能保障信息和数据的安全。近几年来，为了更好地保障社交媒体进入海外市场，我国出台了许多政策和条例，比如《商务部 中央宣传部等17部门关于支持国家文化出口基地高质量发展若干措施的通知》，鼓励有条件的企业建设覆盖全球的新媒体平台，助推优质文化内容"走出去"。通过政策上的支持，也为社交媒体进入海外市场提供了有力的保护。但是单纯依靠政策上的支持是远远不够的，在资金上也需要对社交媒体进行支持。

（六）吸纳专业人才，建设海外媒体强队

对于社交媒体来说，也需要建立起专业人才队伍，从而提升综合实力，更好地立足于海外市场。在海外市场的发展中，社交媒体不仅需要技术型人才的支持，也需要文化、政治、经济等各方面专业人才的支持，只有大量吸纳相关专业的人才，才能充分地分析海外市场的情况，并且充分地利用国际热点事件来创造出更加优质、有特点的内容。比如 Tik Tok，其原型为抖音，在国内上线运行之后，逐渐地建立起了精细化的运营体系，并且拥有了领先的技术。在这个基础上，Tik Tok 开始进入海外市场。在海外市场当中，Tik Tok 除了性能稳定、体验流畅之外，在内容的打造上也别具一格。

如今，国际社会中的竞争，不仅是经济、政治上的竞争，更是文化上的竞争。社交媒体在进入海外市场的过程中，要充分认清自身的责任，不断地提高自身的传播能力，宣传中国的正能量，讲好中国故事，利用中国文化的优势提升自身的竞争力。随着全球化不断地发展，媒介的融合也会逐渐地深入，此时社交媒体在这个过程中要紧紧地抓住机遇，不断完善战略体系，自主地走出去，从而获得更好的发展。尽管社交媒体在走出去的过程中会面临许多挑战和挫折，但是在不断探索和发展中，一定能够战胜挑战和挫折，充分发挥出自身的优势，不断地创新和优化内容，在乘风破浪中不断地提升在国际中的传播能力和影响力，实现为国家发声、为文化发声的目标。

第五节　中国在国际互联网治理领域的话语权建构策略

当今世界已经进入网络信息博弈的时代，争夺并提升在全球互联网治理体系中的话语权，已经成为各个国家在国际竞争中的新焦点。作为世界第二大经济体，中国以"经济的快速发展"和"充满机遇"的形象被广泛认知。然而，由于西方世界处于全球传播秩序的主导地位，他们出于对中国崛起的不安，鼓吹"中国威胁论""中国傲慢论"等观点，导致国际舆论场上充斥着对中国刻板偏见、极化言论和虚假信息，这扭曲和掩盖了中国在推动世界和平过程中所做出的突出贡献，也影响了中国的国际声誉。世界对中国国家形象的认知还没有跟上中国快速发展的步伐，仍停留在"以前那些陈腐的观念中，充斥着固执的偏见和恐惧"。

这种对中国形象负面认知的话语权一直掌握在以美国为首的西方世界，影响着世界舆论对中国的正确认知。负面认知会增加经济改革成本，增加金融危机风险，损害中国企业，影响世界对中国的信任。在第二届世界互联网大会上，中国提出了一个重要倡议，旨在推动全球互联网治理体系的变革，共同构建和平、安全、开放、合作的网络空间，并建立多边、民主、透明的全球互联网治理体系。作为一个负责任的网络大国，中国应通过多种途径积极参与国际网络规则的制定，提出中国的主张并发出中国的声音。这样做可以持续增强中国在国际网络空间治理中的话语权，推动制定各方普遍接受的国际网络规则，促进建立公正合理的国际网络新秩序。中国的目标是通过积极参与和引导国际网络治理，确保互联网的发展成果更好地造福全球各国和各国人民。

一、话语权与国际互联网治理体系中的话语权

（一）话语与话语权

传统意义上的话语是与语言学相关的概念，指具有完整形式且有一定交际内容的口语或书面语句单位。后来，这一概念逐渐突破了语言学界限，被引入其他多元维度的研究视阈中。《福柯》中将话语定义为"一个社会团体依据某些成规将其意义传播于社会之中，以此确立其社会地位，并为其他团体所认识的过程"。[①] "权"有权利和权力之意，话语权利即社会公民或社会集团有表达意愿说话的权利，话语权力则更侧重依靠有效的社会环境和保障机制实现话语表达的效果。

西方马克思主义代表安东尼奥·葛兰西（Antonio Gramsci）较早地从意识形态斗争的视角涉及话语问题。他提出，西方发达工业社会的无产阶级要想改变现存的社会结构，不仅要取得政治权力，更要争取合法性的文化领导权。这里的文化领导权即广义上的话语权力。在政治社会中，话语权常常由于集团利益对立而沦为权力斗争的工具，强权国家常常依靠其强大的物质实力和蕴含自身价值取向的话语体系操控国际局势，实现自身利益最大化。

（二）国际互联网治理体系中的话语权

2014年7月16日，习近平总书记在巴西国会发表演讲时，首次提出互联网治理体系，并在首届世界互联网大会的贺词中重申了这一表述。当前，西方国家主导的不公平不合理的国际网络旧秩序日益威胁发展中国家的安全，互联网治理体系改革已经成为各国瞩目的热点话题。发达国家和发展中国家都想在这一改革进程中发出自己的声音，以维护自身利益。话语权在这种国际大背景下，成为各国在全球互联网治理体系中竞相争取的新焦点。

[①] 王治河:《福柯》，湖南教育出版社，1999，第33页。

全球互联网治理体系中的话语权，是指各国在遵守相关法律和国际公约的前提下，拥有针对国际网络空间治理体系平等地表达、传播自身意见和主张的权利，也有自主选择本国网络发展道路和管理模式的权利，更有对破坏国际网络生态的霸权行为进行严厉打击的权利。当今世界已进入网络信息激烈博弈的时代，一个国家的信息化水平高，那么该国家就在事实上掌握了全球互联网治理体系的话语权。这种弱肉强食的国际网络生态又不断拉大发达国家和发展中国家在信息资源占有方面的差距，从而使发展中国家的利益面临新的挑战。所以，对于包括中国在内的广大发展中国家来说，加强在全球互联网治理体系中的话语权建设显得尤为重要。

二、西方网络空间信息霸权与中国网络失语的原因

长期以来，一些发达国家凭借其技术领先等优势，将网络空间作为政治发展的新战场。这些国家试图通过掌控网络空间来谋求在政治、经济和文化等方面的利益，加速推动互联网技术在数字信息领域的技术垄断，加剧全球范围内数字信息的技术鸿沟，并努力获取网络话语权。

在网络空间中，互联网科技公司和传统传媒行业之间的整合进一步加强，涌现出横跨互联网信息生产、网络传播和社交平台搭建的巨头企业。相对于其他国家，西方国家在数据、信息和传播的掌控上具备更强的能力。在这种背景下，西方国家拥有制定规则、控制话语和主导权的优势地位。这也使得它们能够在全球网络治理中扮演重要角色，其能够塑造规则并维护其霸权地位。

（一）信息压力与信息霸权

人们对于信息的接收量是有一定限制的，超过一定的量就会影响神经系统的运行并导致身心不适。如果接收的信息中包含有明显的情绪激活，那么，还会加大这个刺激的强度。信息压力并不是互联网出现后才有的现象，但在

网络社会中信息最大的特点就是种类繁杂并且数量庞大，如此庞杂的信息如果不经筛选就全部如火山喷发般扑面而来将对世界人类心理造成更强的信息压力。[①] 由于西方发达国家在网络空间拥有核心技术的先发优势，运用技术垄断等手段增加对网络经济和网络政治的控制成为实现网络空间信息霸权的主要途径。西方国家凭借其强大的信息实力可以对其他国家在信息方面进行限制和控制。这种信息控制的能力赋予了他们一定的影响力和主导地位，从而在全球网络治理中发挥重要作用。这也加大了其他国家在争夺网络空间话语权和信息自主权时面临的挑战。

（二）西方国家以信息主权谋求自身利益

阿尔温·托夫勒（Antonio Gramsci）指出，当今世界已经脱离了完全依靠金钱与暴力统治的社会而转向数字化信息强权的社会。[②] 在当前的世界格局下，掌握网络信息的控制权、发布权和话语权意味着达到了资本和暴力无法达到的统治地位。西方国家对网络空间信息主权的争夺主要包括以下三个方面。第一，他们利用核心技术的优势控制信息的传播方式和模式。通过不断发明和更新智能产品，创新和推广新媒体平台等手段，不断发布和传播网络信息，从而实现信息的垄断，并巩固自身的信息传播渠道，确保其长期有效。第二，西方国家通过传播符合自身利益的价值观来扩大其影响力，并在全球范围内推广这种信息传播。这一策略使得他们能够塑造全球舆论，影响公众认知，并将自己的观念和利益在网络空间中广泛传播。第三，西方国家不仅限制数字信息的传播，同时也会窃取其他国家的信息，以确保自身利益不受影响。这种行为增强了他们在网络空间中的竞争力，并使他们能够持续获得信息优势。

---

① 郭玉锦、王欢：《网络社会学（第三版）》，中国人民大学出版社，2017年，第353页。
② 阿尔温·托夫勒：《权力的转移》，吴迎春、傅凌译，中信出版社，2006，第243页。

（三）我国的网络传播力较弱

我国网络舆情存在一些问题，这些问题不容忽视。首先，信息爆炸导致真假难辨。各种网站、社交平台形成信息海洋，人们每天沉浸其中，很难辨别其真实与虚假。其次，信息发布缺乏把关。在自媒体盛行的时代，每个人都可以成为信息发布者，新技术的发展也促使信息的去中心化。我们在庞大的网络信息中逐渐失去了辨别能力，我们所看到和听到的往往并非真实事件本身，而是经过层层包装呈现出来的。最后，我们在国际传播能力和对外宣传方式方面缺乏创新。传统媒体与新兴互联网媒体的融合仍不够完善，过去是"人找信息"，而现在是"信息找人"。广撒网的"等鱼"策略要转变为主动"渔猎"，明确传播目标有助于传播方式的选择与创新，有利于提升传播效果。

尽管我国的综合国力和国际地位的不断提升，国际社会对我国的关注也前所未有，但我们的国际形象很大程度上是被他人塑造而非自己主动塑造的。我们在国际舞台上有时难以表达自己的立场，即使发声，传播效果也不尽如人意，在信息流进流出上存在着"逆差"。因此，我们需要加强国际网络传播的能力，加快提升在国际舞台上的话语权和影响力，这需要我们不断努力。

三、把握打造中国网络空间国际话语权的机遇

习近平总书记在 2016 年 10 月 9 日中央政治局集体学习的重要讲话中，重申要加快提升网络空间国际话语权与规则制定权。习近平总书记在全国网络安全和信息化工作会议中指出："我们必须敏锐抓住信息化发展的历史机遇，加强网上正面宣传，维护网络安全，推动信息领域核心技术突破，发挥信息化对经济社会发展的引领作用，加强网信领域军民融合，主动参与网络

空间国际治理进程，自主创新推进网络强国建设。"[1]

（一）对国际话语权争夺重要性的认识

2016年4月19日，习近平总书记在网络安全与信息化工作座谈会上明确指出，"大国网络安全博弈，不单是技术博弈，还是理念博弈、话语权博弈"。互联网和信息通信技术的发展已经在社会和国家各个层面全面渗透。网络空间不再是一个虚拟的领域，它既与国家利益和国家关系密切相关，也与现实世界加速融合，成为国家综合实力的一个体现。掌握网络空间的话语权关系到我们引导全球各国建设什么样的网络空间：是一个和平、公正、有序的空间，还是一个遵循"丛林法则"，允许国家凭借实力为所欲为的空间？网络议题已经广泛涉及国际政治、经济、安全、军事和文化等方面的讨论。掌握网络空间的话语权直接关系到维护国家的根本利益。

在政治领域，我们需要确定网络空间的国家主权，确保自身对网络空间的管理和控制权。在安全领域，我们需要明确国家可以做什么，不能做什么，要划定红线，确保网络空间安全和稳定。在经济领域，我们需要明确如何保障信息时代的生产要素，特别是数据安全。目前，西方国家正试图主导涉及数据流动的贸易与经济规则，作为一个数据生产大国，这些规则直接关系到我国的利益。

因此，我们需要积极参与国际网络空间的治理和规则制定，坚决捍卫国家的网络主权和信息安全，推动建立公正、平衡和民主的全球网络治理体系。同时，我们也应该加强自身的核心技术研发和创新能力，提高我国在网络空间的竞争力和影响力，确保我们能够在全球互联网发展中发挥积极的引领作用。

---

[1] 习近平：《敏锐抓住信息信息化发展历史机遇，自主创新推进网络强国建设》，http://jhsjk.people.cn/article/29941337，访问日期：2019年12月20日。

（二）提升网络空间国际话语权迎来重大机遇

近年来，我国在网络空间领域不断发展壮大，相关领域的治理模式也得到了国际社会的认可。我国的主张、立场和观点正在向外传播，也产生了很大影响力。然而，我们也不能否认，在网络空间领域，西方国家借助其软硬实力，占据了先发优势，并主导着网络空间规则的制定。他们提出了一些影响深远的倡议和观点，比如照搬传统国际法到网络空间，提出"和平时期负责任国家行为规范"，推动"多利益攸关方模式"等。他们通过建立平台、为发展中国家提供培训、利用舆论优势等手段，不断巩固自身的网络空间价值体系，加大了我国在网络空间中发挥国际影响力的难度。

然而，我们也必须意识到，信息通信技术的迅猛发展和应用服务的快速更新换代，使得中国与一些信息发达国家有可能并驾齐驱。例如，在物联网安全方面，中国推动了"互联网+"，德国提倡了"工业4.0"，美国开展了工业互联网项目，英国引入了新的数字战略等。各国都面临着在万物互联的环境下如何保障安全以及如何平衡发展与安全之间的挑战，这为中国从一开始就参与该领域提供了机遇，使得中国在此话语权上占据一席之地。

四、加强我国在全球互联网治理体系中话语权建设的必要性

（一）直接自在与间接自为相统一的必然要求

科学技术的发展日新月异，互联网已成为当下科技发展的新标志，适应时代和科学发展的客观规律掀起了新一轮工业革命，这是直接自在的、不以人的意志为转移的。而以互联网为代表的新科技又反过来不断促进生产关系的调整，深刻地改变了人们的生产、生活和思维方式，最终反作用于生产力，这是在间接意义上推动了生产力发展。

纵观世界文明发展史，人类先后经历了农业革命、工业革命、信息革命，

每一次产业革命都带来了生产力的爆发性增长。当前，以互联网为代表的信息革命正在以前所未有的速度推动人类社会走向更高水平的现代化。18世纪中叶，资产阶级的统治日益巩固，英国由于蒸汽机的发明和广泛应用展开了轰轰烈烈的工业革命，迅速成为雄踞全球的"日不落"帝国。法国、德国等紧随其后，均成为颇具经济实力的工业国。历史发展的实践表明，各国只有紧紧把握产业革命带来的机遇，才能实现跨越式发展。

当前，信息革命纵深发展的态势同样给我国带来很多发展机遇。我们要顺应历史潮流，在遵循生产力和人类社会发展规律的基础上，对内加强基础设施建设、加快核心技术开发。对外倡导尊重各国网络主权，维护网络空间安全，呼吁建立共享共治、互通互联的网络空间命运共同体。加强我国在全球互联网治理体系中的话语权建设，既是解放和发展自身生产力的必然要求，也是抓住信息革命带来的机遇，从而成为逐步缩小与发达国家生产力发展差距的必然要求。

（二）整体推进与重点突破相统一的必然要求

从唯物辩证法的角度出发，我们在实际工作中要坚持矛盾的分析方法，坚持重点论和两点论相统一。重点论就是要"牵住牛鼻子"，抓好主要矛盾和矛盾的主要方面；两点论就是要从整体上兼顾次要矛盾和矛盾的次要方面，做好总体谋划。在国家治理问题中，既要站在顶层设计的高度，从整体上推进国家治理体系和治理能力的现代化，又要立足当前社会发展实际，从关系生产力发展的重大领域入手，抓住矛盾转化的关键点，从而取得突破性进展。中国召开世界互联网大会、积极推进互联网治理体系改革，就是在推进国家治理体系现代化过程中提出的重点论。

互联网治理体系拓展了国家治理体系的新领域。"国家治理体系是在党的领导下管理国家的制度体系，包括经济、政治、文化、社会、生态文明和党的建设等各领域体制机制、法律法规安排，也就是一整套紧密相连、互相协调的国家制度"。[①]互联网作为新兴技术产物渗透国家制度体系的各个领域，不仅作为现实的生产力要素存在，而且作为承载意识形态的工具存在，本身已成为国家治理的新对象和新内容。互联网治理与国家其他领域治理呈现出牵一发而动全身的复杂关系，自然应该成为国家治理的"牛鼻子"。

加强我国在全球互联网治理体系中的话语权建设，既是在交流借鉴中改进和完善我国互联网治理体系的必然要求，又是将治理理念和经验与他国共享的必然要求。互联网治理是一个全球性问题，各国在治理互联网进程中的有益经验均可有选择地为我所用，从而推动我国治理能力现代化的加速实现。互联网治理体系改革也是一个全球性问题，推广互联网治理模式是我国在全球问题中负责任大国气度的表现。

（三）真理尺度与价值尺度相统一的必然要求

主观符合客观的真理问题就是在实践中求真、求规律的问题，客体满足主体需要的价值问题就是秉承人本理念的问题，这两个问题在人类社会发展进程中相辅相成，辩证统一。在遵循全球问题治理规律的前提下实现改革成果由人民共享，就是在互联网治理问题上坚持真理尺度和价值尺度相统一。

全球互联网治理规律是在总结各国互联网治理实践经验教训的基础上得出的具有整体意义的一般规律。这个一般规律贯穿于发达国家和发展中国家互联网治理的全过程，能够全面揭示互联网治理的本质问题，具有整体性和必然性。中国既是网络大国，又是最大的社会主义国家，还是最大的发展中国家。因此，中国的网络治理经验对全球互联网治理来说意义重大。提高我国在全球互联网治理体系中的话语权，是国际社会能否科学揭示互联网治理规律的关键一环，是决定互联网治理体系改革走向的重要因素。

改革成果由人民共享，这既是互联网治理体系改革的出发点，也是落脚

---

① 习近平：《切实把思想统一到党的十八届三中全会精神上来》，《光明日报》2014年1月1日，第2版。

点。我国提高在全球互联网治理中的话语权的目标导向是既要惠及全体中国人民,也要"让更多国家和人民搭乘信息时代的快车、共享互联网发展成果"。①目前,互联网资源在世界上的分布不均衡,许多小国、贫国尚未搭上这趟"信息时代的快车",尽快满足这些国家的人民对信息化的需求是一个大国的责任,承担这些责任就是我国在全球互联网治理问题中做出的贡献。

(四)一元主导与多样发展相统一的必然要求

世界统一性和多样性的辩证关系是马克思主义哲学的重要原理之一。一元主导与多样发展体现在全球互联网治理体系问题中,便是遵循人类共同价值和尊重各国发展主权相统一。

互联网在美国产生,绝大多数服务器在美国,所以美国在互联网治理中具有先天优势。此外,在信息技术遥遥领先的西方国家,均依靠得天独厚的科技优势在国际推行西式互联网治理理念。广大社会主义国家坚决反对在全球互联网治理体系问题中搞单边主义、霸权主义,尊重各国具体治理模式的多样化,这是历史发展的必然要求。习近平在巴西国会演讲时提到,"虽然互联网具有高度全球化的特征,但每一个国家在信息领域的主权权益都不应受到侵犯,互联网技术再发展也不能侵犯他国的信息主权"。②

无论是西方国家还是发展中的社会主义国家,在推进全球互联网治理体系改革的进程中都要遵循和平、稳定、安全等人类共同的价值取向。发展中国家要在国际舞台上积极争取有利环境,在推进治理能力现代化的基础上发出自己的声音,维持国际网络生态的清明。中国作为最大的发展中国家,提高在全球互联网治理体系中的话语权既是传播社会主义国家互联网治理理念的必要条件,也是更好地实现国际互联网多边民主治理的充分条件。

---

① 习近平:《在第二届世界互联网大会开幕式上的讲话》,《光明日报》2015年12月17日,第2版。

② 习近平:《弘扬传统友好 共谋合作新篇》,《光明日报》2014年7月18日,第2版。

五、构建我国在国际互联网治理领域话语权的现实路径和策略

改变对中国的负面认知需要建立一套完整的国际话语体系，它需要建立一个跨文化传播系统，包括中国传播者、中国文化产品、传播媒介、传播平台与外国受众。传播的内容是外国观众所能接受的、人类共同的情感元素。具体包括以下六个方面。

（一）用文化塑造行为，建立中国的价值体系

中国国际话语体系的构建是个系统工程，需要方方面面的共同努力，需要打造社会、学校、家庭和媒体的一体化中国价值传播体系。话语权是对一个国家和个体的认同过程，也就是对一个国家的印象，就像对一个人的印象一样，是通过生活的点点滴滴积累起来的。一个人无法决定别人怎样评价自己，因为所有的印象都是别人形成的，但是一个人可以决定用怎样的行为去赢得别人对自己的尊重。

对于中国话语体系的构建而言，只有外国受众愿意接触中国信息，才会有所感知、有所认知。认知的前提，首先他要喜欢跟他接触的人，只有外国人对中国文化接触、了解、认识，才能有共鸣、有理解、有态度。跨文化传播最大的效果就是态度改变，使之认同中国文化，进而产生积极的互动。

（二）国家攻关，建立中国国家形象持久信任的品牌

中国国际话语体系构建要树立中国良好的国家形象，并进行跨文化传播，这就需要国家攻关，传播者要通过不同方式说服其他国家接受中国的价值观和行为方式，从而为中国的形象塑造带来益处。

1. 打造平民化的中国形象片

由官方主导拍摄的中国国家形象宣传片于2011年1月对外传播，这部官方投资的宣传片，在美国纽约时代广场三角地带播映，效果并不理想。纽约

时代广场的人川流不息，但没有人会关注到这一广告，因为大家是来购物、体会美国文化的。影像作品的欣赏习惯是需要静下心来欣赏的。在喧嚣的人群中，这种极具政治色彩的宣传片就会淹没在人流中。

上海举办世博会时，美国宣传片一开始就是不同肤色的人，用中文说"你好"，每天排队观看宣传片的中国人有6万人。语言是文化的交流工具，中国人看到外国人说中文，就会产生一种亲切感。在跨文化传播中，需要用被传播国家的语言去传播，才能增加相似性，起到好的传播效果。因此，中国的国家形象宣传片，应该用国际化的表达方法，讲述普通人的中国故事。

2. 建立持久的经济品牌

中国应该建立持久的"经济品牌"，增加产品的可信度。最早西方对中国的认知，就是由经商开始的。当年的"丝绸之路"起到了很好的跨文化传播效果。当前，中国正在实行"一带一路"战略，在中国和世界的文化交流中，打造品牌对于外国受众对中国的认知、对于中国价值观的传播都有不同寻常的意义。

中国精神层面的财富很多，但这些核心价值很抽象，如果能将精神价值观附着在一种有形的物质上，外国受众在用到或吃到具有精神价值的中国产品和食品时，就能够唤起对中国文化的联想，对于传播中国国家形象会起到更好的传播效果。

3. 让专家成为中国的形象品牌

知识分子是国家的宝贵财富，他们代表着国家的科技水平和人文精神，也代表着中国的理想人格，是中国国家形象的一张名片。中国学者往返于国内外，他们不仅是学术交流的使者，也是中国国家形象的使者，传达着中国的理念与声音。因此，学者作为意见领袖，应当掌握说服的技巧，掌握国际化的语言。在国际交流中，将中国的国情、现状、文化与社会风范向世界传递，使外国了解中国、信任中国。

(三)以传播中华优秀文化为载体,向世界讲述中国故事

世界全面认识中国是我国在国际社会赢得主动权的必然路径。中华文化源远流长,传播中华优秀文化是世界认识中国的重要手段。互联网的出现深刻地改变了文化的传播方式,建立了世界各国文明互通互鉴的快捷通道。充分利用互联网这个文化交流共享平台,让世界各国优秀文化"走进来"的同时,更让中华优秀文化"走出去",促进整个人类的文明发展。

当前,我们提倡让世界各国人民共享互联网发展成果,这样的治理理念是从中华优秀文化中内生出来的。古有大同,今有和谐,世界各国人民只有充分了解中国文化,才会更相信我们的诚意,才更愿意在全球问题上听到中国的声音。以中华优秀文化为载体,讲好中国故事,需要政府和民间组织共同努力。我们不仅要保留传统的文化交流方式,还要注重文化创意,形成世界人民喜闻乐见的文化传播模式。

"一带一路"建设是中国国际话语权构建的最好时机,依托与"一带一路"国家的经济和文化合作,可增加各国对中国的了解和认同,构建国际化传播网络。对于中国国际话语体系的构建而言,应打造能够影响他国文化的影视产品,让他们通过观看这些影视作品,建立起对中国社会规范、信仰和文化的认同,同时还要有会传播的人。跨文化传播最大的效果体现在受众的态度改变,使之认同中国文化,进而产生积极的行动。因此,借"一带一路"战略构建国际化的营销网络,是一项值得深入探讨和实践的工作。

(四)维护国家利益,分层次传播

加强与其他国家和地区的合作与对话。深化与其他国家、国际组织和企业的合作,共同推动互联网发展并构建共享的治理体系。在国际对话中,重点强调和传播中国的立场和核心价值观,以维护国家利益。

在国际传播中,每一次重大事件,都是引起世界关注的契机。对一些可

预测性的重要国际事件,如金砖会议、奥运会、世界杯等,中国媒体需要提前一段时间,以深度解读方式,传播与此事件有关的深度报道,提供中国认知、中国观点,预先占领信息认知高地。在重大事件发生的前后两个月,通过纸媒、电视媒体、网络媒体等分层次进行立体传播。在世界受众中,建立对此事件的正确认知,推广我国在互联网治理领域的观点和实践活动。同时,要针对不同国别、地区、受众,采取灵活多样的信息传播策略,确保信息传达的准确性和广泛性。除了重大事件不失声,还要注意减少对中国负面报道的比例,以避免负面新闻消解外国受众对中国重大事件的认知度。

(五)建设网络强国,培养人才和提高技术实力

网络实力是一个国家参与网络国际规则制定、提升网络空间国际治理话语权的重要基础。中国只有稳步推进网络强国建设,不断提高人力和科技实力,不仅能够保护本国的核心利益和信息安全,更能够在此基础上与其他国家合作,共同构建网络空间命运共同体。

在互联网时代,保护个人数据隐私和国家信息安全至关重要。中国应加强国际合作,推动建立全球数据治理机制和网络安全规则。在国际舞台上分享和推广自身在数据保护和网络安全方面的成功实践,一方面顺应世界潮流,进入21世纪,在数字浪潮的推动下,个人信息的安全保护紧迫性陡然加剧。另一方面也为世界贡献了中国智慧,为维护国内外网络良好生态,促进数字经济发展,贡献中国力量。

互联网治理领域的话语权离不开技术实力与创新能力的支撑。我国应推动互联网技术的研发和创新,提高自身在网络技术、人工智能、大数据等方面的核心竞争力。新一轮科技革命和产业变革的深入发展,可以构筑我国参与国际竞争的新优势,为我国在日趋激烈的大国竞争中维护国家主权、安全和发展利益奠定物质基础,增强我国在网络空间国际交流与合作的参与感和话语权。

人才和技术是建设网络强国、提升网络空间国际治理话语权的关键。一方面，大力培养和吸引网络技术人才，培养世界级科学家、网络科技领军人物、优秀工程师，打造高端网络创新技术团队。另一方面，要提高网络技术水平，加强网络核心技术和基础设施建设的自主创新，积极抢占网络新技术发展制高点，构建自主的网络技术体系。

（六）积极推动制定互联网安全发展的国际公约

目前，国际社会还没有公认的网络空间公约，推动制定各国普遍接受的网络空间国际规则是维护网络安全的重要机制，也是维护和平稳定国际大环境的重要保障。中国人民与世界人民的共同利益是一致的，维护世界人民在网络发展上的共同利益是提高我国在全球互联网治理体系中话语权的终极目标。所以，积极推动制定互联网安全发展的国际公约是我们共同的责任。

积极参与国际互联网治理机构和组织的议程制定和规则制定过程。通过全球性政策论坛、国际互联网标准组织等机制，中国可以提出符合自身国家利益和价值观的建议和要求，并推动制定更加公正、平等、开放的互联网规则。中国应积极参与不同层次、不同形式的国际网络合作，通过这些合作平台和机制，与各国共同探讨和制定网络空间国际规则。目前，国际社会建立了多边国际网络合作机制，主要包括国际电信联盟、互联网名称与数字地址分配机构、世界互联网大会、全球互联网治理联盟等。其中，世界互联网大会是由中国发起的旨在促进全球互联网交流与合作的重要国际会议和多边网络合作机制，旨在为中国与世界接轨、共享和治理国际互联网搭建有效平台。通过这一平台，中国和其他参与方可以共同讨论国际互联网问题，包括制定互联网国际规则，履行大国责任。

总之，国际话语体系构建是一个长久的、持续的、不断建设的过程，这个过程不是一蹴而就的，而是潜移默化的、慢慢形成的过程，需要各个层面的共同努力，不仅是媒体，每个中国人都是中国声音的传递者，是国际话语体系的一部分。加强我国在全球互联网治理体系中的话语权建设，既是为发展中国特色社会主义赢得有利国际环境的需要，也是积极推动形成互联网多边民主治理体制、维护全球和谐稳定的需要。加强我国在全球互联网治理体系中的话语权建设，体现我国在互联网发展这个人类共同命题中的参与意识和责任意识，同时为网络空间的和平发展注入了强大的力量。

参考文献

一、中文参考文献

（一）期刊类

[1] 鲍明晓."十四五"时期我国体育发展内外部环境分析与应对[J].体育科学,2020,40(6):7.

[2] 曹博林.社交媒体:概念、发展历程、特征与未来——兼谈当下对社交媒体认识的模糊之处[J].湖南广播电视大学学报,2011(3):65-69.

[3] 郭晴,杨茜.使命、机遇与挑战:对北京冬奥会国际传播的思考[J].体育科学,2020,40(11):7.

[4] 何子豪,刘兰.中华文化符号的美学表达与跨文化传播研究——以北京2022年冬奥会开幕式为例[J].国际传播,2022(2):6.

[5] 黄旦,李暄.从业态转向社会形态:媒介融合再理解[J].现代传播(中国传媒大学学报),2016,38(1):8.

[6] 黄雪娇.中部地区县级融媒体发展的创新路径研究——以2018年中部六省经济十强县为样本[J].出版发行研究,2019(4):5.

[7] 姜飞.中国跨文化传播研究三十年探讨(1978—2008)[J].新闻与传播研究,2008,15(5):16-21.

[8] 金小琳.跨文化传播视域下冰墩墩走红原因探析[J].中国地市报人,

2022（4）：3.

［9］李静亚，谢群喜，王润斌.社交媒介与奥运传播研究：背景、热点与前瞻［J］.武汉体育学院学报，2020，54（11）：27-33.

［10］刘辉.国家形象塑造：大众传播不可承受之重［J］.现代传播（中国传媒大学学报），2015，37（12）：46-50.

［11］刘兰.中国体育纪录片的国际视角与国际表达［J］.中国电视，2015（11）：4.

［12］马大康.数字媒介：符号生产与经验转向［J］.福建江夏学院学报，2022，12（5）：80-93.

［13］司马云杰.人·社会·文化——论文化社会学的研究对象和理论［J］.阜阳师范学院学报（社会科学版），1986（1）：88-95.

［14］宋文利，姚小林，李智鹏，等.国际传播视角下冬奥会开幕式文化展示的路径探析［J］.武汉体育学院学报，2021，55（12）：8.

［15］田丽，石林，朱垚颖.县级融媒体中心"全省部署"和"县级探索"建设模式对比——以A省Q县和B省Y县为例［J］.出版发行研究，2018（12）：6.

［16］田维钢，温莫寒.媒介化与结构化：我国媒体融合研究的知识演进（1999—2022）［J］.当代传播，2023（2）：17-22.

［17］吴予敏.跨文化传播的研究领域与现实关切［J］.深圳大学学报（人文社会科学版），2000，17（1）：75-81.

［18］辛静，叶倩倩.国际社交媒体平台中国文化跨文化传播的分析与反思——以YouTube李子柒的视频评论为例［J］.新闻与写作，2020（3）：17-23.

［19］徐雄庆.电视访谈节目的现状及话题选择探析［J］.视听，2018（7）：25-26.

［20］衣俊卿.日常生活批判和深层文化启蒙［J］.求是学刊，1996（5）：3-9.

［21］喻国明，潘佳宝.试论我国国际文化影响力传播的路径与策略［J］.传媒观察，2021（4）：8.

［22］周浒.重塑关系、真实记录与理性到场——网络视频访谈节目《十三邀》的模式创新［J］.青年记者，2018（5）：84-85.

［23］周怡.文化社会学的转向：分层世界的另一种语境［J］.社会学研究，2003（4）：13-22.

（二）专著类

［1］关世杰.跨文化交流学：提高涉外交流能力的学问［M］.北京：北京大学出版社，1995.

［2］郭玉锦，王欢.网络社会学（第三版）［M］.北京：中国人民大学出版社，2017：353.

［3］胡文仲.跨文化交际学概论［M］.北京：外语教学与研究出版社，2012.

［4］华梅.服饰与中国文化［M］.北京：人民出版社，2001.

［5］姜飞.跨文化传播理论研究［M］.北京：人民出版社，2021.

［6］李彬，吴风，曹书乐.大众传播学（修订版）［M］.北京：清华大学出版社，2009：225.

［7］刘晶.融媒时代下的文化传播与认同［M］.北京：中国书籍出版社，2021.

［8］刘涛.融合新闻学［M］.北京：高等教育出版社，2021：37.

［9］潘海鸥，陈磊.融媒体时代跨文化传播视角下话语模式的构建探究［M］.长春：吉林文史出版社，2021.

［10］普列汉诺夫.普列汉诺夫哲学著作选集（第二卷）［M］.上海：三联书店，1962.

［11］秦勇.意义的生产与消费——文化经济学新论［M］.北京：首都师范大学出版社，2017：53.

［12］施旭.文化话语研究：探索中国的理论、方法与问题［M］.北京：北京大学出版社，2010：3.

［13］孙英春.大众文化：全球传播的范式［M］.北京：中国传媒大学出版社，2005.

［14］孙英春.跨文化传播学［M］.北京：北京大学出版社，2015：89.

［15］王力.中国语言学史［M］.太原：山西人民出版社，1981.

［16］王治河.福柯［M］.长沙：湖南教育出版社，1999.

［17］钟瑛.网络传播导论［M］.北京：中国人民大学出版社，2012：270.

（三）译著

［1］阿尔温·托夫勒.权力的转移［M］.吴迎春，傅凌，译.北京：中信出版社，2006：243.

［2］爱德华·霍尔.无声的语言［M］.刘建荣，译.上海：上海人民出版社，1991.

［3］爱德华·萨丕尔.语言论：言语研究导论［M］.陆卓元，译.北京：商务印书馆，1985.

［4］保罗·杜盖伊，斯图尔特·霍尔，琳达·简斯，等.做文化研究：索尼随身听的故事［M］.霍炜，译.北京：商务印书馆，2003.

［5］戴维·哈利，弗兰克·韦耶.阶级与文化的新发展［M］//马克·D.雅各布斯，南希·韦斯·汉拉恩.文化社会学指南.刘佳林，译.南京：南京大学出版社，2012.

［6］戴维·英格利斯.文化与日常生活［M］.张秋月，周雷亚，译.北京：中央编译出版社，2010：9.

［7］费尔迪南·德·索绪尔.普通语言学教程［M］.高名凯，译.北京：商务印书馆，1980.

［8］克劳斯·布鲁恩·延森.媒介融合：网络传播、大众传播和人际传播的

三重维度［M］.刘君，译.上海：复旦大学出版社，2012.

［9］拉里·A.萨默瓦，理查德·E.波特，埃德温·R.麦克.跨文化传播：Communication between cultures（第六版）［M］.徐培喜，王纬，闵惠泉，等，译.北京：中国人民大学出版社，2013.

［10］莱斯利·A.怀特.文化科学［M］.曹锦清，译.杭州：浙江人民出版社，1988.

［11］罗伯特·F.墨菲.文化与社会人类学引论［M］.王卓君，吕迺基，译.北京：商务印书馆，2009.

［12］罗兰·巴尔特.符号学原理［M］.李幼蒸，译.上海：生活·读书·新知三联书店，1988.

［13］玛格丽特·阿彻.结构、文化与能动性［M］//马克·D.雅各布斯，南希·韦斯·汉拉恩.文化社会学指南.刘佳林，译.南京：南京大学出版社，2012.

［14］米歇尔·福柯.知识考古学［M］.谢强，马月，译.上海：生活·读书·新知三联书店，1998：53.

［15］诺曼·费尔克拉夫.话语与社会变迁［M］.殷晓蓉，译.北京：华夏出版社，2003：3.

［16］尚·布希亚.物体系［M］.林志明，译.上海：上海人民出版社，2001：222-223.

［17］斯科特·拉什，约翰·厄里.符号经济与空间经济［M］.王之光，商正，译.北京：商务印书馆，2006：22.

［18］威尔伯·施拉姆，威廉·波特.传播学概论［M］.陈亮，周立方，李启，译.北京：新华出版社，1984：9.

［19］约翰·R.霍尔，玛丽·乔·尼兹.文化：社会学的视野［M］.周晓红，徐彬，译.北京：商务印书馆，2002：416.

［20］詹宁斯·布赖恩特，苏珊·汤普森.传媒效果概论［M］.陆剑南，译.北京：中国传媒大学出版社，2006.

（四）其他类

［1］习近平.弘扬传统友好共谋合作新篇［N］.光明日报，2014-07-18.

［2］习近平.切实把思想统一到党的十八届三中全会精神上来［N］.光明日报，2014-01-01.

［3］习近平.在第二届世界互联网大会开幕式上的讲话［N］.光明日报，2015-12-17.

［4］张颐武.文化传播需要更多李子柒［N］.环球时报，2019-12-09.

［5］习近平.敏锐抓住信息化发展历史机遇，自主创新推进网络强国建设［EB/OL］.（2018-04-21）［2023-08-13］. http：//jhsjk.people.cn/article/29941337.

［6］中国新闻网.北京延庆打造长城脚下森林城 建设生态文明幸福最美冬奥城［EB/OL］.（2023-7-20）［2023-08-13］.https：//www.chinanews.com/gn/2023/07-20/10046950.shtml.

二、外文参考文献

（一）外文专著类

［1］LEATHERS D G. *Successful Nonverbal Communication*［M］.New York：Macmillan，1986：42.

［2］NIDA E A. *Language，Culture and Translating*［M］.Shanghai：Shanghai Foreign Language Teaching Press，1993：107.

［3］PICARD M. *The World of Silence*［M］.Wichita：Eighth Day Press，2002.

［4］SAMOVAR L A，PORTER R E，MCDANIEL E R，et al. *Communication between Cultures*［M］. Boston：Cengage Learning，2016.

（二）外文期刊类

［1］MAYFIELD A. What is Social Media［J］. *Cibmtr Org*，2008：79-83.
［2］KAPLAN A M，HAENLEIN M. Users of the World，Unite! the Challenges and Opportunities of Social Media［J］. *Business Horizons*，2010，53(1)：59-68.

后　记

这是一本从"而立"扑腾到"不惑"的书稿。40岁是一道门槛，此前对自己设定的多种人生可能，此刻已经被时光筛选，未来更加清晰。

为何40岁是"不惑之年"？人到四十，前半生已经落地，这应是回望过去、建构未来的一年。古人诚不欺我，若无经历，"而立"之后难得真"不惑"。感恩这修修补补的一年，让我的生命有更多沉淀，在即将迈入41岁的时候，能够坦然地告诉自己，莫怕。

有些努力看起来没结果，但其实它很可能在另一条路上已经默默等候你多时。在众多意外中，"无心插柳"的欣喜最抚慰人心。3年前，部校共建项目第一次把挂职名额给到我们学院，因我历来不拒绝新的尝试，便报名"请战"。我开始了两轮地方媒体挂职，因为第二轮仍旧没有其他人报名。挂职期间，有朋友提醒我，好好教书，好好做科研，专心评职称才是正道。我是个相信命运安排的人，愿意接受新挑战，并且认真接受挑战。于是我便进入了大家口中所谓的"岔道"，开始"不务正业"。因为我相信多样的尝试，可以让我变得更好。

两轮脱产挂职，第一轮分管新媒体，第二轮分管外宣。其间，我参与了不少新媒体新闻产品的生产实践，也深刻感受到地方主流媒体在跨文化传播中的努力。在一次次选题的提炼与新闻产品的打磨过程中，我一直希望有标准规范可循，降低内容生产的繁杂程度。但在新媒体时代，规范往往让位于传播效果，有好的传播效果，规范就被压成底线，在底线之上，发挥聪明才智，才有可能。

回校后，又刚好接了两门新课，一门《融合新闻学》，一门《跨文化传播研究》。某一天，我看到视频号上的外国友人用流利的河南方言推介中国的中医文化，这一波"反向传播"让我深受震撼。我深刻了解到新媒体时代的跨文化传播理念已经与之前大不相同，于是我就想把这些新变化总结出来，于是就有了《媒介融合视阈下的跨文化传播研究》这个书名。

《长安三万里》于2023年上映，尽管改稿心绪煎熬，但我还是抽出时间，跟吴先生一起带着俩孩子去影院看了这部影片。当影片中李白举杯高歌"五花马，千金裘，呼儿将出换美酒"的时候我觉得是故作潇洒，无法共情。但当李白撑杆在舟上吟诵"两岸猿声啼不住，轻舟已过万重山"的时候，我泪水盈眶，如果没有承受过生命之重，是体会不到这轻巧释然的感受的。

最后，感恩吴先生15年来的携手同行，不离不弃。感恩父母，让我明白生命理应负重。感恩孩子，让我的生活兼具鸡飞狗跳与喜乐欢愉。成书的过程曲折百味，这也是我尝试转变研究方向投下的一块问路石。生日将近，想以此作为我的生日礼物，拥抱不惑。

2023年7月29日